・作者与序者合照，左为肖晓阳，右为孙绍振

肖晓阳，号磨杵斋主，现供职于福建教育学院，教育部国培专家，综合实践活动特级教师。研究领域涉及诗联、书画、盆景、赏石、根艺、折纸、灯谜等。著有《折纸艺术》《创新折纸》《树木盆景》《手工技艺与综合实践活动案例设计》等专著及《论盆树的树冠布局》《盆树设计概要》《盆树动感力感探源》《双干树造型》《论奇石欣赏的心理进程》《论根艺创作的"三象"》《诗钟对仗与嵌字技巧探微》《论诗钟的意象经营》《基于"言象意"的诗钟鉴赏》《诗钟评赏之辨析》等文。

诗钟津梁

肖晓阳

·福建省社会科学规划重点项目：诗钟创作与鉴赏研究·成果

图书在版编目(CIP)数据

诗钟津梁/肖晓阳著. —厦门:厦门大学出版社,2018.7
ISBN 978-7-5615-7091-3

Ⅰ.①诗… Ⅱ.①肖… Ⅲ.①诗词-创作方法-中国 Ⅳ.①I207.21

中国版本图书馆 CIP 数据核字(2018)第 223604 号

出 版 人	郑文礼
责任编辑	王鹭鹏
封面设计	李嘉彬
技术编辑	朱　楷

出版发行	厦门大学出版社
社　　址	厦门市软件园二期望海路 39 号
邮政编码	361008
总 编 办	0592-2182177　0592-2181406(传真)
营销中心	0592-2184358　0592-2181365
网　　址	http://www.xmupress.com
邮　　箱	xmup@xmupress.com
印　　刷	厦门市万美兴印刷设计有限公司

开本　889 mm×1 194 mm　1/32
印张　10.125
插页　10
字数　255 千字
印数　1～3 000 册
版次　2018 年 7 月第 1 版
印次　2018 年 7 月第 1 次印刷
定价　60.00 元

本书如有印装质量问题请直接寄承印厂调换

厦门大学出版社
微信二维码

厦门大学出版社
微博二维码

入枕溪声不碍喧

压住乡愁中酒夜

西泠松柏悲苏小

发自勺萌小亦春

归心竟与雁争先

远水诗心笭箵外

一士名成诗案后

食叶蚕闻箔上声

门外尘心黄叶隔

欲翻妆样趁时早

别后王孙草又青

鹦鹉前头情莫述

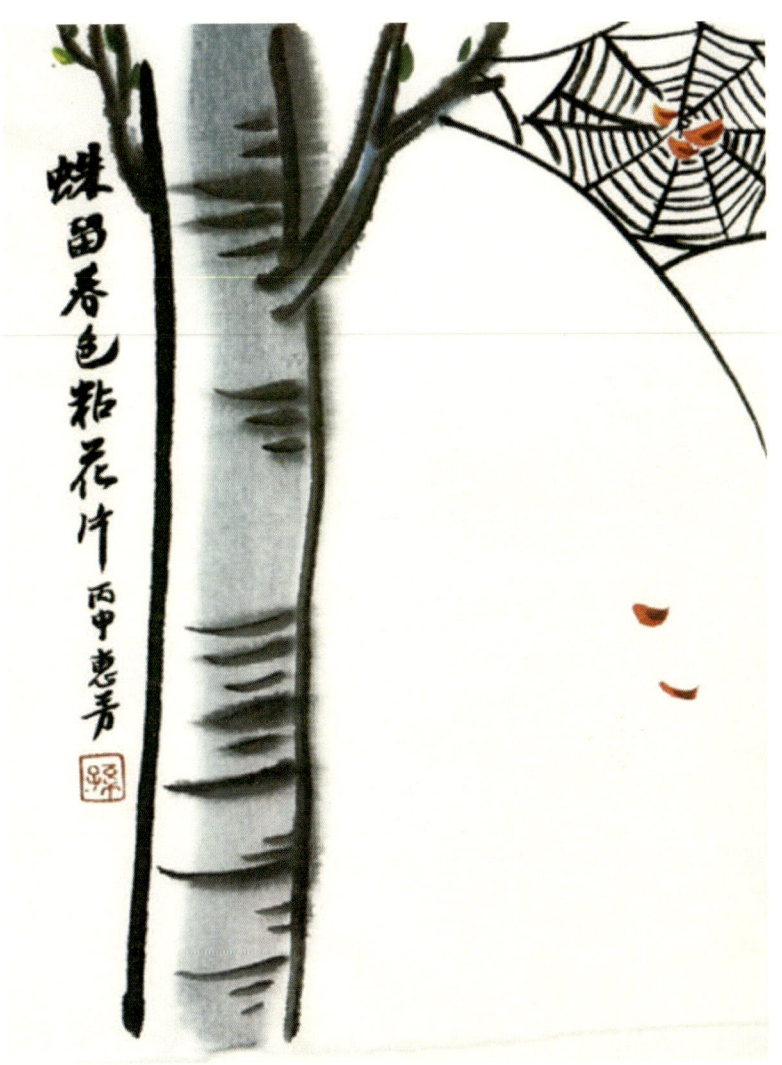

蛛留春色粘花片

望云偶动济时心

炉火人心孰早灰

纹窗蘸绿蕉痕湿

腹有诗钟气更华

"中国诗词大会"火爆中国,尤其是飞花令环节,让广大观众由衷钦佩参赛者的锦心绣口。然而,在感叹参赛者惊人记忆力时,我们无从知晓他们对诗词是否具有深邃的理解力,更不知他们诗才几何。真正能检测一个人诗情才气的活动形式,还是流行两百多年,至今不衰的"诗钟"。诗钟是近代文人雅士淬炼诗才的娱乐活动,它限一炷香时间吟成一联或多联,香尽鸣钟,诗钟截稿,具有斗巧、斗捷、斗博的竞技特点。历史上,林则徐、陈宝琛、沈葆桢、易顺鼎、张之洞、张伯驹等名流都是诗钟高手。如林则徐"陈、人"一唱(两字分嵌上下句第一字)——"陈迹浑如牛转磨,人情几见雀衔环";陈宝琛"瘦、生"四唱——"梅花虽瘦无寒相,松子初生有大才";易顺鼎分咏"刘寄奴、鞭"——"闻鸡琨诋争先着,司马师昭有后尘"。

诗钟对对仗、修辞、炼字、炼意的技巧性和艺术性有很高的要求。我很赞同中华诗词学会副会长周笃文的观点,"诗钟是最精美的语言艺术""无比精悍,寸铁杀人""具有深刻的内涵和艺术魅力"。作为最简短的格律诗(其格律相当于七律的颔联或颈联),诗钟于言志、抒情、说理、论事、写景无所不备。前辈诗人作诗撰联多以诗钟为门径,因为它简短,易于开展竞赛活动,而对仗、用字、炼意要求严格,因此具有砥砺诗艺和增强文字驾驭能力之功。前人留下大量诗钟佳作,珠玉纷呈,欣赏这些佳句瑶章岂非人间乐事?然而,诗钟毕竟属古典诗歌范畴,写作与鉴赏都有难度,令许多人望门墙而兴叹。可喜的是,《诗钟津梁》为广大读者揭示写作和鉴赏诗钟的奥妙。

诗钟研究历来属于冷门,所见专著很少,目前可见的几本专著都是基于诗钟文史的研究。有关诗钟写作法式的短文仅散见于少量文献,不成体系,诗钟创作和鉴赏方面的理论研究则是空白。肖晓阳对诗钟创作与鉴赏的研究逾二十五年,专著《诗钟津梁》是他承担福建省社科规划重点项目"诗钟创作与鉴赏研究"的成果,是填补空白的力作!作为国内第一本全面、系统、深入论述诗钟创作与鉴赏的专著,《诗钟津梁》具有很高的创新度,如阐述诗钟的特点、眼字、对仗、切题、吟唱、修辞、炼字、炼句、评取、修改、嵌字作法、分咏作法、意象经营、鉴赏维度、评赏辨析、常见毛病、钟例解析等方面,皆自出机杼。其体系完备,内容详尽,层次清楚,论述透辟,对读者习作和鉴赏诗钟具有极好的指导作用,对诗联爱好者乃至语文工作者都有很好的参考价值,具有实用性,这是该书的一个特点。该书的另一个特点是对诗钟理论的发展,这不仅体现于创作与鉴赏经验的理论化阐发,更在于能从丰富的传统诗论中提炼观点,用作理论工具,如运用意象论、意境论、情景论、言意论、风骨说、兴趣说、神韵说、肌理说,乃至西方格式塔"同构说",指导创作与鉴赏,引证诗例精当而丰富。作者对这些诗论观的运用充满理性的思考,甚至带有批判性。例如,认为王夫之情景论所谓写景必"即景会心",不完全符合创作实际,诗钟在临场创作状态下,一般不直面真景,但不妨碍抒情之"真";又如王氏批评的"悲揄酬酢"之俗情,若能下笔新巧,同样具有可读性。此外,作者运用意境论,也有自己独到的见解,如怎样的意象更能体现意境,云雾半隐的景象为什么更有意境?对这些问题的解答颇为精当,带有美学色彩。《诗钟津梁》涵盖丰富的诗歌鉴赏内容,读者即便不学写诗钟,也能从丰富的钟例解析中提高诗歌鉴赏能力,感受品鉴诗钟美的乐趣。

诗是美的,学诗于人有内秀之功,而诗钟更是修炼和见证内秀的载体,《诗钟津梁》作者肖晓阳就是明证。他有非常宽广的涉猎面,难能的是广而能深,于盆景、手工、创新折纸皆有专著,不仅被评为特级教师,还从中学被引进高校,被教育部认定为国培专家。他一再声称这些都是"好玩"的结果,果真如此。二〇一三年以"书香校园"为专题的福建省中小学校长培训中,肖晓阳作讲座"腹有诗书气自华",以自身为例,论述"诗书"对素养提高的作用,其"诗书"自然也包含"诗钟"。我们有理由相信——腹有诗钟气更华!

福建号称"诗钟国",曾使诗钟雅集风靡全国乃至港台,盛极一时。如今,诗钟雅事日渐式微,已被福建省列为"非物质文化遗产"。正感叹"广陵散于今绝矣"之时,《诗钟津梁》的出版,或许能对诗钟的传承有较大的助益。若能如此,将不负作者卅年磨一剑的苦功!

孙绍振
二〇一八年二月于福州

自序

本书探究诗钟的创作与鉴赏,旨在为诗钟及诗联爱好者提供有效的参考。一九九三年曾出《诗钟津梁》第一版,一九九九年出第二版,均为内部传阅资料。初稿承蒙霞浦长溪诗社郑名彦先生审阅,提出修改意见并提供部分资料,孔庆洛先生也对本书的修改提出宝贵意见。中国俗文学学会诗钟研究委员会主任,诗钟史家、理论家王鹤龄先生对二版《诗钟津梁》给予充分肯定,但也指出引用史料存在的纰漏,他对笔者寄予厚望,认为笔者的研究很有学术价值,希望用"板凳要坐十年冷"的精神继续,争取拿出更好的成果。王先生的嘱咐不敢忘怀,十七年后,笔者在深入研究的基础上,重新修订此书,纠正谬误,增补章节,完善体例,深化内容,使篇幅扩增四倍,以期为读者提供更有益的借鉴。从萌生撰写《诗钟津梁》的念头到正式出版,逾二十五年,其间,郑名彦、孔庆洛二老相续作古,欲奉书致谢已不能,不禁唏嘘!借此薄文深谢王鹤龄先生的指正、鼓励与厚望!

本书史料内容主要参考《诗钟史话》(萨伯森、郑丽生合撰)、《希微室折枝诗话》(陈海瀛撰)、《风雅的诗钟》(王鹤龄著)、《台湾诗钟研究》(黄乃江著)。引证钟例除少部分系笔者习作外,大部分资料来源较零碎,时间跨度大,作者众多,多有佚名。为统一体例,正文诗例未注明作者,仅选其中佳作录于书后之"诗钟选集",并尽力补全作者姓名。或有谫陋,恳望方家匡正。

感谢福建省社科联、福建教育学院对笔者研究和出版的大力资助!感谢厦门大学出版社的大力支持!感谢孙绍振教授赐序!感谢孙惠芳女士为钟例解析配图!感谢林斯杰先生为封底绘图!方家的支持令本书生色不少。

肖晓阳

于磨杵斋

二〇一八年二月

目　　录

第一章　诗钟概述 ··· 001
  一、诗钟的名称 ··· 001
  二、诗钟的源流 ··· 003
  三、诗钟集会的方式和规则 ··· 006
  四、诗钟的特点 ··· 008
　1. 对仗工整 ··· 008
　2. 嵌字稳妥 ··· 009
　3. 用字洗练 ··· 010
　4. 善于用典 ··· 011
　5. 擅用虚字 ··· 012
　6. 构思巧妙 ··· 013
　7. 韵味隽永 ··· 013
　8. 雅谑机警 ··· 013
　9. 言简意赅 ··· 014
  五、学习诗钟的意义 ··· 014
　1. 诗钟是作诗的入门阶梯 ··· 014
　2. 诗钟可以砥砺诗艺 ··· 015
　3. 诗钟具有诗的功能 ··· 015

4. 诗钟是审美载体 …………………………………… 015
　　5. 诗钟集会是雅事 …………………………………… 015
　　6. 学诗钟能促进撰联水平提升 ……………………… 016

第二章　诗钟的体制与格律 …………………………… 020
　一、诗钟的体制 ……………………………………………… 020
　　1. 嵌字体 ……………………………………………… 020
　　2. 分咏体 ……………………………………………… 026
　　3. 合咏体 ……………………………………………… 027
　　4. 笼纱体 ……………………………………………… 027
　　5. 删古格 ……………………………………………… 028
　　6. 集句诗钟 …………………………………………… 029
　二、诗钟的格律 ……………………………………………… 029
　　1. 诗钟的平仄安排 …………………………………… 029
　　2. 诗钟对仗的基本要求 ……………………………… 032
　　3. 眼字 ………………………………………………… 034
　　4. 诗钟的节奏句式和吟唱 …………………………… 036
　　5. 诗钟与对联的联系与区别 ………………………… 040

第三章　诗钟创作技法 ………………………………… 044
　一、声调与平仄 ……………………………………………… 044
　　1. 平仄及其辨别 ……………………………………… 044
　　2. 平仄双读字 ………………………………………… 049
　　3. 入声字的辨别 ……………………………………… 053
　二、对仗技巧 ………………………………………………… 055
　　1. 析结构 ……………………………………………… 056
　　2. 识内涵 ……………………………………………… 058
　　3. 明变异 ……………………………………………… 059

4. 探虚实 …………………………………… 059

　5. 察动静 …………………………………… 060

　6. 划节奏 …………………………………… 061

　7. 求匀整 …………………………………… 061

　8. 避同音 …………………………………… 062

三、嵌字与切题的技巧 ……………………………… 065

　1. 对整眼字、由眼生意 …………………… 065

　2. 怎样嵌牢眼字 …………………………… 068

　3. 分咏切题的方法 ………………………… 070

　4. 分咏的创作思路 ………………………… 076

四、诗钟常用的修辞法 ……………………………… 079

　1. 倒装 ……………………………………… 079

　2. 虚字 ……………………………………… 081

　3. 顿读 ……………………………………… 081

　4. 用典 ……………………………………… 082

　5. 引用 ……………………………………… 084

　6. 夸张 ……………………………………… 084

　7. 比喻 ……………………………………… 086

　8. 比拟 ……………………………………… 087

　9. 象征 ……………………………………… 087

　10. 借代 …………………………………… 088

　11. 对比 …………………………………… 088

　12. 衬托 …………………………………… 089

　13. 婉曲 …………………………………… 090

　14. 双关 …………………………………… 091

　15. 别解 …………………………………… 091

　16. 转品 …………………………………… 092

　17. 互文 …………………………………… 092

18. 以小见大 …………………………………………… 093
　19. 化虚为实（通感、曲喻） ………………………… 093
　20. 化实为虚 …………………………………………… 095
五、诗钟的意象经营与锤炼 ………………………………… 096
　1. 意象的认识 ………………………………………… 096
　2. 意象的选裁 ………………………………………… 102
　3. 意象的语言 ………………………………………… 106
　4. 意象的结构 ………………………………………… 109
　5. 意象的张力 ………………………………………… 112
　6. 意象的创新 ………………………………………… 115
　7. 联想出新 …………………………………………… 116
　8. 角度翻新 …………………………………………… 118
　9. 炼字 ………………………………………………… 120
　10. 炼句 ……………………………………………… 123
六、几种特殊句型 …………………………………………… 128
　1. 就句对 ……………………………………………… 128
　2. 流水对 ……………………………………………… 128
　3. 重字句 ……………………………………………… 129
　4. 太极句 ……………………………………………… 130
七、几种特殊节奏句式 ……………………………………… 130
　1. 第二字粘下的句式 ………………………………… 130
　2. 第三字粘上的句式 ………………………………… 130
　3. 第四字粘下的句式 ………………………………… 131
　4. 第五字粘上的句式 ………………………………… 131
　5. 第三字粘上、第四字粘下的句式 ………………… 131

第四章　诗钟鉴赏与修改 ……………………………… 132
一、诗钟的品类 ……………………………………… 132
二、诗钟评取的方法 ………………………………… 135
　1. 首求合律 …………………………………… 135
　2. 再查文理 …………………………………… 137
　3. 三审嵌字 …………………………………… 138
　4. 四取佳构 …………………………………… 140
三、诗钟评赏的维度 ………………………………… 143
　1. 言、象、意 ………………………………… 144
　2. 情景论 ……………………………………… 147
　3. 意境论 ……………………………………… 155
四、诗钟评赏之辨析 ………………………………… 161
　1. 诗理与物理 ………………………………… 162
　2. 歧义与多解 ………………………………… 164
　3. 误用与误解 ………………………………… 165
　4. 言外与象外 ………………………………… 168
　5. 别材与别趣 ………………………………… 170
五、诗钟的修改 ……………………………………… 175
　1. 先求合律 …………………………………… 175
　2. 顺通文理 …………………………………… 181
　3. 修改用词 …………………………………… 183
　4. 提高意境 …………………………………… 185
六、诗钟常见的毛病 ………………………………… 191
　1. 有眼 ………………………………………… 191
　2. 失律 ………………………………………… 191
　3. 孤平 ………………………………………… 192
　4. 不类 ………………………………………… 192
　5. 异构 ………………………………………… 192

6. 异词 …… 192
7. 动静 …… 193
8. 虚实 …… 193
9. 半字 …… 193
10. 合掌 …… 193
11. 三足 …… 193
12. 失衡 …… 194
13. 歧节 …… 194
14. 拗读 …… 194
15. 抄袭 …… 195
16. 违理 …… 195
17. 牵强 …… 196
18. 歧意 …… 196
19. 艰深 …… 196
20. 隐晦 …… 197
21. 生拗 …… 197
22. 不通 …… 197
23. 错字 …… 198
24. 空洞 …… 198
25. 平庸 …… 198
26. 粗疏 …… 198
27. 非诗 …… 199
28. 陈词 …… 199
29. 牌板 …… 199
30. 同义 …… 199
31. 同声 …… 200
32. 粘滞 …… 200
33. 断气 …… 200

34. 犯题 …………………………………………… 200

第五章　钟例解析 …………………………………… 201

附录：诗钟选集 ……………………………………… 284

主要参考文献 ………………………………………… 305

跋 ……………………………………………………… 307

第一章　诗钟概述

本章概述诗钟的名称、源流、特点、集会方法及学习诗钟的意义。

一、诗钟的名称

诗钟是具有一定格律的七言对偶句，或者说是只有两句的格律诗，形式上介于七律与对联。晚近的诗钟主要有分咏与嵌字两大类。分咏体，上下句各咏规定的题材，如分咏"船、胎衣"之作：

　　帆如秋叶来天上，人似春蚕卧茧中

嵌字体，要求在规定的位置嵌入"眼字"，不限题材，如"天、我"五唱之作：

　　海到无涯天作岸，山登绝顶我为峰

从所举例子可以看出，诗钟是一个七言诗对，其格律相当于七律诗中的颔联或颈联。从本质上说，诗钟属于古典诗歌范畴。

诗钟总共才十四字，形式简单、用字精练，既易于评选，又便于联吟，所以诗钟集吟常成为文人骚客聚会的活动形式。旧时将诗钟集吟称为"钟聚"，其特色为斗博，斗巧，斗捷，每为即席拈题或拈字(见"吟例"一节),限时而作。昔时钟表尚未普及,采用燃香计时。具体做法有两种:其一,用线系一枚铜钱,线的另一端系在两寸长左右的香下端,铜钱下承以铜盘,香烧到线上时,线断钱落,铜盘铿然作响,好似钟鸣一般,作为催人交诗的信号,以钱落铜盘之声比拟钟,所以称"诗钟"①。黄乃江《台湾诗钟研究》援引《诗钟谭》一段文章描述诗钟创作的情景:"量定香之长短,记之以墨,用弱线悬金钱,系于其下,

图1-1 福州光禄坊许厝的诗钟计时器

下承铜盘。来会之人座前,各备纸笔一具,而后发题爇香。斯正无哗战士,衔枚贾勇之时,有袖手默坐,两目直视者;有搓掌拊心,徐行微步者;有支颐蹙额,口中呻吟……有俯身跷足,前后摇动,如患腹痛者;有搔首向天者,有戟指书空者,笔欲落而忽止,字已写而又涂。倘若文章天成,妙手偶得,不禁点头微笑,乐不可支。文若大体已成,一字未安,则复渺虑澄思,如僧入定。种种形状,难写难周,总不外乎措思之深,用心之细。及至香炉墨痕,弱线烧断,金钱下撞,铜盘有声,斯所谓诗钟鸣矣,联吟成否,一齐撤卷。"②由此可知诗钟名称的由来。其二,制一盒,用以投诗。盒上有一口,上置一钟,通过机括与线相连。香烧到线端,

---

① 萨伯森、郑丽生合撰:《诗钟史话》,1964年郑丽生手写本,第2页。该说引自徐珂《清稗类钞》。

② 黄乃江:《台湾诗钟研究》,复旦大学出版社2009年版,第2页。

钟鸣一声,盒口封闭,诗便不能再投。诗钟由此命名,真有其钟①。晚近更趋简化,或燃香一段,或干脆看表计时。所谓诗钟,仅取"击钵催诗"之遗意。诗钟有许多雅称别名,现略举如下:

诗钟嵌字、分咏两体分别雅称为"嵌珠""雕玉",其中嵌字为诗钟之正格(一唱至七唱),闽人最通行称法是"折枝诗",以其格律等同于七律诗中的第二联(颔联)或第三联(颈联),如果将七律比作一株花树,诗钟就是从花树上摘下的花枝,所以谓之"折枝"。另有一种说法,认为诗钟两句才十四字,只是"只言片语",并非全首诗,就像花鸟画中的花树,仅见"折枝"而已。此外,诗钟嵌字体还有许多别称,如鏖诗、战诗、阄诗、曰诗、改诗、诗唱、十四字诗、两句诗,它们原是诗钟诸格之概称,后狭指嵌字诗钟。

诗钟分咏格也叫分曹偶句,又雅称为雕玉双联,"雕玉"一词与"嵌珠"对举;又称百纳琴,取其凑聚补缀之意;又称羊角对或丫角对,取骈枝旁歧之意;又称九宫格,取错杂互交之意;又称无情搭,因将两个不相关的事物凑合为联。

二、诗钟的源流

诗钟起源的确切时间已难考证,据《诗钟史话》,其最早文字记载可以追溯到清道光二十八年(1848)成书之莫友堂《屏麓草堂诗话》。该书记载,当时福州"吟秋"诗社吟集有分咏、空咏、专咏三种诗体。如"长、不"三唱,分咏"管仲、羿妻":

> 射钩不死仇偏相,窃药长生盗亦仙

"今、入"一唱,专咏"怀孕":

---

① 萨伯森、郑丽生合撰:《诗钟史话》,1964年郑丽生手写本,第2页。该说引自何刚德《平斋诗存自注》。

> 今年梅子酸尤甚，入月桃花信不来

空咏格最多例子，如：

> 春雨一犁秧马疾，松阴夹道伯劳鸣（"马、劳"六唱）
> 湖山月丽无双景，辇路春游有六龙（"景、龙"七唱）
> 死又难凭生亦梦，天如可上地无人（"上、凭"四唱）
> 平桥水涨溪痕没，削壁云销片石撑（"片、溪"五唱）
> 但使汉王安蜀土，可能项籍主关中（"蜀、关"六唱）
> 难得轻尘红袖拂，幸留好句碧纱笼（"句、尘"四唱）
> 废瓦凝尘留鼠迹，残碑断句蚀蚪文（"句、尘"四唱）
> 芭蕉战雨声都碎，杨柳多风态更柔（"多、战"三唱）
> 卑官未敢常谈政，薄俸无多不疗贫（"多、敢"四唱）
> 冻云压岫天将雪，凉月窥窗夜正廖（"雪、廖"七唱）
> 渐灭烛光窗射月，乱翻书叶案当风（"烛、书"三唱）
> 一星烛影移深院，半夜书声出隔墙（"烛、书"三唱）

上述书中所例举的十四字诗，即是早期的诗钟。与后来的诗钟相比，其法式除空咏与后来的嵌字体相同外，专咏也有嵌字，后因专咏受题目、嵌字双重限制，难人太甚，已无人嗣响。所以，后来的诗钟主要流行嵌字、分咏两大类，尤以嵌字盛行。

李家瑞《停云阁诗话》第一篇序写于咸丰五年（1855），书中记有同治十一年（1872）之事。《诗钟史话》云该书中曾有"吾乡（按：指福州，作者为李家瑞）先达在京，有击钵吟课……"的描述，但经诗钟史家王鹤龄查证，该书并未见此记载，可见《诗钟史话》有误，其所云内容当另有出处。《诗钟史话》考证这段话时指出："所云乡先达在京之击钵吟课，当指道光初年曾元澄、杨庆琛等所组织之荔香吟社。其诗课《击钵吟》初刻于道光十一年辛卯

(1831)，但录命题限韵之七言绝句。"①至于分咏、嵌字诗钟之作，按《停云阁诗话》中的说法，是福州家塾中仿击钵吟课而为。但写于道光二十年(1840)的《击钵吟二集》序中有"始犹偶句，继乃兼作七截"的记述，可见荔香吟社也曾作嵌字或分咏之诗钟。晚清人何刚德在其《诗事数往》（成书于民国十三年，1924年）中有诗云"前辈有社名荔香，联吟击钵俱同乡。我年弱冠始学步，始自白纸城南坊。折枝斗捷未三稔，旋以绝句罄所长"②，可见诗钟本源于"击钵吟课"。诗中说他光绪初中进士入京后，与福州居京同乡作折枝诗，所云"折枝"就是现今所讲的"折枝诗"，是诗钟嵌字格的通称。

今人有引《坚瓠七集》中所载的诗钟集会为例来证明诗钟源于宋代。其吟集以"冷、香"二字嵌联末，苏洵作"水向石边流出冷，风从花里过来香"；苏东坡作"拂石坐来衣带冷，踏花归去马蹄香"；苏小妹作"叫月杜鹃啼血冷，宿花蝴蝶梦魂香"等。苏小妹于史无考，此段记载当是明人伪托，不能信为宋人所作。但嵌字为联的体制渊源甚久。明初叶子明《草木子》载：元至正年间，程雪楼任福建道廉访使，任满时，民众献箭旗以百数，其中有一联嵌"雪、楼"二字于联句第四字云"闽中有雪方为贵；天下无楼有此高"（一联中两用"有"字），可见，远在明代，闽人已擅此体。

综上所述，诗钟的源流虽不能确考，但在明代已有滥觞可以肯定。形成风尚则在清嘉道之间。闽中（主要是福州地区）最盛行，故有"诗钟国"之誉。闽人宦游各地，往往聚同乡而为之，引起外来人士的注意，传诵其作品，仿效其体制，广为流传，直到京城馆阁，风行全国乃至港台。清末民初为诗钟鼎盛时期，各地纷纷结社，定期聚会，编印专集行世，此风尚一直延续到解放后。现闽中、闽东诗社仍保留诗钟吟集活动。

---

①② 萨伯森、郑丽生合撰：《诗钟史话》，1964年郑丽生手写本，第5页。

诗钟之风随时代而演变,最初重典实,融经铸史,出语必有来历,而后转尚白描,重作意,不事雕琢,自中规矩,不假涂抹,自饶风致。两种风尚各有其胜,也各有其弊。前者往往失之板滞,后者常失之荒疏。笔墨当随时代,现今诗作多写新内容,用新词汇,反映时代精神。

三、诗钟集会的方式和规则

诗钟集会的方法与规则简称"吟例",先后时期和各个地方不尽相同。就社集联吟而言,早先大抵本于击钵吟课的成法,以钟刻为限,或以香计时,每人投诗多少不限。截止后请两人专事誊写(或作者分写)成正、副两本,交正副阅卷者评取。阅卷者不得互商,不得看作者底稿或与作者交谈,不得评取自己的诗作。评取的等第效仿科考,由高到低的名称依次是:元、殿、眼、花、胪、录、监、斗(斗以后再加斗一、斗二、斗三……)。正副阅卷按所评等第由低往高宣唱,优胜者即为下次诗会的正副阅卷。作者投诗时每联交一定卷资(阅卷者折半,因为自己不评取自己的诗作),用以奖励优胜者。另外还设有监诗、校对。凡诗作有错误而被录取的,作者罚还奖金,阅卷者也酌情议罚。

上述吟例后渐不用,改为"连环唱"。主要区别是评取者人人有份。作法是先拈字:公推甲、乙、丙三人,甲任取一书,由乙确定第几页、第几行、第几字,写于纸上,再由丙以同样方法确定另一眼字,一般要求两字一平一仄,并注明第几唱,贴于显目处(正格嵌字诗钟,还有用抽字签的办法产生眼字,即事先备好两个签筒,分装平、仄字签,临场抽签确定眼字)。以点香一炷计时,一般半天诗会作二到三次诗唱。所以投诗之盒有三个(或用三个碗代替)。每一唱每人作三卷(一联为一卷),允许作双份(称"双旗")。监诗清点总卷数后,发给每人稿纸(称作"次纸")

一张、诗作三联（作双份者加倍），将诗作填写于次纸后轮流传阅，各人认为是佳句的，就另录别纸，再评出等第。次纸回收时则一轮已满。其宣唱采取循序轮唱，周而复始的办法，先唱殿而后由下往上唱到元结束。

除上述吟例外，还有所谓"斗标"的做法，常是在节日或某纪念日进行，分"聚吟聚唱"和"散吟聚唱"两种。前者与上述基本相同，只是另备奖品奖励排名靠前的数位获奖者。方法是将作者姓名、各等第、中标总数、中标名次列为一表，每唱一联在作者相应的等第栏内画圈，以中标多少论高下。至于"散吟聚唱"，则是先期拈眼字，限期交卷，而后汇印分发给各人评选，择日集唱。

若从规模上分，又有大唱、月唱、日唱，都是公开性诗会。大唱诗会是先期定出眼字，公开征诗，人人可以参加，但须购买统一诗卷，录取、揭晓时间各有定期。大唱一般由诗社举办，或某团体甚至个人委托诗社主持，聘请词宗（有声望的诗人）评取，分正取、捐取若干门。"正取"也叫"公取"，就是由征诗机构评取。捐取是由团体或个人评选（或委托他人评选），因须捐赠奖品而得名。另外还有捐取"遗珠"的，就是在正取、捐取各门落选的诗作中再行评选。揭晓日采取当场发唱给奖的方法，所唱之佳作常询明作者姓名记存（以示推重），或印刊流传。至于日唱，一般是在旧历腊尾年头进行，每天上午九点出眼字，下午三点交卷，晚上六点发唱。月唱则每月一次，日唱月唱只是规模小于大唱，其他规则一样。

现今闽中、闽东各地仍有诗钟集会，主要有大唱和连环唱两种。后者已用钟表计时，各自复写，分发评取，采取列表记分定名次。电脑普及之后，已改为电脑打字输出诗卷的方式提供评委评取。大唱之发唱，以往请书法高手书写诗榜，用于参会者阅读，词宗唱至哪一首诗作，便有专人翻诗榜对照参阅，现在已改用电子演示文稿展示。自新媒体问世以来，福州三山诗社已率先用微信群组织诗钟诗会,定时出题和截稿。出题至公布评取结果期间,屏蔽词宗(群主暂时删除已加微信群的词宗,事后恢复),评取结果通过"美篇"发布。

四、诗钟的特点

诗钟是对仗的高峰,在嵌字、对仗、炼字、炼句、炼意的技巧性与艺术性上无与伦比。概括地说,诗钟具有对仗工整、嵌字稳妥、用字洗练、善于用典、擅用虚字、构思巧妙、韵味隽永、雅谑机警、言简意赅的特点。

1. 对仗工整

可供比较的是古人七律诗的颔联或颈联,如李商隐的著名对句:

> 身无彩凤双飞翼,心有灵犀一点通
> 春蚕到死丝方尽,蜡炬成灰泪始干

"翼"对"通",属于名词对动词,对仗不工;"春蚕"对"蜡炬","春"为时序名词,"蜡"是特定属性的物质,也不工整。

唐诗中能达到诗钟对仗工整要求的联句并不多见。张西厢在《闲话诗钟》中说"诗律要细,钟亦何独不然,古人律诗,求其最合诗钟之条件者,惟少陵耳",并举例如下:

> 旌旗日暖龙蛇动,宫殿风微燕雀高
> 笋根稚子无人见,沙上凫雏傍母眠
> 江上小堂巢翡翠,苑边高冢卧麒麟
> 老妻画纸为棋局,稚子敲针作钓钩
> 江间波浪兼天涌,塞上风云接地阴
> 波漂菰米沉云黑,露冷莲房坠粉红

羞将短发还吹帽,笑倩旁人为正冠
蓝水远从千涧落,玉山高并两峰寒
岸容待腊将舒柳,山意冲寒欲放梅
刺绣五纹添弱线,吹葭六管动飞灰
五更鼓角声悲壮,三峡星河影动摇
花径不曾缘客扫,蓬门今始为君开
盘飧市远无兼味,樽酒家贫只旧醅
海内风尘诸弟隔,天涯涕泪一身遥
北极朝廷终不改,西山寇盗莫相侵

从所举例子可以看出,杜甫之诗对仗工整,格律严谨,诗圣一名非虚。但唐朝仅此一人而已,而诗钟对仗工整之作不胜枚举。例如"远、行"七唱:

蒹葭秋水怀人远,杨柳春风送客行

两句均涉《诗经》语。上联出自《蒹葭》"蒹葭苍苍,白露为霜,所谓伊人,在水一方"。下联杨柳与离情别意的关联,最早当出自《采薇》"昔我往矣,杨柳依依。今我来思,雨雪霏霏"。其中"蒹葭"与"杨柳"、"秋水"与"春风"、"怀人"与"送客"对仗十分工整。上下联一为怀人,一为送别,铢两悉称。又如"水、尘"七唱:

锦帆东划吴江水,玉辇西扬蜀道尘

"锦帆"对"玉辇","东划"对"西扬","吴江"对"蜀道",以杨贵妃西行故事对隋炀帝东巡故事,工巧天成。

2. 嵌字稳妥

以"夜、声"七唱为例,如:

清操不玷金辞夜,疑案难明斧有声

上联用东汉杨震"却金暮夜"典,因事件发生在夜晚,且成语有

"夜"字,因此眼字十分牢靠。下联用宋史"烛影斧声"典,因典中有"声",眼字也很稳妥。又如:

封事直庐频问夜,啣枚间道不闻声

古代奏陈密事的奏章,用黑袋贴上双重封口进呈,以防泄密,称"封事"。"直庐"指旧时侍臣值宿之处。"封事直庐"负责呈递奏章,所以要"频问夜"。唐杜甫《春宿左省》:"明朝有封事,数问夜如何?"此诗已有"问夜",因此上联通过"问夜"嵌眼字,顺理成章。"啣枚"即"衔枚",枚形如筷子,横衔口中,防止出声,古代军旅多用。明沈明臣描写一场夜袭战的《凯歌》诗云:"衔枚夜渡五千兵,密领军符号令明。狭巷短兵相接处,杀人如草不闻声。"因衔枚为了不出声,据此将"声"字嵌牢。

3. 用字洗练

笔者曾与一文友讨论格律诗与自由诗谁更精练,笔者认为诗钟的文字最精练,但文友不以为然,他列举韩瀚纪念张志新烈士诗《重量》之句"她把带血的头颅,放在生命的天平上,让所有的苟活者,都失去了——重量",认为此句内涵之深、作意之妙恐非诗钟所能及,笔者一时无语。后忆及与郑名彦聊诗钟时,曾引用他人钟句"烈士头颅轻剑铗,大师笔墨起风雷",此诗上句也以头颅入诗,也写重量,只是角度与韩诗不同,但异曲同工。然前者用二十八字,后者仅用七字,谁更精练?

诗钟用字洗练表现在无一字抛荒,且选用的字精妙而富于意涵。如笔者作"丝、路"六唱:

画意撩开云路里,琴心逗起雨丝中

上联"撩"字具双重含义,既指云山之景撩人画意(绘画的意愿),也指意欲撩开山路之云,显见充满画意的佳景。下联"逗"字能启发读者进一步联想：雨丝何以能"逗"琴心？那是因为雨有"声"和"丝"的意象，与琴相类。天地间犹如一张巨大的箜篌，雨丝便是琴弦，于是逗起诗人弹琴或听琴的情意。又如"夜、声"七唱：

明月恰圆归里夜，白云犹锁暮钟声

山寺隐于白云之中，暮钟之声犹如穿透云棉的裹挟封锁，隐约传来，着一"锁"字，神韵超然！

《湘烟阁诗钟汇钞》辑录赵国华分咏"残星、比干"联：

横秋雁塞两三点，去夏龙逄六百年

在此作下注明"有能易一字者予以千金"，可见诗钟用字精审。"夏"一字双关，既对上句的"秋"，又指夏朝。龙逄、比干合称"龙比"，皆死于诤谏，龙逄死于夏末帝桀，比干死于商末帝纣，相隔正好六百年。

4. 善于用典

诗钟用典比比皆是，每每融经铸史，借古证今。如易顺鼎《诗钟说梦》录张之洞"文、枣"四唱：

白首好文臣齿老，赤心如枣主恩深

上联典故来自《汉武故事》。汉武帝在郎署见一老翁，须眉皓白，衣冠不整。"上问曰：'公何时为郎？'对曰：'臣姓颜名驷，江都人也，以文帝时为郎。'上问曰：'何其老而不遇也？'对曰：'文帝好文而臣好武，景帝好老而臣尚少，陛下好少而臣已老。是以三世不遇，故老于郎署。'上感其言，擢拜会稽都尉。"下联典故出于《南史》卷十八《萧琛传》："帝每朝晏，接琛以旧恩……又经预御筵醉伏，上以枣投琛。琛乃取栗掷上，正中面。御史中丞在座。帝动色曰：'此中有人，不得如此，岂有说耶？'琛即答曰'陛下投臣以赤心,臣敢不报以战栗!'上笑悦。"①张之洞此联用文字游戏借典写对君主的忠心,是化用典故,并未用原典之意,达到诗论家"用典要化开,如水中着盐,有味而无渣"的要求。又如"夜、声"七唱:

烛奴早备传灯夜,诗婢频催击钵声

此诗连用四典。"烛奴",原为雕刻成人形的烛台,后泛指烛台。清黄景仁《夜起》诗:"深夜烛奴相对语,不知流泪是谁多。""传灯",指佛之教旨有如明灯,故称传法为传灯。唐刘禹锡《送僧元暠南游》:"传灯已悟无为理,濡露犹怀罔极情。""诗婢",泛指能赋诗的婢女。南朝宋刘义庆《世说新语·文学》:"郑玄家奴婢皆读书。尝使一婢,不称旨,将挞之,方自陈说,玄怒,使人曳着泥中。须臾复有一婢来,问曰:'胡为乎泥中?'答曰:'薄言往愬,逢彼之怒。'"两婢问答,都引用《诗经》中句。"击钵"即"击钵催诗"。《南史·王僧孺传》载:"竟陵王萧子良尝夜集学士,刻烛为诗,四韵者则刻一寸,以此为率。(萧)文琰曰:'顿烧一寸烛,而成四韵诗,何难之有?'乃与(丘)令楷、江洪等共打铜钵立韵,响灭则诗成,皆可观览。"②这就是成语"刻烛联诗""击钵催诗"的由来,指限时作诗。

5. 擅用虚字

虚字调剂,能使诗句圆活,如"远、行"七唱:

道维在迩求诸远,身纵藏时用则行

其中,"维、诸、纵、则"均为虚字。

---

① 王鹤龄:《风雅的诗钟》,台海出版社2003年版,第74页。
② 李延寿:《列传·第四十九》,《南史》,上海古籍出版社、上海书店1986年版,第2829页。

6. 构思巧妙

诗钟作意求新巧,如"壁、头"六唱:

> 世路何如攀壁虎,人情欲问叩头虫

以壁虎攀墙喻"世路"艰难和晋升有道,以"叩头虫"喻唯唯诺诺者,折射人情世故,构思新奇,富于想像。

7. 韵味隽永

诗钟忌直白露骨,尚含蓄典雅,曲折有致,富于韵味。如"心、事"四唱:

> 遮断芳心旬日雨,阅残人事县门山

"芳心"喻女子情怀。被遮断的其实是视线而非芳心,"遮断芳心"是一种含蓄的描写。芳心被云雨遮断,且旬日之久,会生发怎样的苦愁与期盼?而云雨之外芳心谁属?这些都不直接说出,象外之意蕴,令人玩味。下联以正对县门之山拟人,以"阅残"言历时久远和人事变幻之多,显然有寄托人世沧桑之慨。又如"夜、声"七唱:

> 梦境模糊思昨夜,春光旖旎问低声

将春事描写得含蓄典雅,避免庸俗低级。

8. 雅谑机警

钟聚活动往往带有游戏成分,雅谑是诗钟的一大特色,这一特色于分咏体表现得最为充分。如分咏"茶叶、公猪":

> 杯浮竹叶时时饮,命带桃花处处牵

下联所谓"命带桃花"本来是用来比喻人的,这里转而比喻公猪,兼有拟人的意味。公猪的使命是配种,因此有"桃花运"。以"命带桃花"喻公猪,极为贴切,匠心独运,戏谑有趣。

9.言简意赅

诗钟仅两句,一句七字就要表达一个相对完整的主题内容,因此用字惜墨如金,力求用最少的字表达尽可能多的内容,体现对文字高超的驾驭能力。如"成、立"三唱:

六国成名三寸舌,两朝立业一生心

上联概括张仪作为纵横家、外交家和谋略家的一生业绩和才能;下联概述诸葛亮辅佐两朝君主,成就一番事业,呕心沥血。两句皆短小精悍。

五、学习诗钟的意义

当今社会物质生活飞跃发展,生活方式已发生很大的改变,许多传统文化的精华存在失传之虞。今天再来谈诗钟的创作与欣赏,有何裨益?

1. 诗钟是作诗的入门阶梯

诗钟采用七律颔联、颈联的对仗格式,学作诗钟必先掌握声律、对仗、造句等韵文基础,因诗钟只有两句,格律易于掌握,所以可为格律诗的入门阶梯。前辈文人学作律诗亦多从诗钟入门。黄乃江《台湾诗钟研究》援引《台湾文献会刊·台湾诗荟》中连横之语:"诗钟亦一游戏。然十四字中,变化无穷,而用字构思,遣辞运典,须费经营,非如击钵吟之七绝可以信手拈来也。余谓初学作诗,先学诗钟,较有根底,将来如作七律,亦易对耦,且能工整……谁谓游戏之中而无石破天惊之语耶?"[①]

---

① 黄乃江:《台湾诗钟研究》,复旦大学出版社2009年版,第75页。

2. 诗钟可以砥砺诗艺

晚近诗钟有分咏、嵌字两大类,前者易稳难工,后者易工难稳。因篇幅小,所以对平仄、对仗、嵌字、炼句等方面的要求比对联、律诗更高。这能有效提高意象思维能力、文字驾驭能力以及诗句鉴赏能力。通过练习诗钟撰制,写诗水平将显著提高,可以说,诗钟写得好,写诗撰联不在话下。连横《雅言》曰:"诗钟虽小道,而造句炼字、运典构思,非读书十年者不能知其三昧。"[1]

3. 诗钟具有诗的功能

诗钟属于古典诗歌范畴,是篇幅最小的格律诗,寥寥十四字,但言简意赅,亦"可以兴,可以观,可以群,可以怨",言志、抒情、说理、论事、写景无所不备,前辈诗人流传下来的大量诗钟佳句便是明证。陈海瀛《希微室折枝诗话》云:"折枝虽小道,足以表达个人之思想、社会之意志、时事之观感,为用至巨。"[2]林纾当年曾发起"冷红"吟局,于上元发唱,吟所门首悬自撰联:"劫外看春光,吾辈能无忧国泪?闲中结吟局,诸君应有感时诗。"[3]清政府有割地议和之举,故作此联,可见诗钟之功用。

4. 诗钟是审美载体

诗钟是语言艺术的精华,鉴赏诗钟是令人陶醉的审美活动。前辈留下大量诗钟佳作,珠玉纷呈,美不胜收,品之不啻精神大餐。诗钟集吟时,发唱者摇头晃脑,乐在其中,个中滋味唯参与者才可体悟,可谓"妙处难与君言"。

5. 诗钟集会是雅事

诗钟集吟是文化活动,集娱乐、教育、修养为一炉,对陶冶情

---

[1] 连横:《雅言》,台湾银行经济研究室1963年版,第42页。
[2] 陈海瀛:《希微室折枝诗话》,1958年油印本,第22页。
[3] 陈海瀛:《希微室折枝诗话》,1958年油印本,第11页。

操、净化心灵无疑大有裨益。林景仁《东海钟声·序》谓:"藉此道游戏,以温修书史,且安顿身心也。"①

6. 学诗钟能促进撰联水平提高

诗钟与楹联的共同点是形式对仗,诗钟要求更高,须使嵌字稳妥、对仗工整、用字精练、构思巧妙、立意高峻、韵味隽永、擅于用典等。通过诗钟撰制,必将为楹联创作打下坚实基础,显著提高撰联水平。现以笔者联作为例,说明诗钟撰制对楹联创作的助益。

(1)嵌字稳妥。如"老祖书屋"嵌字联:

藏书四壁,入屋浑如迎老友
溯祖千秋,开篇便是晤前贤

此联在2004年"老祖书屋杯"海内外征联大赛中获得铜奖,忝列十副获奖联之一。嵌入的"老、祖、书、屋"四字,浑无痕迹。

除了单字嵌稳外,连缀的名词同样要嵌稳,且不影响文句的通畅。如1987年福建省宁德地区地名嵌联应征作品(下划线者为地名):

<u>江边</u>白鹭上<u>秋岭</u>,<u>青山</u>增色
<u>村里</u>金鸡催<u>朝阳</u>,<u>赤岸</u>映辉

(2)对仗工整。如2001年三峡移民霞浦新居楹联:

休言故土难离,尧天共戴
且喜新居有托,禹甸同耕

"新居"对"故土"、"尧天"对"禹甸",属对工切。

---

① 黄乃江:《台湾诗钟研究》,复旦大学出版社2009年版,第97页。

(3)用字精练。如为某官员画像音韵联：

日里酒,夜里妞,权微不碍竟风流,沉沦宁自救？
官前奴,民前虎,囊饱何须关疾苦,跌倒有谁扶？

此联用马蹄韵,句句押韵,朗朗上口。其用字洗练体现在选择最具代表性的事件,将每一个事件浓缩为一个字(省略关联词),即用"酒、妞、奴、虎"四字高度概括官员的劣行。

(4)构思巧妙。如题太姥山功德堂联：

喜满堂香袅,德门可遂祈天愿
看一谷云忙,仙驾未闲济世心

上联从香雾袅袅联想到通天祈愿,但唯"德门"可通。下联将云想像为仙驾,通过"云忙"的意象,联想腾云驾雾的济世之仙未有闲时。此联风格与诗钟追求的"神韵超逸"相吻合。

(5)立意高峻。诗钟最忌平淡,或求构思新巧,或求作意高峻,或求韵味隽永,作联也应如此。如1993年"海峡两岸象棋高手赛"会场联：

世事纵如棋,两岸焉能分楚汉
弈坛浑似阵,群雄且喜萃闽台

此联主题分解的关键词是"象棋赛""海峡两岸""高手"。如何既切题又达到思巧、意峻？上联首句言"世事如棋",借用成句,虽无创意,但以棋喻世却是很好的切入点。由此引出第二句,希望两岸不作楚汉隔河而据,寄望国家早日统一。棋里棋外,赛事国事,有机融合,具有寓教于乐的作用,已能达到思巧而意峻的要求。以"弈坛、楚汉、似阵"言象棋赛,"闽台"言海峡两岸,"群雄、萃"言高手,切合主题。

又如霞浦八堡村戏台联：

> 假戏或藏真意,鉴史能明千古事
> 高台当察下情,捧星须仗众人心

下联借演戏暗喻为官要体察下情,不忘赢得民心,有警示载舟覆舟之义。

(6)擅用典故。如1996年霞浦县"秘书杯"应征联二副:

> 贤士无弹铗,辅佐躬谦宁逐利
> 雄才必露锥,筹谋缜密每收功

> 锦囊生玉帛,为官政顺,功分幕后雕龙手
> 椽笔展经纶,济世文雄,名屈生前倚马才

此二联通过冯谖弹铗、毛遂露锥、刘勰雕龙、李白倚马之典来颂扬秘书,因典故的运用而富于意涵,大大提高了表现力。

此外,诗钟的成句也可以化用为联。例如2002年笔者为福鼎黄敏玲老师代撰悼夫联:

> 相夫缘短,拆我鸳鸯天至吝
> 悦己情长,还君涕泪海将枯

此联下句是从福州陈海瀛"马、江"六唱"夺我股肱良马死,还君涕泪大江枯"借来,倒也贴切。又如,2005年笔者为外祖父所撰墓联:

> 归隐山衔留一席
> 卧看尘海竞千帆

笔者外祖父生前曾自撰墓联"山川留我老,名利让人追",后因故需拓展为七言联。此联是从林启"一、风"六唱"为我名山留一席,看人宦海度风帆"诗钟句脱化而来。

有人认为诗钟格律太严,如"带镣铐跳舞",难人太甚,习作诗钟会形成拘谨的习气,于写诗撰联会禁锢创作思维,削足适履,以律害意,难出佳作。这种观点是站不住脚的。诗钟自清中叶兴起之后,各地钟聚佳作潮起,作品可谓海量,足见"镣铐"难囿高水平的"舞者"。诗钟高手于严律中尚能出精品,何况格律要求相对较宽的诗联?需要指出的是:格律的成熟是一件好事,它不仅使诗作具备规整的形式美,也富于声律美。事实上,凡诗钟高手作联,自能举重若轻,如林则徐撰联:

一榻梦生琴上月,百花香入案头诗

此联作句典雅蕴藉,颇见诗钟韵味隽永的特色。

第二章　诗钟的体制与格律

诗钟与楹联皆脱胎于律诗的对仗句,但诗钟却有许多不同于楹联的特质。理解和掌握诗钟的体制与格律,是学习诗钟创作与鉴赏的基础。

一、诗钟的体制

早先的诗钟主要有分咏、专咏、空咏三种类型,其中分咏要求两句分别咏两个不相类的事物。李家瑞《停云阁诗话》中有其师陈谐灿道光七年(1827)前后在苏州酒会上行酒令的记载,其酒令即分咏体诗钟。专咏是两句合咏一个事物,也要求嵌两个字,空咏只规定嵌字,不限咏何事物,诗人可以充分发挥文思,故而得以普遍流行。后期的诗钟主要流行嵌字(空咏)、分咏两类,以嵌字为主流,分咏仅偶尔为之。

在诗钟体制的衍变中,先后出现三十几种别格,大体可分为嵌字、分咏、合咏、笼纱、集句、删古等几类。本章阐述的诗钟体制,主要参考《诗钟史话》《诗钟格目考述》《台湾诗钟研究》,分述于下。

1. 嵌字体

不定题目,只要求把拈定的眼字(两个或多个)分别嵌入上下联规定的位置,至于两个眼字哪个嵌上句,哪个嵌下句,可以不拘。以嵌两字为常见，尤以两个眼字分嵌上下联相对位置的七个格为常见，称为"正格"。这七个格都有形象化的名称，即嵌字位置从第一字到第七字依次为：凤顶格、燕颔格、鸢肩格、蜂腰格、鹤膝格、凫胫格、雁足格。这些名称虽雅，却不太易记，所以干脆根据眼字所在的位置，分别叫做一唱、二唱、三唱……或者叫七一、七二、七三……其中一唱还叫"冠首格""冠顶格"等。

另外，还有比翼格（也叫双飞格）、层咏格。双飞格实际上是从一唱到七唱随意为之。因眼字始终相对，故称"双飞"。层咏格是从一唱一直作至七唱，成为七联一组的诗钟。或以某两句诗中上下句对应的字为眼字依次嵌入诗钟内。如以"春光看满眼；节气论从头"为眼字，作一唱至五唱层咏（就是作"春、节"一唱、"光、气"二唱……）如：

> 春秋笔鉴三千史，节操碑存十亿心
> 沾光脸带三分愧，作气心怀一点骄
> 成败看来原一瞬，是非论定每千秋
> 未必顺从皆好马，偏多骄满是庸人
> 山鸡学凤头缨少，溪鳄吞人眼泪多

嵌字诗钟，除上述正格外，还有以下别格。

魁斗格。两眼字分嵌上句首字和下句末字（眼字分布状如魁星，一手提笔，擎天点头，一脚踢斗，落地生根）。如"春、耕"：

> 春蕾不劳狂蝶顾，薄田却倩老牛耕

蝉联格。两眼字分嵌上句末字和下句首字（喻接续不断的意思）。如"辞、海"：

> 力纵涓流欣入海，辞虽美玉苦堆山

鹭拳格。拈平仄二字，嵌于出句第二字及对句第六字；或出

句第六字,对句第二字(亦称"云泥格"),如"沙、面"鹭拳格:

一面缘偏悭咫尺,此身愿欲了沙场

三四辘轳格。二字分嵌上句第三字与下句第四字(相当于台湾诗钟所称"八叉格",八叉格不仅有"三四",还有"一二""二三""四五""五六""六七",共六种)。如嵌"云、幕"二字:

写就云笺峰当笔,悬来夜幕月为钩

五四卷帘格。二字分嵌上句第五字和下句第四句。如嵌"袍、临"二字:

偶携吟屐临琴峡,待脱征袍隐镜湖

鼎峙格。三个眼字分嵌上下两句,呈不规则三角形,如"贺新娘"鼎峙格:

暮雨吴娘桃叶水,新秋胡骑贺兰山

鼎足格。三个眼字,两字嵌上句首尾,一字嵌下句第四字;或两字嵌下句首尾,一字嵌上句第四字,亦称"鸿爪格""弯弓格"。如"清平乐"云:

清怀别具人生乐,壮志难平世路岖

亦有小鼎足者,三个眼字分嵌上下两句,成等腰三角形,如"一江秋"作:

塞北秋传千里雁,江南春泄一枝梅

双钩格。四字分嵌两句首尾。如"大江东去"云:

去日儿童皆长大,江天劳燕各西东

汤网格。三字分嵌两句首尾,双钩格相当于去掉一字,取商汤网开一面之意。如"半闲堂"云:

半岭云平如履海,闲庭月朗欲窥堂

勾股格。三个眼字,分嵌上下两句(忌嵌句子首位),呈直角三角形。如"邓尉山"云:

金斗难移尉迟节,铜山莫救邓通贫

押尾格。三字复词,限嵌于下句之尾,咏成两句,上下意连贯,不必对偶。如"曲江春"云:

好景一年君记取,杏花燕子曲江春

狗尾格。由押尾格演变而来,取狗尾续貂之意。作法是,拈六字,题字须联串成词,嵌于上下联五六七字,两句对仗。如"贫民窟、富士山"作:

炊烟日断贫民窟,积雪天连富士山

睡蛛格。眼字限四字,两字相连嵌于出句,两字相连嵌于对句,不拘字的顺序。例如以"月白风清"为眼字,可以"月白"嵌上句,"风清"嵌下句,眼字相对。也可以眼字互换,以"白月"对"清风","风月"对"清白"。但须化此四眼字之本义,为别样意思,使读者不觉痕迹。此格最苛,擅此道者亦望而生畏。如"抱月弹琴"睡蛛格:

夜深倚月弹筝急,年暮携琴抱醉归

碎锦格。四字或四字以上,分嵌于两句中,不相连。如"人淡如菊"碎锦格：

  秋人对菊幽如梦，名士妻梅淡欲仙

又如"一二三四、天地人和"云：

  四围人影三弓地，一阵和风二月天

  碎锦格还变化出六逸格、七贤格、八龙格、九老格，其方法是拈出六、七、八、九个字，嵌于上下联，唯题字可以相连。

  碎联格。眼字从双，四、六、八字皆可，将眼字从中拆分成两半，每一半可以拆散嵌入一句中，句式对偶。如"南宫长万"碎联格：

  两宫绝域悲南宋，万里长城备北胡

  流水格。此格即碎锦格之变格，其式与碎锦格同，唯眼字须顺序而下，不能倒置。如"落花无言"流水格：

  落魄不堪花事闹，刺心无过冷言侵

  流碎格。也叫"流水碎"，三字或三字以上眼字分嵌上下句，不需对偶。如"豆、数、风"三字云：

  风雨豆花篱一角，草虫无数作秋声

  五杂组格。五字任意分嵌于两句中。如嵌"山冷微有雪"云：

  快雪看山晴有约，微波荡月冷无声

  为了便于记忆和查找，现将嵌字诗钟诸格式归纳成以下图式（黑点代表所嵌的字，眼字不确定者不录）：

凤顶格

●○○○○○○
●○○○○○○

燕颔格

○●○○○○○
○●○○○○○

鸢肩格

○○●○○○○
○○●○○○○

蜂腰格

○○○●○○○
○○○●○○○

鹤膝格

○○○○●○○
○○○○●○○

凫胫格

○○○○○●○
○○○○○●○

雁足格

○○○○○○●
○○○○○○●

魁斗格

●○○○○○○
○○○○○○●

蝉联格

○○○○○○●
●○○○○○○

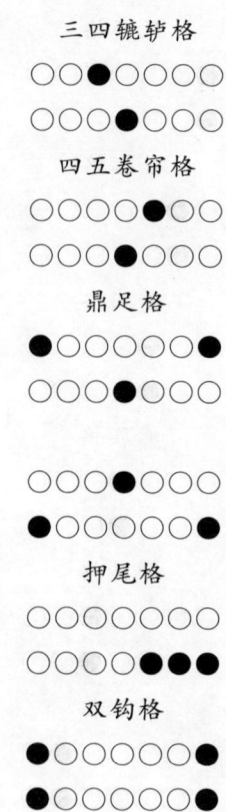

2. 分咏体

分咏格。拈两个题目,分别作为上下句吟咏的对象,要求句中不犯题字,两句内容各自切题,又要成对仗关系。如分咏"伞、笔":

欲开欲合凭天意,能画能书顺我心

为了提高创作兴趣,增加难度,常常将两个绝不相类的命题扯在一起,作成的句子却珠联璧合,由此以见作者才思。如"枕头、刽子手"分咏:

黄昏我便思依汝，白昼君偏敢杀人

"点烛、懒猫"分咏：

　　书成误处凭燕说，睡正酣时任鼠偷

"不倒翁、钱"分咏：

　　此老平生唯倔强，乃兄何处不流通

　　连环格。此格分咏兼带嵌字，一般嵌二字，亦可多嵌。如分咏"朱淑真、梅花""招、怨"六唱：

　　词疑六一同招榜，身属逋仙不怨孤

3. 合咏体

　　合咏格。禁犯题字，不嵌字，如咏"傀儡"：

　　一线机关何太巧，百般面目总非真

　　嵌咏格。一题作一联，但须嵌入一字（不拘联中任何位置），以防宿构。如咏"胭脂"嵌"医"字：

　　牡丹画出难医俗，茜草煎来欲斗妍

　　单咏格。上下联专咏一个事物，嵌两个或两个以上的字，如咏"思妇""斜、锁"二唱：

　　横斜钗影松云鬓，牢锁春心紧指环

4. 笼纱体

　　笼纱格。"笼纱"一词，原意古人将题于墙壁上的诗用碧纱笼护，以示珍贵。此格借"笼纱"二字，取其若隐若现之意。笼纱格的题目为两个字,要求句中不出现题字,通过指代、借代、歇后、剪裁的方法①,隐约显现题字,做到"此中有字,呼之欲出",犹如谜面影射谜底一样。笼纱格并非"分咏"二字,其实质是题字"暗嵌",如"飞、纶"云:

> 忠推南宋将军岳(岳飞),诗爱中唐户部卢(卢纶)

"小、东"云:

> 春尽惜非三月大,韵平翻在二冬前

三月共三十天,二月只二十九天,所以有"三月大,二月小"的说法;韵书里的平声韵中"东"排第一,"冬"排第二。又如"左、易"云:

> 牙因知味承恩幸(易牙),思未能言擅赋才(左思)

晦明格。亦名柳暗花明格,从笼纱格变化而来,最早出现于台湾。即一句明嵌题字,一句暗嵌题字。例如嵌"画、唇"云:

> 画水最难声并绘,交邻谁悟齿相依

5. 删古格

此格又称改诗,拈前人名句续下句,或冠上句,或对上句,或对下句。或取前人两句诗,留一部分,改一部分,所留多少,所改何处,并无定式。如原句为:

> 数着残棋江月晓,一声长啸海天秋

改为:

---

① 黄乃江:《台湾诗钟研究》,复旦大学出版社 2009 年版,第 269~270 页。

> 短棹影分江月晓,远钟响彻海天秋

又如拈原句"渔妇晓妆波作镜",对以"牧童午睡草为毡"。此格仅出现于诗钟早期,不求对仗,无固定规则,其着眼点是练习合成词和词组。

6. 集句诗钟

集句原非格式,只是诗钟的一种表现手法,它不属于创作,而是摘取前人诗句凑成一联,但须符合题目和格式要求。分咏、嵌字皆可采用集句手法。集句诗钟虽非创作,但更不易为,它要求作者熟记大量前人诗句。因难求工稳,所以对切题不要求十分准确,对仗方面也放宽要求,但平仄须严格按格律。如旧时以阴历二月十二日为花朝节,某年花朝以"二月、十二"分咏为题,有一联集句而成:

> 红杏枝头春意闹(宋祁),碧阑干外绣帘垂(韩偓)

上句是宋词,下句是唐诗。杏花开二月,"阑干"则取"十二阑干"语意。又如某次诗会以"女、花"二唱为题,因眼字较易入句,规定集句成联,以下例三联为优胜:

> 商女不知亡国恨(杜牧),落花犹似堕楼人(杜牧)
> 青女素娥俱耐冷(李商隐),名花倾国两相欢(李白)
> 神女生涯原是梦(李商隐),落花时节又逢君(杜甫)

二、诗钟的格律

1. 诗钟的平仄安排

诗钟的格律源自七律中的第二、三联,因此有平起式和仄起式两种,列于下。

平起式：

$$平平仄仄平平仄,仄仄平平仄仄平$$

仄起式：

$$仄仄平平平仄仄,平平仄仄仄平平$$

以上两个格式为"正格",我们可以从中归纳出四条规律：

(1)平仄在本句中是交替出现的；

(2)平仄在对句中是对立的；

(3)第一句尾字为仄,第二句尾字为平；

(4)三字尾(句子末尾三字)不能全平或全仄。

诗钟句子保留了律诗句子的声律美,这种声律美体现为节奏单元的平仄交替出现。七言律句包含四个节奏单元——三个双音节(双字),一个单音节(单字)。这四个节奏单元的组合方式有两种,即"二、二、二、一"或"二、二、一、二"。双音节中以偶数位置上的字为节奏重点,是平仄交替的表征所在。诗句吟唱遵循"两字为节",而双音节中的第二字是主音,发音比第一字长,或稍有停顿,所以处在偶数位置上的字平仄必须严格遵守格律,以确保声律优美,这就是所谓的"二四六分明"。与此对应的是"一三五不论",奇数位上的字音没有偶数位上的字音明显,平仄要求可以宽一些,有一定的灵活余地,但也并非都"不论"。其规律可以归纳为三点：

(1)第一字均可不论。

(2)第三字的平仄改变时,不能使第四字"孤平"。

(3)第五字要论,但可以"拗救"。

"孤平"针对第四字而言,指"仄仄平平仄仄平"的句式中,若第三字改平为仄,就变成"仄仄仄平仄仄平",出现第四个平声的字孤单地夹在仄声字之中,这是诗家禁忌。这样一来,平仄字数过分偏倚,破坏了声律美。

至于"拗救",是补救措施。第四字出现孤平时,可将上下句的第五字平仄互调,借以挽救。此时的平仄变为"平平仄仄仄平仄;仄仄平平平仄平"。例如"花好月圆"双钩格:

花娇最爱菊梅好,月满独钟桑梓圆

由于下联第三字"独"为仄声,如按正格"钟"字犯孤平,因此下联第五字改成平声,相应的上联第五字改成仄声,此即诗钟之"拗体"。有时虽未出现孤平,也可以对调第五字平仄,皆属不得已。用拗体时,一般要求平仄声不偏不倚,保持三与四的比例。否则影响音调和协,虽不犯禁,未免有嫌。

由于第一字不论,所以平起式或仄起式的辨别是以第一句的第二字来划分的。综上所述,我们以"—"代表平,"｜"代表仄,"＋"表示可平可仄,将诗钟的平仄句式标识如下:

平起式:

＋ — ＋ ｜ — — ｜
＋ ｜ — — ｜ ｜ —

仄起式:

＋ ｜ ＋ — — ｜ ｜
＋ — ＋ ｜ ｜ — —

拗体式:

＋ — ＋ ｜ ｜ — ｜
＋ ｜ ＋ — — ｜ —

七律的拗救方法虽有多种,但诗钟并不全部照搬,只是采用七律中"孤平拗救"与"小拗补救"两相结合的拗体句式,即所谓"一拗双救"。这两种拗救的结合在七律中较为常见,例如:

溪云初起日沉阁,山雨欲来风满楼

上句(平仄尾句)按正格第五字本来是平声,用仄声("日"字)即是"小拗",古人认为小拗可救可不救。小拗的救法是将下句第五字的仄声改为平声("风"字)。下句第四字("来"字)犯孤平时,也要将第五字改为平声,因此"小拗补救"与"孤平拗救"常常两相结合,这种拗体式被诗钟继承下来,但七律的其他拗救方法不被采纳。例如宋陆游《夜泊水村》句:

一身报国有万死,双鬓向人无再青

上句第五字用仄声"有",属于小拗,第六字用仄声"万"则属于大拗,因此将下句第五字仄声改平声,用"无"字一并救小拗和大拗,这在律诗中行得通,但诗钟不可以,因为犯"三仄尾",于声律不美。

2. 诗钟对仗的基本要求

所谓对仗就是对偶。古代的仪仗队都是两两相对的,"对仗"一词便借用此意。对偶指把上下句的同类概念对立或并列起来。一般达到字数相等、平仄相反、词性相同、结构相当、节奏相应、意境相类就可以。

对偶的一般规则是同类词相对,即名词对名词、动词对动词、形容词对形容词、副词对副词,如"风、剑"五唱:

赤壁破曹风有力,乌江亡项剑无情

其中"赤"与"乌"都为颜色,而"赤壁"与"乌江"为地名相对;"破"与"亡"为动词相对;"曹"与"项"为姓相对;"有"与"无"为副词相对;"力"与"情"为抽象名词相对。上句与下句又是相类的典实相对。

对偶是一种修辞手段,其作用是使句子获得整齐的形式美。对偶句中,上下句的平仄总是相对立的,而且上句出现过的字一般不重复出现在下句。

辨别词性是对仗的基础。按诗的对仗,大体可将词概括为九类——名词、形容词、动词、数词、颜色名词、方位词、副词、虚词、代词。其中名词又可细分为天文、地理、时令、宫室、服饰、器用、植物、动物、人伦、人事、形体等小类。

对仗有"宽对"与"严对"。"严对"也叫"工对",指对仗工整,一般用同类词相对便属工对,若名词中同一小类相对仗则更是工整。通常颜色、数目、干支、方位、姓氏各自成类,一般不与其他类词相对。但如半、双、重、满、多、全、众、无、空之类的词具有数量的含义,常借做数词来对。又如金、玉、银、丹、墨、粉、雪、霜等词,常被借做颜色名词来对。而"清"与"青"、"皇"与"黄"同音,也常被借来与颜色名词对,称为"借对"。另处,连绵词通常也要求对连绵词,如"磅礴"对"逶迤"。

同类词相对不等于同义词相对,同义相对在对偶中称为"合掌"("合掌"之说最早见于《文心雕龙》,指两句同义),意思是上下句(或词)所表达的内容一样或相近,这是诗家之大忌。如"千秋"对"万古","不语"对"无言","波光"对"水色","兴波"对"作浪"等。前人甚至对"如"与"似"之类的虚字相对也有嫌语,现在看来似过于苛求。只要上下句的主要意思不雷同,偶尔出现两个同义或近义词相对也无伤大雅。如一次诗会以"点头老人"作碎锦格,有一联刻画入微,备受欢迎,句云:

老友欣逢频点首,情人伤别屡回头

其"首"与"头"同义,却不觉合掌,因为句中描绘的主题是两个完全不同的动作,即"点首"与"回头",而非"首"与"头"。

"宽对"是相对"严对"而言的,它比严对要求稍宽些,可以用邻近的事类相对。如天文对时令,地理对宫室,数词对量词。但主要的词性,如名词、动词、形容词,仍各自相对。诗钟中适当放宽对仗是常有的,也是允许的。若过分追求工整,以词害意反而不好。

3. 眼字

在嵌字格诗钟中,用来嵌入的字称作"眼字"。眼字大多是两个字,也有多个字的,一般三个或三个以上的眼字是成文的。前人诗钟吟集时,常以抓阄的办法来确定眼字,所以叫"阄眼字"或"拈眼字"。眼字大多是一平一仄,绝少是两字皆平或皆仄的。由于是"拈"来的,所以不拘是否成文,也不拘对仗,但组词后必须对仗。

眼字与其他字组成的词称"眼"。嵌字诗钟要求眼字稳妥。怎样才算稳妥呢?就是指用眼字构成的词或词组应合乎逻辑,能为众所熟知和认可,倘若眼字构成的词让人难以理解,属于臆造杜撰的叫"怪眼",属于罕见少用的叫"僻眼"。如以"大、好"为眼字,组成"大身""大晚""大茶""大日""好影""好晨""好节""好怀"等,有的人们看不懂,或者认为没道理。倘所构成的词虽无上述毛病,但所嵌的字对句意不起什么作用,或改嵌别字更能表达意思,那么这个"眼"便叫"冇眼"(冇字读如"卯",不饱满的意思),比如"大山"与"好月",若非特殊需要,不加"大""好"两字同样能说明问题,或者改作"明月""青山"之类将表达得更完美。可见这眼字是嵌而未牢,这些眼就属站不稳脚跟的冇眼。如"山、海"一唱:

山虎难逃冯妇手,海龙宁解叶公心

其中"山""海"二字属于可有可无,因此"山虎""海龙"即属冇眼。

又如"秋、高"一唱：

> 秋露晶莹终不实，高云虚幻枉多姿

此联"秋""高"二字也未嵌牢，若将其删去，同样能说明问题，或改作"晨露""浮云"更稳妥，所以"秋露""高云"也属有眼。

前人对嵌字的要求很高，曾有"一字嵌进去，九牛拔不回"的说法，意思是说眼字用得极为贴切，不容更改，改用其他字都有损句子的完美，可见前辈治学之严谨。不过这样高的要求即便是大诗家也未必都能达到。今天我们作诗钟能达到上述要求当然最好，做不到也不必过分强求，总之词能达意，不觉别扭就算符合要求了。

眼字不用来组词，而是作单字使用，这种方法叫"悬眼"或"吊眼"。以"大、好"一唱为例，其作法是把眼字与虚字配合，如：

> 大纵堪夸缘比小，好休过誉为含差

或把眼字作副词用，依附于动词、形容词，如：

> 好施善政疗民瘼，大展雄才壮国威
> 好让凯歌忙里听，大难豪气老时消
> 好多俊杰披荆棘，大半英雄出草莱

或在眼字之后加时间、方位词组成"时空式"的句子，如：

> 大处无非能守节，好时未必不存瑕

嵌字诗钟对眼字所在的位置各有规定，所以不能在句子中再度出现，否则会造成混乱。如"尊、老"一唱作：

> 老吾而及人之老，尊人方被世人尊

这一联就说不清是一唱还是七唱，这等于否定眼字的严肃性，人多不取。

4. 诗钟的节奏句式和吟唱

以节奏划分句子结构者称为节奏句式。中国的古体诗、近体诗建立诗句有个基本原则,那就是"半逗律"。"逗"即停顿,指一句中最显著的那个"顿"。一句必须有一个逗,这个逗将句子分成两个部分,其音节分配是:四言分为二二,五言分为二三,七言分为四三。近体诗句子之所以定型为五、七言,与半逗律有关,因为奇数句半逗律分成的两部分字数不等,这就使节奏富于变化而不呆板。诗钟沿用七律句的半逗律,其句式一般为四三节奏,也有二五节奏的。如"富、强"一唱作四三节奏句如:

强君行色｜囊中剑
富我情怀｜客里诗

作二五节奏句如:

富策｜囊中生玉帛
强锋｜笔下走龙蛇

它们的共同特点是第三字、第五字粘后。第五字粘后就是说七言句中后三字组成的"三字尾"是一个整体,它能相对完整地表达一层意思。进一步分析之,诗的吟唱以每两字(双音节)为一顿,一顿即一个"节奏单元"。顿,即所谓的"音步",顿不一定是声音停顿的地方,通常是吟诵时需要拉长的音。因此七言句中的前四字也就平分为两个节奏单元,吟唱时,第二、四字发音较第一、三字长(或可略作停顿)。第三字粘后就符合这种吟唱节奏。至于三字尾,一般可根据第六字是粘上还是粘下再划分成二一节奏或一二节奏。这样一来诗钟句子就有三个双音节和一个单音节,有两种组合方式,其一是"二、二、二、一"节奏,其二是

"二、二、一、二"节奏。比如上面举的两个例子就分别属于这两种吟唱节奏：

（1）二、二、二、一节奏。范例为：

强君｜行色｜囊中｜剑
富我｜情怀｜客里｜诗

（2）二、二、一、二节奏。范例为：

富策｜囊中｜生｜玉帛
强锋｜笔下｜走｜龙蛇

诗钟句子一般都能符合上例的吟唱节奏，而不损词意。至于一些特殊节奏的句式，如"一字豆"的句子"满、从"四唱：

弱｜不屈从夸晏子
强｜休骄满戒夫差

吟唱时仍按上例，把"不"字并于"弱"字之后，"休"字并于"强"字之后。虽与原句读法不太一样，并不影响词意的表达。

凡不符合上述吟唱节奏的句式称"拗读句"。比如三四节奏的句子：

好意见｜多提一点，大衔头｜莫唤连声

若按上例吟唱成"好意｜见多｜提｜一点，大衔｜头莫｜唤｜连声"，便不知所云。此类句虽文义无可挑剔，但读时拗口，声调上更不能体现"二四六分明"，因此无法吟唱，可以说，其在诗的音韵美方面有缺陷，所以诗钟不用这种句式。

诗钟集会时，入选的诗是通过宣唱的形式来公布的。那么诗钟又怎样唱的呢？这个问题似乎很难说清楚。因为调子因地,因人,甚至因诗而异。现今也就闽中、闽东保留唱诗活动,现以闽东语系的唱法,列举几个常见例子来说明,洵属窥斑测豹,不能概全。

唱诗的节奏与吟读基本上是一致的,只是唱时的延长音(节奏重音)比读时的延长音要长得多,特别是两句的末尾一字明显拉长。上述第一种吟唱节奏大体为:

××——××——××——×——
××——××——××——×——

至于第二种吟唱节奏的句式,由于第六字是粘下的,这样第五字就相对孤立。唱诗时为了突出第五字的"独立性",应当将它唱得重些或适当延长些,第六字则缩短唱音,做到第五字的唱音至少不比第六字短,否则会造成五、六两字粘连的感觉,第二种吟唱节奏大体为:

××——××——×——××
××——××——×——××——或者
××——××——×××——

下面以简谱的形式介绍几种唱法于下,详细情况扫描二维码知悉:

(一)

1̇6 1 12 | 6 6 5 6 | 3 3 23 | 2 1 1 |
海 到 无 涯 天(啊) 作 岸

5 5 56 | 6 2 7 | 7 6 5 | 6 — |
山 登 绝 顶 我 为 峰

（二）

3 3 2 3 | 2 1 6 5 | 5 3 2 | 3 1 — |
富策　　囊中　生　　玉帛

6 1 16 | 3 2 7 | 7 6 5 | 6 — |
强锋　　笔下　走龙　蛇

（三）

3 5 5 | 6 6 2 | 1 1 6 5 | 5 — |
强君　行色　囊中　　剑

6 6 5 6 | 5 5 3 2 | 3 3 5 3 | 2 1 1 |
富我　情怀　　客里　　诗

（四）

2 5 3 2 | 3 3 2 3 | 2 2 76 | 76 5 6 |
观海　遽粗　临事　　胆

3 3 2 3 | 2 2 7 6 | 7 7 2 7 | 6 5 5 |
望云　偶动　济时　　心

（五）

6 6 7 | 6 5 6 | 3 3 2 3 | 2 1 1 |
家纵　不贫　当事　　苦

5 5 6 | 6 2 7 | 7 6 5 | 6 — |
死原　非福　及时　佳

以上列举了五种谱式，但诗会中的实际唱法远不止五种，况且各人习惯不同,风格各异。比如通常上下句各分一口气唱完,但也有人一口气唱到第二句的第二字,再用下口气唱完后五字。又如有人一句中的前二字用读,而后再唱。有人在延长音后面加"啊"音,以使转音自然,尤其是三字尾为一二节奏的句,在第五字后常加"啊",使这种节奏的特点更加突出。又如同是两句诗,可能用这种谱式唱觉得顺口,改用另一谱唱觉得不顺或不能表达诗作情感。相反,同一谱式唱不同的诗时,又会因内容不同而有所不同。发音的轻重、长短、顿连皆视内容而定。

综上所述,诗钟唱法风尚各异,但都要求咬字清楚,过音自然,断句准确(主要是三字尾)。

5. 诗钟与对联的联系与区别

诗钟与对联渊源亲近,既有相同,又有区别。

第一,诗钟与对联均属对仗句式,它们均源自律诗颔联与颈联(诗钟句式格律源自七律)。从时间上看,对联最早出现于唐代,而诗钟出现在清朝嘉庆、道光年间。《福鼎县志》记载,唐乾符年间林蓬(据说为连家船始祖)在霞浦县后崎为自家茅屋撰写的两副对联:

竹篱疏见浦,茅屋漏通星
石头磊落高低结,竹户玲珑左右开

林蓬之友,号称"闽东全才"的林嵩也曾为其读书草堂题联云:

大丈夫不食唾余,时把海涛清肺腑
士君子岂居篱下,敢将台阁占山巅

第二,诗钟与对联同属对偶句,在对仗上有许多共同的要求。《联律通则》中的"基本规则"有六条:第一条,字句对等;第二条,词性对品;第三条,结构对应;第四条,节律对拍;第五条,平仄对立;第六条,形对意联。这些规则与诗钟对仗的要求基本相同,但有三点区别:其一是,对联句子的长短和句数的多少是任意的,而诗钟属于七言单句相对,所以在"字句对等"方面不存在多句对等的问题。其二是,对联"平仄对立"可以用"双轨制",而诗钟遵循中古音辨平仄。由于诗钟是单句相对,不存在"马蹄韵"之说。其三是,对联一般是围绕一个主题进行创作,上下联阐述的内容须切题。诗钟分咏格的上下联各有主题,而且这两个主题内容往往相去甚远。诗钟嵌字格的上下联不定主题,海阔天空任由发挥,上下联"形对"但不一定"意联",只要求内容相类。

第三,诗钟是对仗的高峰,因此其对对仗的要求上要比一般对联严格。例如《联律通则》中的"词性从宽范围",允许不同词性相对的范围包括形容词和动词相对,这是诗钟不允许的,犯此弊者被称为"内外科"。下面是一副由福建省团委组织制作的2016年春联:

大江踏浪万山过,春海放歌一梦圆

此联从对联角度看是符合要求的,从诗钟的角度看则毛病多多:

(1)"大江""春海"均属偏正词,结构可以相对。但分解出来的"大"是形容词,"春"是时序名词,因此"大江"对"春海"属对不工。

(2)按旧四声辨平仄,"万"和"一"均属仄声,平仄失对。但按新四声"一"为平声,"万"为仄声,可以对仗。问题在于难以判断作者是用新声还是旧声辨平仄,因为有人认为,数字中仅有"三、千"二字为平声,其余都为仄声,因此对联中数字对仗平仄可放宽;又有人认为七言对联第五字可放宽平仄。

(3)从诗钟角度看,下句中的"放"与"一"都是仄声,因此"歌"字犯孤平,对联则无孤平之忌。

(4)诗钟忌"三足蟾",即不能在上下句两两相对的位置上出现三个同类字。此联的"江、山、海"同属地理名词,与"梦"不同类,因此属于"三足蟾"。

(5)下联"春海放歌一梦圆"虽然也能解释得通,但前后联系不紧密,改为"两岸放歌一梦圆""春海放歌千棹欢"或更合理,可见"春海放歌"与"一梦圆"有拼凑之嫌。

再来看福州金鸡山公园挹翠亭联:

乍觉侵眉山色绿,似闻引吭日光红

此联对仗工稳,"乍""似"两虚字用得很到位,"侵眉"意象尤佳,从造句技巧上看,无疑出自诗钟高手。以对联的角度看,此作应算是高水平的精品了。若从诗钟的角度看,尚可吹毛求疵。因为诗钟字数少,要讲究每个字的效用,须无一字落空。此联如果抽去"色、光"二字,联意不变,可见这两个字作用不大,稍有空疏之嫌。如果改作:

乍觉侵眉山拥翠,似闻引吭日催红

那么,上下联都多了一层意象,而且加强了句子前后的观顾——因为"拥翠"才有"侵眉";因为金鸡"引吭"而"催红"了日色,句子更显诗意。

第四,诗钟为二、五节奏句式或四、三节奏句式,而七言联的节奏没有定式,可以是三、四节奏句式或其他节奏句式,如:

管城子流芳绝少,孔方兄遗臭偏多

"管城子""孔方兄"分别指笔与铜钱。从节奏上看,它属于三、四拗读句。若按律句对仗论,"城"与"方"、"流"与"遗"平仄失对,"城"与"遗"平仄失律。

从林嵩的联作可知,对联出现伊始,便有七言"拗句","大丈夫不食唾余""士君子岂居篱下"就是三、四节奏句式,已非正统的律句(相当于将四、三节奏的律句颠倒)。

第五，诗钟的体裁上有"嵌字""分咏"等要求，对联没有这些硬性规定。

第六，对联具有实用性，一般根据需要进行创作。作品的发布形式是书写、粘贴、镌刻、悬挂于建筑物的柱子或厅堂的壁上，起点缀作用。诗钟带有竞技色彩，往往是文人雅集时的活动，其发布形式是集会现场发唱，大型的钟聚活动一般都会预写诗榜供诗友阅览。征联、征诗钟的共同之处是往往将作品汇集成册，供留念、学习和研究。

第七，诗钟与对联的界限有时是模糊的。例如，笔者应朋友之求，作嵌"正富、爱金"夫妻名联：

良言正我有金玉，大爱施人无富贫

此联的体式相当于碎锦格嵌字诗钟，并不围绕指定的主题来创作，似可计为诗钟，但无钟聚活动的形式特征。如将联作书写、装裱、张挂，它又可算作嵌名对联。又如笔者自撰双钩格"晓阳、王侠"嵌夫妻名联：

晓月鸡声催武侠，阳坡蝶影恋花王

此作是按双钩格嵌字诗钟的体式创作的，本为练笔解颐，创作之初原非刻意写自己。后与联友交流此联，联友提出"如能联系作者实际就好了"，这是从楹联实用性角度说的。然而此联颇合笔者实际——少年爱习武，青年娶妻昙花。上句之"侠"虽不免浮夸，但诗联允许艺术加工，尚能自圆其说。此联后由马萧萧先生书写，裱褙张挂于笔者起居室。

诗钟的成句有时也可以借作对联用。甘少潭"天、我"五唱诗钟名句就被用作福州市马尾区罗星塔公园山径上的石坊楹联（其中"涯"改为"边"），联云：

海到无边天作岸，山登绝顶我为峰

第三章　诗钟创作技法

学作诗钟当先熟平仄,知格律,懂对仗,习对汇。最好手头有《辞源》《康熙字典》《诗韵合璧》之类的工具书,以供查平仄和词汇。学习对汇,清人十分推崇《声律启蒙》,为私塾必读。其中对汇十分工整,按韵归类,长短句俱全,典故颇多,且都能做到"兵对兵,将对将,瘌头对和尚",值得一读。如"一东"韵对句:"云对雨;雪对风;晚照对晴空;来鸿对去雁;宿鸟对鸣虫;三尺剑、六钧弓;冀北对辽东;人间清暑殿;天上广寒宫……"另外,多读唐诗和近代诗钟集,对作诗钟有很大帮助。懂得上述基本知识方能谈技巧。

一、声调与平仄

1. 平仄及其辨别

声调与平仄是学习诗钟及其他韵律文学的第一课。这里所说的声调指汉语语音的高低、升降和长短。现代汉语声调就分为阴平、阳平、上声、去声四个声调,如昌(chāng)、长(cháng)、厂(chǎng)、唱(chàng)。但是,诗钟以及其他韵律文体的平仄声划分原本是以古汉语的四声调(中古音)为准的。古汉语的四声调是平、上、去、入,与现代汉语的四声并不一样。为了叙述方便,我们将现代汉语的四声调称为"今四声"或"新四声";将唐宋时期中古音的四声调称为"古四声"或"旧四声"。那么,古汉语四声的高低升降情况又是怎样的呢?我们从《康熙字典》前面所载(源自明代释真空《玉钥匙》)的歌诀中可以窥其大概:

平声平道莫低昂;上声高呼猛烈强;
去声分明哀远道;入声短促急收藏。

按此可知,平声应是一个中平调;上声应是一个升调;去声应是一个降调;入声则是一个短调。古四声怎样划分平仄?它与现代汉语四声有何异同?我们从下表中可以看出它们的关系。

表3-1 古今四声平仄辨别对比

	平声		仄声		
古汉语四声调	平		上	去	入
字例	伊(yī)		以(yǐ)	意(yì)	一(y▽)
现代汉语四声调	阴平	阳平	上声	去声	/
字例	伊(yī)	仪(yí)	以(yǐ)	意(yì)	/

因现代汉语已不存在入声的短促念法,所以"一"字旧声调的标音符号可用"▽"代替。

从表3-1可知,古今汉语声调的上声与去声是一致的,但现代汉语(普通话)已无入声调,所以"一、伊"两字今天都读成"yī",其实古代"一"是入声字,读音短促有力,出口便止,与"伊"明显不同。汉语声调已发生较大变化,尤其自元代以后,平声派出阴平、阳平,而入声调有的变平声,有的变上声,有的变去声。我们可以将这种声调上的变化概括为"平分阴阳,入派三声"。值得一提的是,前人编写的韵书,如《诗韵合璧》《佩文韵府》,把平声分为上平与下平,这只是因为平声字多才分成两部分,并不等同于现在的阴平与阳平。①

熟悉四声是辨别平仄的基础。"平仄"是诗词格律的术语。南齐永明年间周颙著《四声切韵》，提出平、上、去、入四声。稍后沈约撰《四声谱》，将文字划分为平仄两类。在古四声中，平声调（相当于现在的阴平、阳平）就属于平声；上、去、入三声属于仄声。"仄"就是不平的意思。仄声是有升降或较短促的，平声是没有升降的。这样就形成两种类型的声调，将平仄两种声调按一定的格律交替地运用在诗词中，就可以使声调富于变化而不显得单调，这是格律诗声律美的原因之一。

平仄原本是按古四声划分的，以现代普通话的声调划分平仄，就会出现问题——原先属于仄声的入声字，现已变为平（阴平、阳平）、上、去，其中入声变上、去两声，并不影响平仄划分，入声变为阴平、阳平时就麻烦了。所以今人划分平仄的困难主要在于辨别入声字，这对生活在我国东南地区（比如浙江、福建、广东、广西、江西等地）的人并不困难。因为这些地方的方言中仍保留入声，可以按方言辨别。另外，他们大都会不自觉地把念入声的习惯带入普通话中。比如把"一触即发"四字念得很短促。当他们按现代汉语拼音的四声调分析时，才发现普通话中并无这种读法（上述地区的读者不妨试试）。这种带"入声腔"的不标准普遍话却给入声字的辨别带来方便。我国北方的大部分地区（除山西、内蒙古等少数地区外）的口语中已无入声调。所以只好借助《辞源》《诗韵合璧》《康熙字典》等工具书来记住入声字。

关于如何辨别平仄，曾存在"新声派"与"旧声派"之争。新声派认为：语言当随时代，在推广普通话的现代，作诗撰联应统一以普通话辨平仄，且北方方言已经没有入声调，难以按古四声辨平仄。这种观点虽有其合理的一面，也有其不合理的一面。

---

① 王力：《诗词格律》，中华书局1977年版，第16页。

旧声派坚持以古四声辨平仄的理由有四条：

（1）不能保证诗联作者都能讲标准的普通话，事实上许多地方的作者不讲普通话或普通话讲不准，难以按普通话辨平仄。

（2）在中国汉语八大方言（北方方言、吴方言、湘方言、赣方言、客家方言、闽北方言、闽南方言、粤方言）中，只有现代北方方言没有入声调，其他方言都保留入声调。因此非北方方言区的作者作诗撰联大多用本地话辨别平仄，与古四声辨平仄基本保持一致，不存在平仄辨别上的困难。

（3）只有用古四声辨平仄才能与古人"对话"。古人留下的大量诗联作品均用古四声创作，不会用古四声辨平仄，难以鉴赏这些作品。

（4）格律诗与对联等韵律文学体裁是中国优秀传统文化，只能传承，不宜改造，否则就失去其"原味"。

为了照顾北方方言区的作者（包括不会讲本地方言的非北方方言作者），中国楹联学会和中华诗词学会就诗联创作提出平仄辨别"双轨制"方案：既可以用新四声辨平仄，也可以用古四声辨平仄，但同一作品不可混用。尽管如此，诗钟创作仍然坚持用古四声，本书也按古四声辨声。下面阐述古四声平仄辨别的四种方法。

（1）用普通话声调辨别古四声的仄声。新四声中的上声、去声辨为仄声的字，在古四声中也基本都是仄声，准确率很高，只有极少数的字例外，如"闽"字，普通话属于上声，辨为仄声，但古四声为平声。

新四声辨为平声的许多字在古四声中却是入声，属于仄声，这是"入派三声"的缘故。因此用新四声辨别古平声是不可靠的，这也是北方人辨平仄的难点所在。

（2）用带"入声腔"的普通话辨声。福建、广东、浙江、江西、广西等含入声调方言的地区，人们讲普通话往往带"入声腔"，其特点是字的读音很短促(自己可能不自觉,需比对标准普通话读音才能发觉),凡是这种读音短促的字,基本都是入声字,可辨为仄声。

(3)八音辨声法。我国东南地区方言的声调多不止四声。如闽方言(包括闽中的福州地区、闽东的宁德地区、闽南的厦漳泉等地)就有七个声调。福州方言字典《戚林八音》中,将福州话分解成"八音",据说是戚继光归纳出来的,福州人多按"八音"划分平仄。所谓"八音",就是说每个字都可按福州语系的方言分解成八个读音。其特点是去声与入声也有阴阳之分,这八个音按平上去入的顺序排列,分为两组,调序念法(以福州语系为准)如表:

表 3-2 福州方言八音示例

组别	第一组				第二组			
声调	阴平	上声	阴去	阴入	阳平	上声	阳去	阳入
调序	1	2	3	4	5	6	7	8
字例 1	东	董	顿	笃	童	懂	炖	独
字例 2	欢	反	泛	法	凡	返	缓	乏
字例 3	真	整	证	即	秦	振	静	疾

其中第一音、第五音(每一组的第一音)为平声,其余为仄声,而二、六两字实为同音。所以,名曰"八音",实为七音。凡属福州语系的地区,都可以按此法,以当地方言辨平仄。

闽东方言是闽方言的支系,以福安话为准。《福安七音字典》(郑一尘编纂)摒弃"八音",仅留七音,七音连读的顺序是阴平、阳平、上声、阳去、阴去、阴入、阳入,如:

欢、凡、反、缓、泛、乏、法

其中前两个音是平声,其余都是仄声。从上述可知,七音辨声比八音辨声更简洁。

（4）二音辨声法。不论七音辨声还是八音辨声，平声都只有两个——阴平与阳平。只要记住这两个平声音调就可以辨别平仄了；凡是与这两个音调相符的字辨为平声，音调不符的字都属于仄声。这对于会讲闽方言但不熟悉闽方言音调的作者来说，可以大大减轻辨声的难度。例如，"花"为阴平、"华"为阳平，只要记住"花、华"二平音，将需辨音字的音调与"花、华"比对，属于这两个音调的是平声，否则都是仄声。为便于记忆，姑且将这种辨声法称为"花华法"。现以福安、霞浦话为例，看看怎样用二音辨声。如"诗"是平是仄？按"花、华"二音推之，"诗"的二音是"诗、时"，在二音之内，因此"诗"辨为平声，而同音不同调的"是、试、食、蚀"不在此二音之内，辨为仄声。又如"白"字，按二音推之为"巴、耙"，"白"不在二平音范围内，辨为仄声。

需要说明的是，这里辨声采用的是闽方言，"阴平、阳平"就方言而言，而非普通话。用方言辨声要"纯粹"，不要再与普通话比对。比如方言的"阴平、阳平"并不与普通话的"阴平、阳平"对应；又如方言的"阴平"与普通话的"上声"音调很像，不能因此认为方言的阴平是仄声。

学作诗钟乃至其他韵文（如诗、词、联），必先熟练辨明平仄。平仄辨别的训练方法是：从报纸上随便选择一段文，逐字分辨平仄，随即在平声字上方标"—"、仄声字上方标"｜"，为了突出入声字的分辨，可在入声字上方标"▽"。经过一段时间训练，最终应达到一念字音立刻就知是平声还是仄声，犹如识简谱，一看"1、2、3"便知是"哆、唻、咪"一样。

2. 平仄双读字

汉字往往一字多音，有时同一字既可读平声也可读仄声。古代平仄两读的字有两种情况——平仄同义和平仄异义。作诗撰联要特别注意平仄双读字的正确运用。

（1）平仄双读，字义不变。如"看"字，既是平声字（念如"刊"），又是仄声字（念如"瞰"）。由于可平可仄且意思不变，给作诗带来方便，这些例子在前人诗句中屡见不鲜。如"遥看瀑布挂前川"句中"看"字按律应念平声，而在"仗藜携酒看芝山"句中"看"字又是仄声。平仄双读字义不变的常用字主要有"醒、看、听、忘、望、过、叹、漫、患、凭、售、吟、驰、莹、撞、谆、泯、潸、挠、钿、魏、翰、批、敲、慷、暝"，这些字原来读成平仄时，意思有别，由于区别很小，后人都作为可平可仄的字。但也有小区别，如望作"声望"解时，必须读去声；过作"过失"解时，必须读去声。

（2）平仄双读，字义不同。由于平仄不同义，必须辨明后再用，以免出错，如"衣"字，为平声（念如"依"）时，作"衣服"解；为仄声（念如"义"）时，作"穿衣"解。又如"地利人和"之"和"，为平声字（念如"河"）；而"曲高和寡"之"和"为仄声（念如"贺"）。现将徐青《古典诗律史》转录王力《汉语诗律学》有关平仄双读字义不同的常用字如下：

中，平声，"内也"；去声，"射中也"。重，平声，"复叠也"；上声，"轻重也"；去声，"更为也"。雍，平声，"和也"；上声，"州名"。从，平声，"由也"；去声，"随从之人也"。供，平声，"供给也"；去声，"陈设也"。离，平声，"离别"；去声，"离去也"。吹，平声，"以口吹也"；去声，"鼓吹也"。骑，平声，"骑马也"；去声，"车骑"。为，平声，"作为也"；去声，"因也"。施，平声，"施行也"；去声，"施舍也"。治，平声，"治理"；去声，作形容词用。思，平声，"思念"；去声，"思绪"，作名词用。衣，平声，"衣服"；去声，"穿衣也"。汙，平声，"汙秽"；去声，"染也"。疏，平声，"疏密"；去声，"奏疏也"。分，平声，"分开"；去声，"名分"。殷，平声，"富也"；上声，"雷声"。闻，平声，"听也"；去声，"名誉"。论，平声，"讨论"；去声,"言论"。观,平声,"观看";去声,"寺观"。冠,平声"冠冕";去声,"为首也"。判,平声,"拼也";去声,"判别"。翰,平声,"羽翰";去声,"翰墨"。难,平声,"不易";去声,"灾难"。间,平声,"中间";去声,"间隔"。先,平声,作形容词、副词用;去声,作副词。燕,平声,地名;去声,鸟名。扇,平声,作动词用;去声,"扇子"。便,平声,"安静也";去声,"方便也"。传,平声,"传授";去声,"传记"。旋,平声,"回旋";去声,"俄顷之间也"。要,平声,"约也";去声,"欲得也"。调,平声,"调和也";去声,"曲调"。烧,平声,"焚烧";去声,"猎人放火焚烧之处"。教,平声,"使为也";去声,"教化也"。荷,平声,"荷花";去声,"负荷"。那,平声,"何也";去声,"无奈"。颇,平声,"偏颇";上声,"略也"。和,平声,"和好";去声,"唱和"。华,平声,"华美";去声,"山名"。行,平声,"行走";去声,"德行"。王,平声,"帝王";去声,"称王也"。浪,平声,"水名也";去声,"波浪"。傍,平声,"旁也";去声,"依也"。当,平声,"应当";去声,"正当也";强,平声,"坚强";上声,"勉强"。长,平声,"长短";上声,"长成"。相,平声,"互相";去声,"宰相"。正,平声,"正月";去声,"正在"。令,平声,"使也";去声,"命令"。兴,平声,"兴起";去声,"兴致"。胜,平声,"经得起";去声,"胜败"。乘,平声,"驾也",去声,"车乘"。称,平声,"称赞";去声,"相称也"。任,平声,"堪也";去声,"听任也"。禁,平声,"经得起";去声,"禁令"。占,平声,"卜也";仄声,今作"占"。①

以上所举各字,摘自唐宋诗,其中读平声的"治、论、判、翰、燕、

---

① 徐青:《古典诗律史》,青海人民出版社1980年版,第223~225页。

便、要、教、颇、那、浪、傍、令、胜、不、任、禁",现代一般人很容易读错。再如,读仄声的"雍、从、供、离、吹、骑、施、思、衣、汗、疏、分、殷、闻、观、冠、间、先、旋、烧、和、华、王、兴、乘、称、占"等字,现代一般人也很容易读错,所以特地提起,以引起重视。

  须特别注意的是,有些字在古代是平仄双读字义不同的,但现代只读平声或者仄声,因此要了解这些字在不同读音下的运用。比如"思"字,作平声读是动词,解释为"思考";作仄声读(读如"似")是名词,解释为"思绪"。柳宗元《登柳州城楼寄漳汀封连四州》句"城上高楼接大荒,海天愁思正茫茫",其中的"思"就是仄声。思作仄声,如"时、事"六唱:

  鬓丝怕逐年时换,吟思惊随岁事阑

又如"论"字,作动词为平声,作名词为仄声。论作平声,如"夜、声"七唱:

  满天风雨论兵夜,万里江河纵酒声

又如"治"字,作动词为平声,作形容词仄声。治作平声,如"时、事"六唱:

  三春病放花时过,一老贫犹酒事治

又如"吹"字,作动词为平声,作名词为仄声。吹作仄声,如"微、寒"一唱:

  微吹忍噤蝉信病,寒芳死守蝶非痴

  从上述可知,平仄双读字有个共同现象——凡是既可作动词又可作名词的平仄双读字,基本上都是名词仄声,动词平声。

  除了入声字以外,平、上、去三声古今读音大致相同,但也有少数不同。如"宁"为宁可、宁愿意时,今读去声,古读平声,如杨炯《从军行》"宁为百夫长,胜作一书生";"跳"字今读去声,古读平声,如白居易《上峡》"岸合愁天断,波跳恐地翻"。此外还有"拥"字,今读平声,古读仄声;"茗"字,今读平声,古读仄声;"闽"字,今读仄声,古读平声;"纵"字,今读仄声,"纵横"中的"纵"古代读为平声,如"诗、人"一唱:

人事非天能左右,诗才何代不纵横

由于传统的平仄辨别采用的是"古四声",不是普通话,因此查平仄双读的字不以《现代汉语字典》《现代汉语词典》《辞海》之类的工具书为准,而应以《辞源》《康熙字典》《诗韵合璧》《平水韵》等为准。例如,现代汉语辞书中注明"看"字只有在"看守"中念平声,其他都念仄声,而在《辞源》中注明"看"既念平声,也念仄声。又如"思"字,在现代汉语字典中只念平声,在《辞源》中还可以念仄声。

3. 入声字的辨别

古代诗歌中常用的入声字大约两百个,对于北方方言区的读者,除了死记硬背,还要讲究方法。入声字的辨别方法很多,黄志浩、陈平的《诗歌审美论》中关于拼音辨别入声字的小结较为简要,虽不全面,但却可以解决不少问题,现辑录于下:

(1)凡声母是 b、d、g 和 j、z、zh,今天读作阳平的字,都是古代的入声字。如白、拨、读、得、国、革和及、局、杂、泽、折、直。

(2)凡声母是 b、p 和 d、t、n,与韵母 ie 相拼的平声字,都是入声字。如鳖、撇、跌、贴、捏。

(3)凡声母是 h、zh、ch、sh、r,与韵母 uo 相拼的平声字,都是入声字。如豁、活、拙、捉、戳、绰(号),说、挼。另外,常见的托、脱今读平声的,古代是入声字。

(4)声母f与韵母a、o(u)相拼的字都是入声字,如发、伐、乏、佛等。另外,拂、伏、福、服等常见的今读平声字,也是古代的入声字。

(5)韵母是üe的字,除了靴、嗟、瘸三字外,都是入声字,如缺、决、绝、觉、学、削、约等。

(6)排除法:凡韵母结尾是n、ng的字,不可能是入声字。因此出现an、ang、in、ing、en、eng、on、ong、un等韵母的字,可以排除在入声字之外。[1]

入声演变至今已经是"入派四声"了,即今天普通话中的四个声调中都存在入声字。对于诗钟而言,只要分清平仄即可,入声变作上声和去声的可以不考虑,如"铁、血"二字因为其平仄性质并未改变。关键是要把派入平声中的入声字找出来,这样在平仄对仗时就能分清了。所幸的是这些字不多,现将按笔画归纳出来的常用入声字分列如下:

由于现代四声和古代四声的不同,造成的对诗歌和音韵学创作和研究上的一些困难,这里举一些常见的入声变为平声的字。常见的入声变平声字有:

一画:一

二画:七八十

三画:兀孑勺习夕

四画:仆曰什及

五画:扑出发札失石节白汁匝

六画:竹伏戍伐达杂夹杀夺舌诀决约芍则合宅执吃汐

七画:秃足卒局角驳别折灼伯狄即吸劫匣

八画:叔竺卓帛国学实直责诘佛屈拔刮拉侠狎押胁杰

---

[1] 黄志浩、陈平:《诗歌审美论》,凤凰出版传媒公司2012年版,第184页。

选择拍迪析极刷

　　九画：觉(觉悟)急罚

　　十画：逐读哭烛席敌疾积脊捉剥哲捏酌格核贼鸭

　　十一画：族渎孰斛淑啄脱掇郭鸽舶职笛袭悉接谍捷辄掐掘

　　十二画：菊犊赎幅粥琢厥揭渤割葛筏跋滑猾跌凿博晰棘植殖集逼湿黑答插颊

　　十三画：福牍辐督電厥歇搏窟锡颐楑睫隔谪叠塌

　　十四画：漆竭截牒碣摘察辖嫡蜥

　　十五画：熟蝠膝瘠骼德蝶瞎额

　　十六画：橘辙薛薄缴激

　　十七画：擢蟋檄

　　十九画：蹶

　　二十画：籍黩嚼

二、对仗技巧

关于嵌字格诗钟的对仗规范，最早见于唐景崧《诗畸》，台湾首部诗钟总集，其八条要求被后学奉为圭臬，内容节选如下：

　　1. 用典不可一句有典，一句无典。所嵌二字，尤不可一字有典，一字无典。

　　2. 所嵌字用古人姓名，不可一句有姓，一句有名无姓。

　　3. 女名禁对男名。

　　4. 时代忌相离太远。

　　5. 不用典专作空句，较易成联……盖虽空句，亦由书卷及名人名句平生阅历酝酿而出，若一味滑腔习见则生厌。

　　6. 无论典句空句，两句情事，以相类为佳。

7. 本游戏笔墨，偶用俗书俗事，借以解颐，在所不忌。然两句必求相近，勿太不伦。

8. 二字往往虚实不对，必须虚字做实，方能对实字；实字做虚，方能对虚字。[①]

其后，陈海瀛《希微室折枝诗话》归纳出折枝诗不可犯的法式十二条：一，动静无别；二，虚实难称；三，畸形不整；四，同音相犯；五，字异义同；六，意同词异；七，左右相撞；八，子母相失；九，属人属物；十，联上联下；十一，总称别称；十二，通用专用。《诗钟史话》对此的评价是"精当无比"。但上述法则有的于今已不合时宜，如男不对女，不符合当今男女平等的理念，应当舍弃。又如虚字相对也要避免"字异义同"，如"似"不能对"如"，则太过苛求。所谓"子母相失"，缺少语法上的规范性，字面上不易理解。从对仗角度看，尚未涉及对词性、结构、节奏等对仗要求。福州三山诗社陈涓音的《折枝诗入门》基本继承陈氏之说，提出折枝法式十五条："一，明虚实；二，分宾主；三，辨死活；四，识动静；五，划上下；六，辨有无；七，判异同；八，析繁简；九，用叠字；十，认排比；十一，引成语；十二，搬典故；十三，点人名；十四，整畸形；十五，避同音。"[②]其名称更清晰易懂，但仍然不涉及词的结构、词性变异等方面的对仗要求。因此，笔者根据自己的创作实践，借助现代语法，将对仗工整须注意的要点归纳为以下八条。

1. 析结构

对仗中"结构对应"往往比"词性对品"更为重要。例如"江山"对"四六"，前者是名词，后者是数词，词性虽不对品，但结构对应（二者都是联合），因此算工整。要判断结构是否对应，须弄清结构的形

---

① 黄乃江：《台湾诗钟研究》，复旦大学出版社2009年版，第95～96页。
② 陈涓音：《折枝诗入门》，福州三山诗社1988年印行，第13～16页。

类。以两字组成的词或词组为例,主要有八种结构类型:

(1)偏正式,其特点是前一个词根修饰或规定后一个词根,如"小河""铁人"。

(2)联合式,由两个意义相反、相同、相近、相关的词根并列而成,如"是非""制造""仁义""山海"。联合词中的词根是并列的,没有主次关系。

(3)动宾式,由动词与宾语(动词的支配对象)组成,如"开门""扫地"。

(4)主谓式,由主语与谓语组成,其构成公式是"什么+干什么",如"地震";或者"什么+怎么样",如"山高"。

(5)动补式,后一个词根说明、补充前一个词根,如"打倒""厘清""说明"。

(6)物量式,由名词(物)与量词组成,如"船只""花朵""布匹"。

(7)附加式,由表示具体词汇意义的词根和附加意义的词缀组成,如"桌子""石头"。有时词缀放在词根的前面,如"老虎""阿姨"。

(8)重叠式,相同的两字并列,如"弯弯""常常"。

以上八种结构须同类相对,不可错对。例如"金瓯"不能对"玉帛",因为前者是偏正结构,后者是联合结构;又如"抢走"不能对"回归",前者是动补结构,后者是联合结构;又如"背井"不能对"归途",前者是动宾词组,后者是偏正词。联合结构又分为反义联合、同义联合、相类联合。以"奔驰"对"往返"就不够工整,前者是同义联合,后者是反义联合,改对"跳跃"就工整了。

有些词必须从其原始意义上分析才能弄懂构成形式,如"文明"一词属何结构?孔颖达注疏《尚书·舜典》"睿哲文明"时说"经天纬地曰文,照临四方曰明",把文明赋于观照人类整个劳作的含义,按此,"文明"一词当属联合式结构。又如"风骚"一词原指《诗经》和《离骚》(以《诗经》中的《风》代替《诗经》),也是联合式结构。

2. 识内涵

对仗须分辨词性,本不甚难,但运用于对仗句时,就会出现一些具体问题。有的词就字面分析似乎是对偶,但从内涵分析就不能相对。比如"塞北"对"江西","香花"对"甘草",其中"塞北""香花"是泛指,属通用名词,"江西""甘草"是特指,属专有名词,不能相对。又如花、草、鱼、鸟都属于总称;梅、兰、龟、鹤都属于别称。如以"鱼"对"鸟","龟"对"鹤"都算工整。若"鱼"对"鹤","鸟"对"龟"则不太工整,"鸟"对"鹤","鸿"对"雁"更是犯忌,因为鸿本属于鸟类,而雁就是鸿,明显合掌。再如"金"字具有物与色的双重含义,可用相类的"玉"字相对。另外"杜甫"是姓名,"昌龄"只是名,两者也不能相对。

两字组成的词在对偶时还要观顾单字和词的各自对偶。譬如"李白"对"杨朱",其中"李"与"杨"、"白"与"朱"、"李白"与"杨朱"(姓名)三者各自相对。此类例子很多,如"风流"对"浪荡"、"草创"对"株连"、"掌握"对"胸怀"、"羊祜"对"马援"、"桃唇"对"柳眼"、"燕剪"对"莺梭"等。

因不析词义内涵,造成对仗不工的例子较常见。如"国、家"一唱:

国货日追洋货上,家乡月比异乡圆

此联中,"日"相当于"每天",非指"太阳"。"月"则指"月亮",并非"年月"之"月",二者含义不相类。又如分咏"关公、包公":

大将容能铭蟹甲,微臣胆敢打龙袍

此联中,"容"指"面容",是实指。"胆"却不是指生理意义上的胆,

而指"胆量",属"虚"指,可见作者未洞明词义。又如"腾、飞"一唱:

腾达不骄诚可敬,飞黄戒满实堪尊

"飞黄"本指神马,显然作者误以为"飞升"之意与"腾达"相对,实是附会。又如"龙马"对"海天",是将"龙马"误解为龙与马,实则是兼具龙与马形态的神兽。

3. 明变异

改变词性又称为"转品",是作诗的常用方法。如名词作形容词用、名词作动词用、形容词作动词用、形容词作名词用。例如"光明"之"光"是形容词;"烛光"之"光"是名词;"光前裕后"之"光"为动词。"衣服"之"衣"为名词;"衣锦还乡"之"衣"为动词(仄声)。辩明词性的变化才不会出现对仗上的失误。例如"蒙昭雪"不能对"感惠风",这里的"雪"不是名词,而是动词,作"洗"字解。又如"苦奔波"不能对"闲赏月",这里的"波"不是水波,而是动荡之意,属于名词作动词用。

转品的典型钟例,如"虫、馆"二唱:

已虫琴柱知音杳,久馆权门脱颖难

其中的眼字"虫、馆"作为名词,属对较难,作者巧将两字转作动词,"虫"作"蛀"字用,"馆"作"寄"字用,借以道出人情世态,用字可谓精妙!陈宝琛"碧、鸡"二唱:

残碧殿秋犹有恋,老鸡知曙奈无声

有人认为"恋"为动字,"声"为静字,犯内外科弊,于是试图帮其修改。其实这里的"恋"不是动词,而是名词,相当于"恋情",因此匹对无瑕。

4. 探虚实

马建忠的《马氏文通》是首本系统介绍汉语语法的专著,其把中文字分为实字与虚字两大类:"凡字有事理可解者,曰实字;无解而惟以助实字情态者,曰虚字。"①具体地说,实字(词)包括动词、名词、形容词、数词、量词。虚字(词)包括副词、代词、介词、助词、连词、叹词。诗钟对仗要求虚字对虚字,实字对实字,虚实一般不相对。但虚实有时可以转变,虚字转作实字时可以对实字,实字转作虚字时也可以对虚字。如"能事"之"能","所有"之"有","大是"之"是"为虚字作实字用。"兴许"之"兴","不一"之"一","权且"之"权","无多"之"多","弥艰"之"弥"为实字作虚字用。善用虚字是诗钟的一大特色。如"时、事"六唱:

布衣雅有匡时策,醇酒终非任事才

其中的"雅"为实字转虚字,作副词用,"雅有"即"素有"之意,可对"终非"。

5. 察动静

前人将字分为"动""静"两类,"动字"就是动词,"静字"就是非动词,二者不能相对,犯此禁者叫"内外科"。如"西、马"五唱:

官道啼鹃西下月,离亭秃柳马前人

"下"为动词,"前"为方位名词,一动一静,不相对仗。又如"夜、声"七唱:

情深剪烛巴山夜,肠断闻铃蜀道声

"深"形容词,"断"动词,也犯"内外科"。

眼字一静一动时,应力求使其动静一致,或同为动字,或同为静字。"娱、老"六唱:

---

① 马建忠:《马氏文通·正名卷一》,商务印书馆1923年版,第20页。

　　　　　图书四壁供娱目，儿女盈堂慰老怀

其中"娱"是动字，"老"是静字（形容词），犯忌。此眼字虽不可易，但可以使两个眼字的词性相同，或同为动词，或同为形容词。

　　有时动词"动"的特性已削弱，其作用只是规定、限制后面的名词。比如"征程"的"征"、"思绪"的"思"、"论文"的"论"、"笑语"的"笑"等，这些字都由"动"变"静"。它们组成的词属于偏正词，而非动宾词组。所以"笑语"不能对"听歌"，因为"笑语"不能解释为"笑语言"，"听歌"却是"听歌曲"的简化。

6. 划节奏

　　对仗，不仅要关注词性、结构、平仄的对应关系，还要使句读的节奏一致。例如上句是四三节奏，下句也要四三节奏，不能用二五节奏。七言句中的各字，有的粘上，有的粘下，必须划分清楚。比如"兴国计"不能对"正家风"，前者"国"字粘上，节奏是"兴国｜计"，属于二一节奏。后者"家"字粘下，节奏是"正｜家风"，属于一二节奏。若"兴国计"对"发家源"就节奏一致了。又如"瘦、肥"七唱：

　　　　　但得安居甘骨瘦，不为屈就委身肥

其中"甘｜骨瘦"是一二节奏，"委身｜肥"是二一节奏，可见节奏不协。

7. 求匀整

　　对仗的本质在于体现对称、均衡、整齐、协调的形式美。诗钟的上下句虽具分咏的功能，但要求所表达的概念相类。倘若上下句所咏的内容相去甚远，毫无内在联系（俗称"无情对""广东对"）就失去对仗匀整、协调的美。比如上句写景，下句也应写景，若改为论事说理便觉别扭。要使对仗匀整，应注意以下几点：
  其一，上句有典，下句必须有典（犯此禁者称"独眼龙"）。
  其二，上句有人（人物活动），下句也须有人。
  其三，新不对旧（两典实的时间不能相差太远）。
  其四，嵌用人名时，不能一句有姓有名，另一句有名无姓。
  其五，上下句除内容相类外，内涵的大小也应相当。
  与以上要点相违的例子试举几例。如"溪、山"一唱：

    山径归人双屐紧，溪桥落日一舟横

诗作意境虽佳，但上句"有人"，下句"无人"，未免有嫌。又如"露、涛"四唱：

    万壑松涛舒画卷，一盘荷露动珠光

上句景大，下句景小，失之均衡。又如"风、影"五唱：

    万壑之间风挟雨，一灯以外影随形

两句兼有大小失衡、有人无人之病。
  福州地区作诗钟还忌所谓"三足蟾"——两句中不能出现三个同类字。如"飞、数"四唱：

    去桴如飞移岸走，有山无数夺江来

其中"岸、山、江"三字同属地理类。可以砍去一"足"，改成：

    黄叶如飞辞树去，青山无数夺江来

或凑成四"足"改为：

    白瀑如飞辞岫去，青山无数夺江来

8. 避同音

为使声调和协,两句中应尽量避免出现读音相同或相近的字。如"星、心、新、辛"以及"成、城"等都应相避。例如"西、十"一唱:

西风枫叶红于血,十月梅花白已胎

上句"风"与"枫"属于同音相犯。

诗钟高手郑名彦有一绝句论前人诗钟作法:

词性调齐嵌字安,穿靴戴帽不寒酸。
再加扭捏逗人爱,总要文章中试官。

何谓"穿靴戴帽"?现成对仗的词或词组俗称"靴帽",意思是指它为"现货",可备作需要时"穿戴"。"靴帽"通常为二字至四字。这些词或词组若安置于句首(两字或四字)则称为"帽",若安置于句尾(三字)则称为"靴"。

表 3-3 "靴""帽"示例

帽		靴
四化	人民万岁	凌霜菊
三通	祖国长春	傲雪梅
炎黄	读书志远	明月夜
马列	爱国情长	艳阳天
此日	两袖清风	千年秀
当年	一身正气	四季新
自古	老骥奋蹄	迎晓日
由来	雄鹰扬翅	舞春风
曾惊	天已放晴	全家乐
却喜	日将向晚	举国欢

"靴帽"的用法具有一定的灵活性,"帽"与"靴"常可互为"改制"。

表3-4 "靴"与"帽"相互转换示例

帽变靴	靴变帽
老骥奋蹄——骥奋蹄 雄鹰扬翅——鹰扬翅	凌霜菊——凌霜黄菊 傲雪梅——傲雪红梅
人民万岁——民万岁 祖国长春——国长春	千年秀——千年长秀 四季新——四季皆新
四　化——迎四化 三　通——促三通	迎晓日——同迎晓日 舞春风——独舞春风
此　日——欣此日 当　年——忆当年	全家乐——全家共乐 举国欢——举国同欢

昔日诗钟高手所以多产、快产,大多得益于"靴帽"丰足,加上"嫁接""阉割"套数娴熟,使评选者找不到抄袭的把柄,而诗作又常能投脾合胃,所以常常"文章中试官"。

前人套用"靴帽"的方法大体有三。一是原样照搬,有剽窃之嫌,此为下策。二是稍事加工后再用,纵使令人有"似曾相识"之感,却又抓不住把柄,此为中策。三是化入自己的语言中,虽"穿靴戴帽",却从容沉着,面貌一新,此为上策。"靴帽"是资料,要靠平时积累,其来源有二:一是诗钟集或其他对偶句集中的佳句佳对;二是《诗韵合璧》等工具书中的"词林典腋"。收集摘录时要有所选择——有生命力,有普遍性,有灵活性。"鼎鼐""春礿秋尝""左昭右穆"之类陈腐之词,不宜再用。

值得一提的是,"靴帽"既是现成的,就势必束缚诗意的创新,所以套用"靴帽"比较机械,不值得提倡,初学者借鉴浅尝即可。

三、嵌字与切题的技巧

嵌字体诗钟的创作，必先掌握眼字的嵌入技巧。眼字须先配字成词（或词组），再选择对仗关系的一对词（或词组），以此为基点，展开创作构思。

1. 对整眼字、由眼生意

嵌字诗钟的做法，首先是对整眼字。就是用眼字组成词或词组，配成"眼"，然后择"眼"组成对仗关系。如"山、海"一唱，可以组成"山村、山人、山风、山云、山青、山峻……"和"海国、海雾、海霞、海天、海深、海内……"，其中，"山村"对"海国"、"山风"对"海雾"、"山峻"对"海深"皆属工整。眼字组词时是粘上还是粘下应符合结构的划分。处在一、三、五位置上的眼字必粘下，处在二、四、七位置上的眼字必粘上。至于第六字，粘上粘下都可以。对于难组词的眼字，可以查《诗韵合璧》《辞源》《辞海》之类工具书，择其词汇为我用。不要过分依赖工具书，因为语言在发展，新词汇不断涌现，《诗韵合璧》等书中罗列的词汇，有些现在看来已属"僻眼"，况且诗钟嵌字组词比工具书更丰富，更灵活。

眼字组成对仗的词以后便可以根据词的内涵构思文意，或写景，或说理，或叙事，或言情，全凭作者的联想能力和学识水平。比如以"海阔"对"山高"为眼，可以写鱼鸟、渔樵、风景，或言情义，寓志向；或搬"移山""填海"的典故；或以积土成山、涓流汇海来说明哲理。可见，文意的产生常受到眼的启发和制约。有的眼宜说理，有的眼宜写景。大凡诗钟高手，常能用很平凡的眼或他人难以入诗的眼构思佳作。如"正、大"一唱，以"正色""大声"为眼云：

> 正色能增言语重，大声难掩理由亏

以"大旨""正题"为眼云：

> 大旨能涵方警句，正题未入枉长篇

又如"大、好"一唱，以"好色""大馋"为眼云：

> 好色思穷山水美，大馋欲饱古今书

对于本身已成对仗的眼字，作起正格的嵌字诗钟来相对容易些。如果眼字不对仗，应力求使其组成的词对仗。比如"必、兴"五唱：

> 好句自来兴许有，大功深钻必然成

其中"必"是虚字，"兴"是动词或形容词，本不对仗，但组成的"兴许"与"必然"，一为怀疑，一为肯定，对仗极工整。若"必""兴"二字不组成眼，只作单字用，则三字尾绝难对得工整。如：

> 但有决心兴百业，何须立说必千言

因为两个眼字词性不一。那么，对于词性不同或者词性虽同，但较难配"眼"成对的眼字怎么办？解决问题的办法大体有以下几种。

(1) 与反义字搭配，组成联合词相对（也可以组成近义词组）。如"寒、水"（三唱）二字组成"寒温"对"水火"：

> 常省寒温慈母意，不辞水火好官声

"初、晴"（一唱）二字组成"初终"对"晴雨"：

> 晴雨难磨松老节，初终不改竹虚心

(2)作成"就句对"的句子,即句中自对。如"初、晴"一唱:

初柔后壮江河性,晴露阴藏日月容

其中"晴露"与"阴藏"、"初柔"与"后壮"各相成对。

另有一种作法是将眼字(或眼)与另一字(或词)对仗,但不相连,而是分置于句中。如"一、新"六唱:

旧瓶尚可装新酒,异梦焉能共一床

"旧瓶"与"新酒"、"异梦"与"一床"属对仗关系。又如"前、进"一唱:

进多尤望支能少,前紧还求后不松

其中"进多""前紧"分别与"支少""后松"相对仗,只是将"支少"与"后松"拆开后安入句中而已。又如"弄、巧"二唱:

弄巧却偏成拙显,勾鸾终亦嫁鸡随

"弄巧"对"成拙","勾鸾"对"嫁鸡"。

(3)间隔组词法。将眼字与其他字组成词或词组,但分隔开来置于句中。如"破、喉"四唱:

扼且如喉关险绝,攻终不破垒刚坚

其中眼字组成的词组是"扼喉""攻破",但将"扼"与"喉"、"攻"与"破"分割开来。又如"触、怀"四唱:

争先所触何非忌,媚上于怀未必惭

将"触忌""惭怀"分成四字置于句中。

(4)改变眼字的词性。比如"正、风"二唱:

> 百风未足移吾志，一正终能压众邪

这里的"正"字为形容词作名词用，以对"风"字。又如：

> 不正予人多面止，可风于世一清廉

"风""正"二字都作动词用。又如"建、善"一唱：

> 善此舌锋能匹敌，建吾心府不存奸

"建"为动词，"善"为形容词或名词，按此实难对仗工稳，故将"善"改作动词，以求工整。

（5）用"吊眼"的方法救活句子，使对仗协调。如闽东地区一次诗会以"花、朝"一唱为题，规定"朝"只作"早晨"解。虽"花、朝"二字较易组词，但能配对成双之眼却不多。有一联以"吊眼"法作成，颇受欢迎，句云：

> 花如狼藉狂风后，朝若龙钟大雾前

"吊眼"之法，概而言之，是将眼字作单字词用，并在眼字后附一字，起"承前启后"的作用。通过所附的字，将眼字与句子后部分贯通起来。上述例子中的"如""若"二字就起这种作用。

使用"吊眼"法，虽然眼字未组词成眼，但眼字同样要嵌牢，即眼字与句子后部分内容应当有内在联系，不能游离于句子之外，否则将等同于"冇眼"。比如"初、晴"一唱：

> 初观红叶经霜染，晴见白梅傍雪开

句中"初""晴"二字并不起作用，当属嵌而未牢。

2. 怎样嵌牢眼字

前面说过，眼字妥贴乃是诗钟的一大特点，也是衡量诗钟优劣的标准之一。怎样使眼字稳妥而不留痕迹呢？下列三种方法可供参考。

(1)将眼字置于专有名词中。如"齿、干"二唱,眼字颇难属对,组成人名"雍齿"和"比干",则眼字稳固,作句如:

> 雍齿不封终叛汉,比干未死亦从周

又如"中、后"六唱:

> 脂井下埋陈后主,脐灯旁泣蔡中郎

陈后主指陈叔宝,蔡中郎即蔡邕(董卓死后肚脐被点灯,蔡邕因此哭泣)。这里把眼字置于专有名词(称谓)中,由于名词是固定的,不能随便更改,所以眼字嵌得很牢。又如"老、哥"七唱:

> 鼠无大小皆称老,鹦不雌雄尽叫哥

此联构思极巧,常被诗家视为嵌字工稳的典范。从表面上看,"老""哥"二字并未组成专有名词,但仔细分析便知,作者将"老鼠"与"鹦哥"两个专有名词拆开后镶于两句中。再如"普、法"一唱,眼字意窄,构思尤难,有一联引外国之典入诗,甚为工巧,句云:

> 普兴犹忆卑斯麦,法盛当推拿破仑

其中普、法分别指普鲁士和法兰西,也属专有名词。

(2)将眼字与其密切相关的事物相联系,常常借典成联。如"诗、瓮"一唱:

> 诗苛曹植情何忍,瓮入周兴法自公

其中"诗"与"瓮"为典实中所确有,又是写此典所不能无的。又如"三、二"一唱两联:

> 三尺让邻留誉永,二桃杀士用谋阴
> 三生明证原无石,二酉勤攻自有书

第一联上句用清人张文瑞"让他三尺又何妨"典故,下句用晏婴"二桃杀三士"典故。第二联上下句分别用"三生石"和"二酉洞"典故。两联"三、二"两字皆有着落。

（3）通过字词间的相互照应使眼字嵌稳。如"双、百"一唱,句例分类析于下：

"双峰对峙一帆来""双树交柯垂荫庇""双栖相与葆贞心",以"对""交""相与"体现"双"。

"双峰月下捧珠同""双掌能鸣天下事","捧""能鸣"非双手不可。

"百鸟投林声错杂""双恋跟随花月侣",以"声错杂"衬托"百鸟";以"花月侣"衬托"双恋"。

"百胜何须惭一败""双栖不省孤飞苦",以"一败"反衬"百胜";"孤飞"反衬"双栖"。

"双再难求惊国色","国色无双"早有成语,所以句首非用"双"不可。

"双重碧漾水中天""双嶂列屏排左右",水天相映、左右峰列,都是通过描绘突出"双"的形象。

3. 分咏切题的方法

诗钟以南派嵌字体为主流,故本书侧重阐述嵌字诗钟。北派诗钟（以北京为中心）喜分咏,不嵌字,而是咏两个不相干的事物。分咏诗钟的基本要求是：切题而不犯题字,对仗上的要求与嵌字体相同。不犯题字指题目中的字不能出现在诗中,例如分咏"庸医、卜者"集句联：

> 新鬼烦冤旧鬼哭,他生未卜此生休

"卜"犯题字,不合要求。用题字的同义字或近义字入联,虽未犯

题,未免有嫌,难入高等。如分咏"茶杯、抹布":

品茗君须端此物,去污我必仗斯巾

"茗"与"茶"同义。同理,咏茶杯若用"盏、盅",因与"杯"近义,亦属有嫌。

所谓切题,指所咏的内容须紧密扣合题目。例如分咏"茶杯、抹布":

春池吐纳三江水,绿野徘徊一剪云

此联虽意象优美,但不切题,尤其"一剪云"比喻抹布难以服人。"剪"为动词,"江"为名词,也不相对。改为:

捧时情胜三江水,拭后身如一把煤

这样就算切题了。求切题亦不可苛刻,例如分咏"伞、笔":

欲开欲合凭天意,能画能书遂我心

上下句皆能切题。如果认为"能画能书"者不一定就是笔,也可以是纸,这就钻牛角尖了。

分咏亦求对仗工整,如分咏"茶杯、抹布":

洁它污我厨盘拭,举盏迎宾雀舌尝

"它"为代词,义宽泛,"盏"名词,义单一,对仗不工。"厨盘"对"雀舌"更不工整。可改为:

拭尘污我龙头洗,举盏迎宾雀舌尝

分咏易稳难工,若作意佳,可适当放宽对仗。如分咏"茶杯、抹布":

半盏注春芳雀舌，一方拭秽净尘心

两句皆佳。"春"对"秽"，"雀舌"对"尘心"欠工。若改为：

半盏注香翻雀舌，一方拭秽引龙头

虽工整度增加了，但不及原句好。

分咏体对切题的要求等同于嵌字体对嵌牢眼字的要求。欲使分咏切题，有法可循，分述于下。

(1)用典法。借助历史典故成联，必能切题。如分咏"包公、关公"：

铡美案中心似铁，华容道上手如棉

上联写包公怒铡陈世美，铁石心肠；下联写关公于华容道捉曹放曹，心软如棉。两个故事皆为人所熟知，因此言包公、关公明晰无疑，十分切题。用比喻性意象"铁"与"棉"，揭示包公之正和关公之义，不惟切题，亦能深刻。

借用前人的诗句、文句、成语以切题，亦属用典。如分咏"云、雨"：

无心出岫成苍狗，有意随风润绿苗

上联化用陶渊明《归去来辞》"云无心以出岫，鸟倦飞而知还"和杜甫《可叹》"天上浮云似白衣，斯须改变如苍狗"；下联化用杜甫《春夜喜雨》"随风潜入夜，润物细无声"，扣题熨帖，自然流畅，对仗工稳，难能可贵。

(2)别称法。所咏之事物或有别称，以别称入联，既不犯题，又能切题。如分咏"包公、关公"：

原非皇帝人称帝，不是青天众誉天

此联不从具体事件入手,而是从后人对所咏人物的称誉下笔,构思独到。细分析可知,作者化用"关帝"和"青天",将其拆解后安入句中,句面了无痕迹。若直接用"关帝""青天",虽未犯题,亦索然无趣。此联在创作手法上与嵌字体诗钟"老、哥"七唱"鼠无大小皆称老,鹦不雌雄尽叫哥"相类,有异曲同工之妙!

(3)描述法。抓住所咏事物的特征,通过描述的手法切题。此法要求对表现事物的特征进行剔抉,提炼出有效的词汇来表达主题。如分咏"船、团扇":

泊处青山行处水,静时明月动时风

上联选择青山、水之意象和动词"泊、行",皆与船紧密相关;下联选择明月(团扇形如满月)、风、静、动,突出团扇特征。此联以白描为主,兼用比喻。

(4)推断法。通过推断得出主题,略似猜谜。如分咏"除夕、新嫁娘":

一岁光阴今夜尽,十分春意昨宵知

以"一岁光阴今夜尽"推断之,"今夜"必是"除夕"无疑。

(5)比拟法。通过比喻、拟人的修辞手法,突出所咏事物的特征,以切合主题。如分咏"汤婆子、送公车":

愿君此去全烧尾,念妾生来本热肠

"公车"原指汉代负责接待臣民上书和征召的官署名,后代指举人进京应试。上联"烧尾"原指鲤鱼跃过龙门之时,天雷击去鱼尾,鱼乃化身成龙。这里比喻进京赶考者都能像鲤鱼化龙一样,金榜题名。下联采用拟人法,将汤婆子(冬天装热汤暖手脚的容器,多用于温被子)比拟为"妾",突出"热肠"的特征,切题巧妙。

(6)隐意法。此类诗作意深藏,多蕴藉隽永,初看似无关主

题,但细细品味却倍感精当,其解读类似猜谜之会意法。如分咏"做普渡、和尚娶妻":

十方穷道沾甘露,一夜巫山布法云

大乘佛教倡导普渡众生,即便"十方穷道"亦能雨露均沾。下联借"巫山云雨"典故言男女情事,以"法云"暗指和尚行房。

(7)衬托法。不直接写所咏的事物,而是借助与主题相关的事物,从侧面衬托出主题。如分咏"瘦鹤、破门神":

寒梅影里肩双耸,爆竹声中象一新

林和靖有"梅妻鹤子"之典,其后诗人多将梅鹤并举,如鲁迅《集外集·诗》"坟坛冷落将军岳,梅鹤凄凉处士林","梅鹤"已成为喻指气质非凡的常用词汇。此诗上联借背景"寒梅影里"来衬托"鹤",以"肩双耸"言"瘦",与一般的描述法有所不同。

(8)别解法。此法最似灯谜,重在别解之趣,字面之意为虚,别解之意为实(与主题扣合),最能体现分咏的雅谑特征和作者的机警诗思。如分咏"风筝、井":

吹嘘便得三霄路,坐守徒窥一角天

上联表面看是讽刺不学无术者仅凭吹嘘而得升迁("三霄路"指云霄、琼霄、碧霄,为封神升天之路),其实是写风筝靠风的"吹嘘"而升天。又如分咏"粪坑石、吹火管":

任尔坚贞难去臭,破他关节便随风

下联似讽刺某些守节矜持者,一旦被攻破关节,便随世风而变。实际是说竹筒打通关节后,便可以用来吹风助火势。

(9)歇后法。所咏之主题内容不出现在句子中,而隐藏于句子之后,犹如歇后语,与笼纱格很相似。如分咏"刘寄奴、鞭":

闻鸡琨逖争先着,司马师昭有后尘

上联用祖逖、刘琨"闻鸡起舞"典故和《晋书·刘琨传》"吾枕戈待旦,志枭逆虏,常恐祖生先吾着鞭耳"之语。"争先着"之后有意缺"鞭"字,然此"鞭"呼之欲出,读者自能悟及,故十分切题。下联言刘寄奴(即刘裕)建立南朝宋,是步司马师、司马昭后尘。两司马本是魏臣,藉掌兵权以欺魏主,为司马炎篡位建立晋朝奠定基础。然而,一百多年后的刘裕,竟步其后尘,以晋臣篡晋建立宋朝。此联手法高妙,以复姓"司马"别解对"闻鸡";以步二司马后尘篡位建立南朝宋言刘裕,因果报应,令人感慨!仅十四字却有丰厚的意涵。遗憾的是"着"对"尘"不工整,可见分咏体易稳难工。

以上所举之法并非孤立运用,往往在一联中多法并用。如"十方穷道沾甘露,一夜巫山布法云",既是隐意法,亦有用典法、比喻法。

分咏亦可用集句法,属于二度创作。虽借用他人成句,但欲配对成联绝非易事。张伯驹乃集句分咏大家,其集句信手拈来,多能切题,如分咏"落叶、驸马",集卢纶《赴虢州留别故人》《王评事驸马花烛诗》句:

昨夜秋风今夜雨,一人女婿万人怜

上联通过推断法切题,下联诗句原本写驸马,以诗典切题。又如分咏"连鬓胡子、牡丹",集崔护《题都城南庄》、方干《牡丹》句:

人面不知何处去,狂心更拟折来看

上联用别解法切题,下联用诗典切题。

因集句分咏难度颇大,对切题和对仗有所放宽。如分咏"状元、聋子",集白居易《长恨歌》《琵琶行》句:

> 一朝选在君王侧,终岁不闻丝竹声

上句写状元,下句写聋子,未必准确,但集句成联难,非饱学而机警者不能,故不严苛切题。

4. 分咏的创作思路

切题而不犯题字仅是分咏的基本要求,高标要求是立意深刻,构思新巧。所谓立意深刻,指对主题的阐发透辟,或能引申出新意。同样的题材,构思切入的角度不同,对主题阐发的深度也不同。例如分咏"包公、关公"两联:

> 铡美案中心似铁,华容道上手如棉
> 原非皇帝人称帝,不是青天众誉天

第一联通过两个故事扣合包公和关公,十分切题。通过比喻精准刻画人物性格,暗中带评;第二联撇开具体的形象刻画,以虚入手,通过独有的称谓切题,重在体现包公和关公在百姓心目中的崇高地位。相比而言,第二联更能深刻揭示民众对关公、包公的崇敬和爱戴,在立意深刻上更胜一筹。

构思新巧,能令人拍案。所谓新巧,即迁思妙想,独辟蹊径,他人所不能及。如分咏"茶杯、抹布":

> 亦可倩他斟竹叶,何曾劳汝拭桃花

前人曾有分咏"茶叶、公猪"作"杯浮竹叶时时饮,命带桃花处处牵",亦有合咏"怀孕"作"今年梅子酸尤甚,入月桃花信不来"。此联或从二诗脱化而来。"拭桃花"乃指新婚夜晚新娘以白丝巾拭红,伴房娘借此向家长报喜之事。"拭桃花"自然不能用抹布。此联不惟"桃花"对"竹叶"极工,亦极形象。不采取正面描写,而是借比喻、衬托、推理的方法,切合主题,富有意趣。

分咏诗钟的创作不宜太拘泥事物的本有属性,有时需要"避实就虚"。例如分咏"茶杯、抹布",作:

> 解渴君须端此皿,去污我必用斯巾

此联切题没有问题,对仗也很工稳,但太纠缠于二物的实际用途,略似产品说明书,缺少诗的韵味。请看另一联:

> 还伊本色十分洁,品我清怀一缕香

此联创作另辟蹊径,不在具体物象和功用上纠缠,而是虚处落笔,借物抒怀,阐发"本色"与"清怀",立意高峻。

别解如谜,戏谑生趣是分咏体独有的风格,亦是北派诗钟的魅力所在。别解法创作的分咏体诗钟,往往兼具"立意深刻"和"构思新巧"的优点。下文将以分咏"茶杯、抹布"为例,阐述别解法分咏诗钟的创作思路。别解类分咏诗钟的创作思路应当循着"特征取象—双关词语—词语配对—拓展构思—修改完成"五个步骤进行。

特征取象:针对题目给出的事物,寻找其最具代表性的形象特征。如"茶杯"的相关特征有:内热、含香、冒气、色清、毛尖、瓷白、圆形、量小、手持、手捧、款客等;"抹布"的相关特征有:擦拭、搓洗、污秽、纤维、纺织、柔软、晾晒、悬挂、入水、抛弃等。

双关词语:从特征取象中提炼出双关词或词语。特征取象往往体现物质性的特点,是人的直观感觉,而提炼出双关词语后,就赋予了新含义,转为精神层面的判断。如将茶杯的"内热""含香"提炼成"温馨"一词,既能说明茶的热与香,又能说明茶给予人(或主人给予客人)的温馨感,其用意已侧重在后者了。茶杯提炼的双关词语有温馨、热心、量小、温存、玉体、冰肌、琥珀、翡翠等。抹布提炼的双关词语有蹂躏、色衰、揩油、性柔、软弱、玷污、经纬、尘缘等。

词语配对：将分咏的两个事物提炼出来的双关词语组成对仗关系。例如上述双关词配成对仗的有"温馨"对"蹂躏"、"翡翠"对"纬经"（"经纬"平仄不合，颠倒成"纬经"）、"量小"对"色衰"等。

拓展构思：以配成对仗关系的词语为思路起点，构思文句。如"温馨"对"蹂躏"作：

可悲蹂躏此身玷，最是温馨诸嘴亲

"翡翠"对"纬经"作：

翡翠已浓堪入饮，纬经未乱纵遭污

"量小"对"色衰"作：

已到色衰终冷遇，虽嫌量小却温存

修改完成：通过进一步的修改，使作意更佳，对仗更工稳，句子更流畅。如"可悲蹂躏此身玷，最是温馨诸嘴亲"改为：

何堪蹂躏妾身玷，最是温馨君嘴亲

又如：

尘缘聚散经手过，世事浮沉转头空

"尘缘""聚散""浮沉""转头空"皆双关语，不仅熨帖，而且含义深刻。存在问题是平仄失替，"世事"非双关词，比喻不够切题。改作：

聚散尘缘经手过，浮沉春色转头空

又如：

羞揩油水秽衣袖,愿使清风芳口唇

"羞揩油水""愿使清风"皆双关词语,切入点尤佳,易于阐发深意。但不够精练,"衣、口、水"皆赘字,"衣袖"不切。改作:

揩油终悔身遭秽,引气犹欣齿带香

四、诗钟常用的修辞法

修辞方法很多,这里只选择与诗钟关系较密切的主要修辞法来论述。

1. 倒装

改变一般叙述句词序的修辞方法有两种情况,一种属于侧重,一种属于倒装。这里为了论述的方便,把侧重归入倒装,作为倒装的一种。由于诗钟的眼字所在位置固定,平仄又受格律的限制,所以遣词造句也就受到制约,有时构思极好的诗句因一字平仄不协律只好舍弃。这时若能善用倒装,常令诗句"起死回生",甚或比原句更佳。当然,倒装的运用并非都是被动的,那么什么情况下用倒装?倒装有什么作用呢?概言之有以下几种情形:

(1)为了使平仄、结构合律。

(2)受嵌字位置的限制。

(3)为了侧重某主题。

(4)避免句子平淡。

(5)为了叙述的合理性。

上述的五种情况并不是孤立的,一句诗的倒装常常兼顾几个因素。现就倒装的运用试举五例。

"思、齐"一唱:

思十魏征曾谏主，齐三韩信自称王

此联因眼字被固定在第一个字，所以只能将"十思""三齐"倒装成"思十"和"齐三"。

"眼、头"五唱：

英明注处眼千里，壮烈抛时头万钧

其中的眼字也受位置限定而采用倒装。

"廉、直"三唱：

胆真直士休同鼠，身果廉官必似蚕

本是"真直士胆休如鼠；果廉官身必似蚕"的倒装，若按原句，就会出现三个问题：其一，眼字不到位；其二，属于三四节奏的拗读句；其三，平仄不合律。经倒装后不但克服上面三个毛病，"胆"和"身"两字更显突出，还避免平铺直叙的呆板。

"雨、天"六唱：

识高山亦离天远，量小瓶焉集雨多

按原词序应是"山识高亦离天远；瓶量小焉集雨多"，但这样一来，变成三四节奏句，"识""量"两字皆仄，不能相对，所以利用第一字"不论"进行倒装。这样不但合律，也在于侧重"识高"与"量小"。另外言"山离天远"也比言"识离天远"更合理。

"张、秋"三唱：

声于张处泉何乱，影到秋中月更圆

将泉声之"声"置于"泉"之前；将月影之"影"置于"月"之前，使措词曲折含蓄，也是因为"声"可"张"而"泉"则不可。

倒装的运用虽能起到特殊作用，但应以不使句子费解为原则,如"鸡杀茅容,牛骑老子"之类都属笑话。

2. 虚字

虚字虽无实在意义,却在诗中起关键作用,常能承上启下,使词句圆活起来,或使文义更加准确。如:

> 松青一子偏名赤,鹤白斯楼却姓黄

此联为闽东地区一次以"松、鹤"一唱为眼字的夺魁之作,其中就用了"一"(实字虚用)、"偏"、"斯"、"却"四个虚字,可作为成功运用虚字的范例。

虚字的位置从第一字至第七字都可运用。必须熟悉各种位置上的虚字使用才能使句法丰富。初学者常不善于在第七个字上用虚字,现举两例:

> 与众谈心啖蔗似,能诗取物探囊如("诗、众"二唱)
> 梦餐花气无春有,坐读江声是雨非("春、雨"六唱)

一句中使用较多的虚字会使句子显得"虚"和"活",别具风格,如"中、后"六唱:

> 所行未必皆中道,可畏何曾只后生

甚至一首诗中除眼字外都用虚字的。如:

> 所得如斯宁小可,能为至是亦千难("小、千"六唱)
> 纵是难为何乃尔,求之不得亦徒然("纵、求"一唱)

大凡诗钟高手都善用虚字,这大概是得益于对古汉语的熟悉。初学者只要肯实践,定能提高驾驭虚字的能力。

3. 顿读

通常叙述性的句子字词间的意思是连贯的,读时没有明显的停顿。但诗钟创作常常打破这种连贯性,句中出现"断层",句子在念时有适当的停顿,增加了层次。常见的顿读是"二字顿",如"春、事"七唱:

岁欠│清官愁百事,家贫│老圃苦三春

还有"一字顿",如"从、满"四唱:

弱│不屈从夸晏子,强│休骄满戒夫差

其他顿读句,如多顿句"尝、读"七唱:

古│今│中│外宁全读,苦│辣│酸│甜却尽尝

又如"乡、国"三唱:

少小│乡离│归老大,英雄│国卫│起平凡

4. 用典

搬用典故也是表达诗人情意的方法之一。诗钟的用典大体有三种类型。

第一种是罗列典故,不露作者感情,如"芳、草"二唱:

扎草船中谋借箭,寻芳桃下怅怀人

这种为写典而写典的作法在诗歌创作中当属下乘。诗钟篇幅小,本是"只言片语",不需表达完整的中心思想,所以这种作法不以为过。

但若能于用典之中掺入作者感情,做到有典有评,或能联系现实,则用典就显得有意义,这就是第二种用典。如"光、明"一唱:

明把铁弹才或大,光凭锥击计宁高

光武兴邦功或莽,明皇倾国过非环

另有介于上述两种之间的用典法,虽不显露作者的感情,但从措词上可以感受到作者暗藏的情意,如"曲、香"一唱:

香消吴苑西施泪,曲尽唐宫李煜声

第三种是将典故摄为己用,用典的痕迹不明显,属于"古为今用",这种方法更能表达作者的思想,值得提倡。如:

江分泾渭人明志,马逐崦嵫我惜时("时、江"魁斗格)
花繁桃李常娱我,光灿桑榆不老君("娱、老"六唱)。

以上是从表达作者思想感情的角度来划分诗钟用典类型,若从用典的手法上来分,又大体分为四种。

其一是拈来(即修辞学上的"引用"),就是拈用现成的句,或稍加修改,如"松、城"一唱:

松间明月思摩诘,城上斜阳忆放翁

两句的前四字分别拈自王维"明月松间照"和陆游"城上斜阳画角哀"之句。

其二是指陈,就是点事例,加评议(或暗托作者感情),如"理、声"四唱:

曾参义理唯三省,杨震官声在四知

其三是脱化,即用典不露痕迹,如"双、百"一唱:

双字关情忧后乐,百端虑我国先家

此诗从范仲淹"先天下之忧而忧;后天下之乐而乐"和林则徐"苟利国家生死以;岂因祸福避趋之"之句脱化而来。

其四是翻新,就是用原来的典翻出新意,如"山、海"七唱:

  精卫当先填会海,愚公更要掘文山

5. 引用

引用,指拈前人诗文中的成句,或改造后加以利用的修辞法。如"面、神"二唱:

  洗面此间惟有泪,传神阿堵未应痴

上联用南唐后主李煜之言。泪洗面,形容极端悲痛。宋王铚《默记》卷下:"李国主归朝后,与金陵旧宫人书云:'此中日夕,只以眼泪洗面。'"下联引用东晋画家顾恺之论画语:"四体妍蚩,本无关于妙处,传神写照,正在阿堵中。"阿堵即眼睛。人称顾恺之有三绝:画绝、文绝和痴绝。本句认为顾恺之能提出如此画论,不该算痴。

又如"人、日"七唱:

  臣非祖母无今日,朕与先生本故人

上联化用西晋李密《陈情表》"臣无祖母,无以至今日,祖母无臣,无以终余年"。下联化用《后汉书·严光传》句。东汉严光(字子陵)与光武帝是至交。严光见光武帝,过从甚密,同时起居,共卧一榻,"光以足加帝腹上",太史奏:"客星犯帝座甚急",光武笑答说:"朕与故人严子陵共卧耳。"

6. 夸张

夸张是为了增强表达效果,对事物的形象、特征、作用、程度等方面着意夸大或缩小,也叫夸饰或铺张。夸张的种类有三种:扩大夸张、缩小夸张、超前夸张。

(1)扩大夸张。故意把客观事物说得"大、多、高、强、深"等等。如"夜、声"七唱：

> 仇深刺骨难眠夜，事太伤心失哭声

用"刺骨"言仇，倍感仇恨之"深"。有时通过其他修辞方法加强夸张效果，如"夜、声"七唱：

> 钗光闭月天难夜，车驾惊雷地有声

这里运用比喻的修辞方法，将马车碾地之声比喻雷鸣来获得夸张效果。

（2）缩小夸张。故意把客观事物说得"小、少、低、弱、浅"等等。如"阑、此"四唱：

> 欢笑未阑吾已老，饥寒如此汝犹狂

上句言欢笑还没有结束，人就老了，是言人生短暂，即属于缩小夸张。又如"夜、声"七唱两联：

> 别子十年如昨夜，隔君一海便殊声
> 老来短景如将夜，蚕岁粗才颇有声

两联分别将"十年"和"老来短景"比作一夜，也是用缩小来达到夸张效果。

（3）超前夸张。在时间上把后出现的事物提前一步的夸张形式。例如"夜、声"七唱：

> 一轮海日生残夜，九曲江流咽恨声

上联明显引用唐人王湾《次北固山下》中的名句"海日生残夜，江春入旧年"。海日本该在夜尽时升起，这里却让它在夜残而未尽时"生"出，是一种超前夸张。

夸张的作用有三个：其一是揭示事物的本质，给人以启示。

其二是烘托气氛,增强感染力。其三是创造气氛,引起联想。夸张的运用要注意合理有度,不失生活的基础和根据。其次是夸张不能和事实距离过近,否则会分不清是在说事实还是在夸张。

7. 比喻

比喻有明喻、暗喻、借喻三种,是诗钟创作常用的修辞手法。

明喻的特点是本体、喻体、喻词同时出现,本体与喻体之间是相类关系,其公式是:本体像(喻词)喻体。诗钟常用的喻词为如、似、若、犹。如"山、海"六唱:

偕众吾如趋海水,济时谁是出山云

上句的比喻关系是:吾(本体)如(喻词)趋海水(喻体)。

暗喻是本体和喻体同时出现,但不出现比喻词,而是改用判断词(如"是、即、等")或动词来关联本体与喻体。如"一、新"六唱:

孤舟天际浮新月,健笔云间起一峰

新月(喻体)比喻孤舟(本体),健笔(喻体)比喻一峰(本体),但不出现比喻词,而是用动词"浮""起"来关联本体与喻体。

借喻是本体和比喻词都不出现,以喻体直接代替本体,即直接把本体说成喻体。如"庆、归"四唱:

交杯酒庆双鸳永,挂印身归一鹤闲

"双鸳"喻新人,"一鹤"喻辞官者,但新人、辞官者、比喻词均不出现在诗句中。

比喻有三个作用:其一是说理浅显易懂,使人容易接受。其二是叙事能化抽象为具体,使事物更清楚明白。其三是状物能使概括的东西形象化,给人深刻的印象。

8. 比拟

比拟有两种，一种是拟人，一种是拟物。

拟人的修辞方法，就是把事物人格化，将本来不具备人动作和感情的事物变成和人一样具有动作和感情的样子。拟人的主要作用是使无生命的东西活跃起来，使抽象的事物具体化，使语言更具形象性、生动性和感染力，便于抒发感情。如"野、生"六唱：

重来海燕仍生客，更懒山云让野僧

山云既无生命，亦无情感，但作者却让他"懒"而"让"野僧，赋予形象的生动性。又如"夜、声"七唱：

招来素月赔长夜，行对黄花别一声

诗人将月与花当作人，通过"邀赔"和"作别"使花、月鲜活起来，增加诗的感染力。

拟物将人当作物，或将此物当作彼物，或将抽象概念当作物。例如"夜、声"七唱：

倾樽酒可祛寒夜，沸鼎茶能作雨声

煮茶之声比作雨声即属"此物当作彼物"的描写方法，可使文字更加生动。

9. 象征

象征不同于比喻。比喻是以物比物，求"形似"，比喻的对象具体可感。象征是以物示意，求"神似"，作意较为隐藏，需读者感悟。如"消、乱"二唱：

泉乱青山闲自若，云消高月洁依然

其中，"月"象征高洁的品格，而"云"象征诋毁的势力或流言蜚语。

10. 借代

借代指不直接说出所要表达的人或事物,而借用与其密切相关的人或事物来代替的修辞方法。被替代的叫"本体",替代的叫"借体","本体"不出现,用"借体"来代替。因为是借一物来代替另一物出现,因此多数为名词。例如用"鱼雁"指代书信,"骨肉"指代亲人,"桃李"指代学生,"高堂"指代父母。恰当地运用借代可以引人联想,达到语句形象突出、特点鲜明、文笔精练、具体生动的效果。例如"夜、声"七唱:

温柔乡里无寒夜,罗绮丛中有怨声

"罗绮"本意为丝绸梭织衣物,多指富贵人家和年轻貌美的女子。这里的意思是,穿着华美的女人,亦难免有不满的怨言。

又如,"时、事"六唱:

绝无芥蒂趋时易,一味模棱误事多

"芥蒂"本指细小的梗塞物,后比喻心里的不满或不快,借指心里对人对事有怨恨或不愉快的情绪。

借代的方法很多,主要有部分代整体(如以桨代船、以鳞代鱼、以羽代鸟)、特征代本体(如以钵代僧、以鞭代马)、具体代抽象(如以干戈代战争、金瓯代国家)、工具代本体(如以镝代饭菜①、以廪代粮食)、专名代泛称(如以雷锋代好人)、结果代原因(如以捧腹代笑话)、形象代本体(如以冠盖代官吏)。不管运用哪种借代,都须考虑正当性与通用性,并使文义通顺。

11. 对比

对比是把对立的观点、事物(或事物的两个方面)放在一起

---

① 镝:圆底铁锅,以前家家户户都用这种锅。

作比较,让读者在比较中辨别是非曲直。对比法有利于充分显示事物的矛盾,突出被表现事物的本质特征,使形象更鲜明,感受更强烈,能加强诗文的感染力。如"花、绿"五唱:

竟忍偷生花蕊辱,自甘效死绿珠贞

将花蕊夫人偷生和绿珠效死作比较,读者自能感受是非褒贬之意。

对比亦可在一句中出现,如"座、天"七唱:

严濑独高卑汉座,许瓢自大小尧天

将"严濑高"与"汉座卑"对比,"许瓢大"与"尧天小"对比,使形象更加鲜明,主题的阐发更加深刻。

又如"草、衣"二唱:

征衣虽薄君恩厚,塞草还荣战骨枯

"塞草荣"与"战骨枯"形成强烈对比,突出战争的残酷无情,倍增对殉国战士的哀思,和对战士亲人的同情。

12. 衬托

什么是衬托?比如要体现花红,可以利用绿叶来相衬,这样会觉得花更红,叶更绿(从色彩学上讲,红与绿属于对比色),衬托正是用类似于上述的手法,通过侧面描写使主题突出。比如"海、年"六唱:

蝼蚁勺波如海隔,蜉蝣寸晷比年长

用"勺波如海"衬托蝼蚁之渺小;用"寸晷如年"衬托蜉蝣生命之短暂。

衬托通常有正面衬托与反面衬托两种。如"大、好"一唱:

大荒塞上孤臣节,好月楼头少妇情

上句以甘守"大荒塞上"衬托"臣节",属于正面衬托;下句以"好月"衬"少妇情"(离愁),属于反面衬托。

又如"有、空"七唱:

家无长物书常有,室满欢声瓮每空

上句通过对比反衬主人清贫而好学;下句以"瓮每空"(酣饮)来衬托相聚之"欢",属于正面衬托。

衬托的运用有时略显复杂些,如"家、道"六唱:

鸡声云际山家午,燕影波间海道春

句中的衬托就不是单一的。上句以"云际"衬托"山家"之高,又以"午"衬托"鸡声"之迟(因山里日出迟)。下句以"波间"衬托"海道",又以"燕影"衬托"春"的到来。

13. 婉曲

婉曲指不直说要说的话,而用迂回的方式,读者透过委婉含蓄或隐约闪烁的话领会作者的意思。如笔者所作"诗、社"二唱:

结社都缘莺唤去,寻诗忽被燕衔来

诗中不讲参加诗社是受诗俦吟唱的吸引,而假说是"莺"唤而去;不讲见到燕子而诱发诗意,而说成燕子把诗句衔来。这不是委婉曲折吗?

又如"羽、痕"四唱:

邻家燕羽相新故,同巷苔痕有浅深

以"燕羽新故"更替而推知人事更新,废兴易主,感叹昨是今非。同巷之中有的门庭若市,有的门前冷落,苔痕也就深浅不同。借燕羽写人事更替，借苔痕写人情冷暖，当属曲笔。

婉曲还有另一种表现形式，那就是"弦外之音"，如"门、笑"七唱：

> 花如慰别偏含笑，月不嫌贫每到门

下句暗藏"贫寒之家总是门户冷落"之意，暗责人情世态的炎凉。通过写月引发人的联想，这比直截说出本意更佳。

14. 双关

双关主要有谐音双关、语义双关两种。诗钟多用语义双关，利用词涉及的两方面事物，表面是一层意思，暗含另一层意思，即所谓的"一语双关"。双关修辞法在分咏体诗钟用得最多。如分咏"文天祥、眼睛"：

> 难凭只手存南宋，能使双眸复大明

"明"即属双关，表面意是"明亮"，隐含意是"明"朝，并借以对"宋"朝。

15. 别解

诗钟分咏体常用别解，因而近于谜语。在谜语中，别解指谜面与谜底的扣合要有别于语文范畴的解释，即不按照谜面词句的本义去理解，而是转弯抹角地解读隐含义，利用汉字的多义、字义衍化、笔划增损、谐音象声、象形、反义等去理解扣合。体现"义欲婉而正，辞欲隐而显"的特色。诗钟用别解，能增加戏谑的气氛，体现作者的机警和巧思。如分咏"山谷、蠹鱼"：

> 诗派纵横不羁马，书丛生死可怜虫

下联"可怜虫"原本比喻可怜之人。句子从表面看是写食古不化，钻入书堆而难以自拔的书生，隐含义则是"蠹鱼"。

嵌字体诗钟较少用别解,偶一为之则表现为借对。例如笔者外祖父有"望、归"一唱:

> 望汉共谋鏖赤壁,归江自悔划鸿沟

其中"汉"本义是汉朝,借作汉水之"汉"与"江"相对。"鸿"本义是宽阔,借音作"红",以对"赤"。

16. 转品

转品是指改变词惯常的词性,使表述的句义更透彻,更有张力。转品在诗钟中较常用,如"诗、玉"四唱:

> 诸尽可诗明世事,各宜自玉晚年身

"玉"本是名词,这里转作动词用。因玉有"五德",象征君子,因此,这里的"玉"具有"如玉"或"守如玉"的意思。

又如"风、正"二唱:

> 一正烛他群魅诡,好风吹得百花妍

"烛"为名词,这里转作动词,义同"照",这是借烛的特征而赋予其新的含义。

17. 互文

互文也称互辞,是诗文中常用的修辞方法,"参互成文,含而见文"。在诗钟的写作中,主要体现在一词双兼或多兼,即借一词互相阐发,互相交错,互相渗透,来表达丰富的意涵。如"夜、声"七唱:

> 酒胆张于明月夜,诗心碎入落花声

"诗心"指作诗之心或诗人之心,诗心随题材的不同而各异。面对"无可奈何花落去"是怎样的诗心?作者用一"碎"字来形容,极为精审！花之散落,支离破碎,诗人之心也随之破碎了,"碎"有互文的意味,碎的是花,也是心。

18. 以小见大

这里所讲的"以小见大"并非属于修辞范围,而是诗钟常用的表现手法。因与修辞相类,所以归入修辞一节。

诗钟篇幅小,文字不多,不具有包涵博大内容的功能。通过笼统的叙述来涵概丰富、广博的内容,势必造成语句空洞苍白。所以诗钟多以小见大,窥斑知豹,一叶知秋。例如"春、暖"五唱二联:

漫天灿烂春光美,遍地芳菲暖气融
开晴燕逐春风里,解冻鱼游暖水中

两联都属于描写春景,前者试图写得"博大"些,终因缺乏形象思维而流于空洞。应验了王夫之《姜斋诗话》中所说的"张皇使大,反令落拓不亲"。后者虽无奇巧之处,但却有具体的形象刻划,以"燕逐"言"春",以"鱼游"言水"暖",使"春"和"暖"这两个博大和抽象的概念通过"燕""鱼"这两种小动物的动态描绘得以衬托出来,这便是王夫之所谓的"以小景传大景之神"。

19. 化虚为实(通感、曲喻)

化虚为实指把诗中的抽象概念,诸如人的感觉、设想等通过具体的描写,使其具体化。这里主要针对诗特有的两种修辞法——曲喻、通感。

关于曲喻,清李渔《闲情偶寄·声容·习技》云"非我教之,传奇小说教之也。由此而机锋相触,自能曲喻旁通",其中之曲喻指间接领悟。许杰《谈讽刺》"虽有近于诔诤,却又不类于诔诤,而有类于曲喻",其中之曲喻指间接譬喻。曲喻比一般比喻更加曲折含蓄。在一般比喻的基础上通过丰富的联想,再延伸

出新的意境,使被描述的物象更为形象生动。比如"星、火"限嵌上六下三:

谁能棋手摘星弈,我欲火夫移日烧

星何以能"弈",日何以能"烧"?显然在"弈"和"烧"之前先要有一个比喻,即星如棋子——棋子能"弈"——"星弈";日似火——火能"烧"——"日烧"。但句中并未出现"星像棋子""日如火"的说法,读者却能更深层地体会句中含义,这就是曲喻之妙。又如"误、斜"三唱:

举头误嚼唇边月,揽镜斜看背后花

"嚼月"的意象是建立在比喻的基础上,即月如饼,故可嚼之。

通感类于曲喻,沟通视觉、听觉、嗅觉、触觉、味觉。通过作者的联想,把人的感觉"强加"给被描述的对象。"感觉"是抽象概念,通感就相当于"抽象的比喻",往往也比曲喻更觉"无理"。借助通感将"感觉"这一"虚"的东西具体化,使诗更富于意趣,这就是所谓的"化虚为实"。下有一联运用通感手法描写的句子,可作为范例,"风、气"六唱:

满山叶动天风绿,夹岸花流水气香

试想,天风怎么会是绿的,水气又岂真有香(尽管落花随流水),这不是把主观意识强加给眼前景物吗?作者利用通感,艺术地(而非考证式地)道出眼前美景,由看到风吹满山绿叶动而联想天风也必然被染上绿色;由闻到两岸花香,看到花随流水而推测水气也必定有香。这样描写使诗更具神韵。

又如"江、雨"四唱:

万花著雨春如梦,一桨横江月有声

"月"指水中之月或月光,因为桨划水有声,于是水中之"月"也跟着有声了,可谓神韵超迈!

又如"马、书"五唱:

绕砌草萦书带绿,出墙花扑马缨红

"绕砌草萦"是绿的,因此认为捆绑书册的带子也被染绿了;红花探出墙外,马从墙外经过,马缨似乎被红花扑红了,将花朵想像成粉扑,神思妙想。此诗曲喻、通感并用。

20. 化实为虚

景物是"实"的,情感是"虚"的,若情感借助于景物来表现,或写景中掺入感情因素,这都是"化实为虚"。若从作者感情显隐的角度分析,可将景物的描写分为以下三种类型:

(1)单纯写景。如"远、行"七唱:

云树苍茫双鹭远,海天寥阔一舟行

此联犹如一幅风景画,唯有心向往之,方能体会其空阔清远的意境。又如"清、渔"三唱:

绿阴清簟无人院,白雨渔灯独夜江

此联意境清绝,一尘不染。

(2)景物描写中虽不见有情感的笔墨,但从句中措词可以揣测作者的感情,或者通过比喻、拟人、通感之类的手法寄托作者的感情。如"微、寒"一唱:

微吹忍噤蝉信病,寒芳死守蝶非痴

其中就带有怜悯、感叹之情。又如"芳、草"二唱:

劲草风中疑有骨,寒芳雪里信多姿

从"劲"而"有骨"、"寒"尚"多姿"可见作者有褒扬誉美之意。再如"寒、水"三唱：

> 夜送寒声钟远寺，秋摇水色月盈天

钟声岂有"寒"暖之理？显然是作者的感情因素在起作用。

（3）景物的描写中明显有感情因素，或既写景又写情，或寄情于景、情景交融。如：

> 黄菊感秋如我瘦，碧桃临水为谁妍（"感、临"三唱）
> 梦回江上雨初过，意尽楼头花又新（"新、过"七唱）
> 诗冷寒江三径雪，梦圆水月满湖天（"寒、水"三唱）

五、诗钟的意象经营与锤炼

意象的经营是诗钟创作论的重要内容。诗须运用意象思维，亦即形象思维。以下探讨诗钟意象的经营及联想、创新、炼字、炼句。

1. 意象的认识

诗钟属于中国古典诗歌的范畴，因此须了解传统诗论之"意象"并运用于创作与鉴赏。关于意象的论述，最早可上溯到《周易·系辞》，其中有"观物取象""立象以尽意"之说。"象"指卦象，即用抽象的符号来记录天地万物及其变化规律（不同于后人所指的象）。在此，"意"与"象"皆为独立概念，尚未合二为一。诗学沿用"立象以尽意"的说法，但"象"已转为具体可感的物象。作为文论术语，"意象"一词最早出现在南朝梁刘勰《文心雕龙·神思》："独照之匠，窥意象而运斤，此盖驭文之首术，谋篇之大端。"其后"意象"一词被广为引用，如唐司空图《二十四诗品》"意象欲出，造化已奇"。

什么是意象？简单地说，"意"就是情意，"象"就是物象，"意象"就是融入诗人思想感情的"物象"。从广义上说，"物象"当包括与人事有关的"事象"，因为人也属于"物"的范畴，且人可行事。作为中国古代文艺理论的概念，意象的含义和用法不尽相同，但必须呈现为"象"，即以物象为基本要素。现代人就"意象"展开多方讨论，但"意象"的表述、内涵的理解并不一致。袁行霈在《中国诗歌艺术研究》中指出："意象是融入主观情意的客观物象，或者是借助客观物象表现出来的主观情意。"[①]他认为意象有五种类型：(1)自然界的，如天文、地理、动物、植物；(2)社会生活类，如战争、游宦、渔猎、婚丧；(3)人类自身的，如四肢、五官、脏腑、心理；(4)人的创造物，如建筑、器物、服饰、城市；(5)人的虚构物，如神仙、鬼怪、灵异、冥界。陈伯海在《意象艺术与唐诗》中提出"为'意象'正名"，认为"意象即'表意之象'"[②]，将意象分为物象、事象、情象、理象。这一观点似不妥当。因为此"四象"非并列关系，而是包含关系，即物象包含事象、情象与理象。其举证的情象、理象的诗例无一例外地借助物象。由此可见，陈伯海认为"直接的表白""直接的议论"因"具体可感"而归入意象范畴的观点，难以成立，其根本原因在于无"象"可寻。黄志浩、陈平著《诗歌审美论》认为"含有特定意味的艺术形象，就是诗歌中的意象"[③]，将事象、物象排除在意象之外，事象、物象、意象三者并列。这种观点存在的问题是，怎样判定有否"特定意味"？例如，诗人首次使用的物象未必有特定意味，后人的效仿使得这一物象渐渐地带有特定的意味，第几次使用才算有特定意味？又如，作者用全新的物象入诗，或有寄托，读者未必能感知其"特定意

---

① 袁行霈：《中国诗歌艺术研究》，北京大学出版社2009年版，第54页。
② 陈伯海：《意象艺术与唐诗》，上海古籍出版社2015年版，第6页。
③ 黄志浩、陈平：《诗歌审美论》，凤凰出版社2012年版，第73页。

味"。笔者以为,凡能引发读者形象思维的"象"皆附有作者之"意",皆属意象。

诗歌是通过意象来传情达意的(少数有意无象的说理诗除外),明末陆时雍《唐诗镜》卷十指出:"树之可观者在花,人之可观者在面,诗之可观者,意象之间而已,要在精神满而色泽生。"这段话阐述了意象的作用,就"意"和"象"分别提出"精神满"和"色泽生"的要求。在意与象的关系中,意是主导,象为意服务。清人王夫之《姜斋诗话》卷下讲得很明确:"无论诗歌与长行文字,俱以意为主。意犹帅也,无帅之兵,谓之乌合。"①

关于诗歌中言、象、意三要素之间的关系,三国魏王弼在《周易略例·明象》中有透彻的表述:"夫象者,出意者也。言者,明象者也。尽意莫若象,尽象莫若言。言生于象,故可寻言以观象;象生于意,故可寻象以观意。意以象尽,象以言著。故言者所以明象,得象而忘言;象者,所以存意,得意而忘象。犹蹄者所以在兔,得兔而忘蹄;筌者所以在鱼,得鱼而忘筌也……象生于意而存象焉,则所存者乃非其象也;言生于象而存言焉,则所存者乃非其言也。然则,忘象者,乃得意者也;忘言者,乃得象者也。得意在忘象,得象在忘言。故立象以尽意,而象可忘也;重画以尽情,而画可忘也。"

"象"可以理解为"形象",但意象却与造型艺术所谓的"艺术形象"不同。"艺术形象"重直观,侧重于"象"的体现;诗歌意象重"象外",侧重于"意"的表达。黑格尔《美学》第三卷中指出:"诗的想像,作为诗的创作活动,不同于造型艺术的想像。造型艺术要按照事物的实在外表形状,把事物本身展现在我们面前;诗却只是诗人体会到事物内心的观照和观感,尽管它对实在的

---

① 王夫之著,戴鸿森笺注:《姜斋诗话笺注》,上海古籍出版社2012年版,第45页。

外表形状也须加以艺术处理。从诗创作这种一般方式看来,在诗中起主导作用的是这种精神作用的主体性,即使在进行生动鲜明的描绘中也是如此,这是和造型艺术表现方式正相反的。"在诗人之意的主导下,意象具有极大的变形性和荒诞性,如李白之"白发三千丈",秦韬玉之"长有归心悬马首"。

意境是与意象相关的常用诗论术语,意象与意境的关系是:首先,意境是整首诗或部分诗段所营造的境界或情调,而意象是构成诗歌意境的具体细小单位。陈植锷《诗歌意象论》指出:"正如语言的最小单位是词语,所谓意象,也就是诗歌艺术最小的能够独立运用的基本单位。"其次,意象是具体的、可感知的主观之象;意境作为境界和情调是抽象的,它需要透过意象群组的结构营造来表达或诱发体悟。袁行霈对意境及其与意象的关系也有精到的阐述,他在《中国诗歌艺术研究》中说,"意境是指作者的主观情意与客观物境相互交融而形成的艺术境界","意象是形成意境的材料,意境是意象组合之后的升华。意象好比细微的水珠,意境则是漂浮于天上的云。云是由水珠聚集而成的,但水珠一旦聚集为云,则有了云的千姿百态"。①

诗歌作者选用的意象,源自两个方面:其一是作者自身的感性生活。其二是前人既有的意象,已被诗人广泛运用。举例如下:

表 3-5　传统诗歌常用意象及其表意示例

意象	表意
高山、雄关、沧海、大江、奔流、长风	多寄托豪情壮志
大漠、古道、落日、寒风、冷雨	多抒发悲凉孤独之情

---

① 袁行霈:《中国诗歌艺术研究》,北京大学出版社2009版,第48页。

续表

意象	表意
明月	表达乡愁、期盼、团圆、离合等
山泉	比喻清纯的品格、初始之心
流水	借指时光流逝、历史变迁、愁绪绵长
草木	反衬荒凉,寄托兴衰之慨
黄昏、夕照	喻指悲凉、人生迟暮
细雨、烟雾	寄托郁闷、愁绪
柳	含有依依不舍的惜别之情;指代娼妓
梅	象征高洁的人格
梧桐	寄托凄凉之情
红豆	言相思之情
莲	与"怜"音同,表达爱情
菊	象征坚贞、高洁
松	代表坚贞、气节、长寿
竹	代表劲节、虚心、耿直、高雅
芭蕉	言离情别绪、孤独忧愁
落花	借指惜春、伤时、对生命短暂的惆怅
红叶	指传情之物
芳草	指离愁、念旧、知音、惜时
桃李	喻指学生
桑梓	代指家乡
桑榆	指晚年景况
猿猴	指哀伤、凄厉
鹰	代表勇猛、自由、搏击、成功
沙鸥	喻飘零、伤感

续表

意象	表意
鸿鹄	喻远大志向
燕雀	喻卑微渺小
小鱼	喻自由、惬意
雁	指音信、游子思乡怀亲、羁旅伤感
鸦	指小人、俗客
鹧鸪	指旅途艰险、离愁别绪、衰败伤感
黄莺	象征春天丽景
杜鹃(子规)	代表荒凉、哀怨、凄凉、思归
蝉	代表离愁别绪、品行高洁、身居高位、声名远扬
青鸟	指情人的使者
燕子	代表春光美好、惜春伤秋、象征爱情、感伤时事、多情守信、寄托相思、漂泊流浪、羁旅情愁等
南山、五柳、东篱、三径	代表隐居
南浦、长亭	言离别
黍离	伤感国家昔盛今衰
凭栏	为慷慨悲凉之态,表达壮怀激烈
倚楼	为娇弱无力之姿,表达闺怨、闲情、春愁、思念等
折柳	送别之情
捣衣、寒砧	征人离妇、情寄边疆的惆怅
怀橘	指孝顺
折桂	比喻科举及第
投笔	指从戎
请缨	寄杀敌报国之志

诗歌意象大体有五类:其一,比拟类意象,包括比喻、拟人、

拟物、通感的意象。如"一钩新月"为比喻性意象,"窥窗月"为拟人性意象,"一桨横江月有声"之"月有声"为通感性意象;其二,描述类意象。如"月上柳梢头";其三,象征类意象。如"旱天闲云亦动心","旱"象征国家危难,"闲云"象征怀有忧国之心的在野之士;其四,人事类意象。如"弹琴""凭栏";其五,虚拟类意象,如"大海初形原一勺"。

近体诗与诗钟都强调意象的运用,二者有何不同?诗钟单句仅七个字就要表达一个相对完整的主题,因此对意象的选择更求精当,而意象引用的密度一般要比律诗绝句大。例如,"夜、声"七唱:

幌倚鄜州怜月夜,琶弹胡地感秋声

上联从杜甫五律《月夜》中提取"幌、鄜州、月夜"三个物象以及"倚、怜"两个事象进行组合,浓缩地表述杜甫的诗意。下句则通过"琶(即琵琶)、胡地、秋声"以及"弹、感"的意象组合,表达汉室女子和亲远嫁匈奴,借琵琶表达怀乡的凄凉愁苦之情。由此可见诗钟意象的精准和稠密。

2. 意象的选裁

言与意相互生发有两条途径——"以言起意"和"以意求言",分咏格诗钟的创作大体是以意求言的,因为是"命题创作"。嵌字格的创作以眼字为思考起点,先"对整眼字",然后"由眼生意",从这个角度看,初始是"以言起意"。但因创作主题不限,从"眼"到句的完成又是"以意求言"的过程。诗钟句子的修改,又兼有"以言起意"的情况。因此,"以言起意"和"以意求言"其实是相互生发的。然而,作诗必以意为主宰,"意在笔先"符合诗歌创作的基本规律。从意到言的过程有一个重要的中间媒介——"意象",从意到象的形成过程靠的是"意象思维"。

从诗歌创作角度看,言、象、意三要素出现的先后顺序是:

意—象—言（诗歌鉴赏正好相反）。意从何而来？意源于诗人的生活境遇，并因外界事物触发心灵而产生各种鲜活的感受。然而，诗人的初始之意可能是浅层次的，需要经历积累、沉淀和提炼的过程。意确立后，须借助意象加以表达，故需"取象"。象源于物，因此要"观物取象"，也就是选取表意之物象。明人王廷相《与郭价夫学士论诗书》云："言证实则寡余味也，情直致而难动物也，故示以意象，使人思而咀之，感而契之，邈则深矣，此诗之大致也。"可见作诗不可简单直白地表述，须借助意象。意到象的生成是一个淬炼升华的过程，要求意象的选取有"余味"，能"动物"，发人之"思"，启人之"感"。诗钟字少，意象的选取更需讲究。

作意相类的诗句，往往因选取的意象不同，意趣有别。对比以下两联：

为触秋心在明月，盼君远道有孤云（"触、君"二唱）
迟君远道同明月，近触新愁为落花（"触、君"二唱）

两联皆写愁（秋心即愁），皆思君。第一联以"明月"触愁，是诉别离、怀人之苦；第二联以"落花"触愁，发感逝之愁。第一联以"孤云"言君，兴发飘泊之慨；第二联以"明月"喻君，则充满景仰之情。

同样的题材也会因意象选择的不同而有高下之别。对比以下两联：

债无可避思奔月，雨不能晴欲补天（"雨、债"一唱）
避债万难天有路，诉愁翻恨月无言（"言、路"七唱）

两联第一句皆言避债，也都想到往天上逃，但第一联用"奔月"之意象，富于形象思维，较之第二联的"有路"更胜一筹。

再看以下两联：

疏林叶落露山寺，两岸潮平低板桥（"疏、两"一唱）

水平两岸没桥脚，云掩前山余塔尖（"云、水"一唱）

第一联下句与第二联上句意思差不多，但"没桥脚"不及"低板桥"形象生动。因为"没"可深可浅，而"低"则反衬潮水所涨之高接近桥面。又板桥不及石桥坚固，于是让读者为板桥及行人而揪心，此即"感人"。第一联上句的意象营造用"露"，第二联下句的意象营造用"藏"，意趣不同，异曲同工。

嵌字诗钟的创作一般从"对整眼字，由眼生意"开始。配对之"眼"虽然对创作有一定的指向作用，但不同作者的作意往往大相径庭，高下有别，其主要原因在于立意和取象不同。"眼"有宽窄之别。如"夜、声"七唱，眼字尤宽，组词后匹而成对的眼也很多，因此题材面很广。如果"夜、声"二字不组词，而是作单字用，则意象的选取范围极大，难以框定。因此须通过组词配对缩小意象的选取面。例如以"欲夜"与"无声"为构思基点，展开相关意象的联想，先拓展出三字尾"天欲夜"和"雨无声"。有了三字尾，则反推前四字时就不至于毫无方向。尽管如此，"天欲夜"和"雨无声"所引发意象思维的指向性仍然不强，取象仍属宽泛，以此构思则千人千面。但不管从哪个角度考虑，在造句的构思中，往往会因字数、平仄、对仗的制约，改变原有的意象选择，终使诗作臻于完善。

松月筛庭天欲夜，竹烟笼院雨无声

本诗筛选出的"松月筛庭""竹烟笼院"这两个意象无疑是非常成功的。上联展现的景象是天色向晚，皓月当空，月光透过稀疏散漫的松枝，投影于庭院地上，轻风摇曳松枝，犹如将月光筛满一庭。此景让人联想起苏轼《记承天寺夜游》中说的："庭下如积水空明，水中藻、荇交横，盖竹柏影也。何夜无月？何处无竹柏？

但少闲人如吾两人者耳。"① 读之如身临其境，顿使心境空明澄澈。下句意为庭院疏竹在如烟似雾的微濛细雨笼罩中，听之无声，犹如一幅水气氤氲的淡墨国画，笔调细腻，意境绝佳。其中"筛""笼"二字尤为传神。

"海、洋"七唱（眼字有合掌之嫌，此不具论），如果配对之眼是"北海"和"西洋"，则属窄眼（即题材面窄），此眼一般循着苏武牧羊于"北海"和郑和七下"西洋"的典实展开构思，以此题材创作则意象选择的指向性就很强。例如要写苏武牧羊的典故，可供选择的意象如苏武、汉使、旌节、胡地、牧羊、风雪、寒天、饥饿、羁留、啖雪、茹毡、雁书；写郑和下西洋的典故，可供选择的意象如郑和、明使、舟楫、风墙、浩海、惊涛、潮水、远洋、交友、寻访、丝绸、陶瓷。需对这些意象进行选取、剪裁和组构。高明的作者尤其注重意象选取的有效性。现以"北海、西洋"为眼，比较以下三联的优劣：

　　苏武牧羊羁北海，郑和出使下西洋
　　大节不亏旌北海，惊涛无惧使西洋
　　节验铁钢羁北海，策生玉帛访西洋

第一联"羁北海"与"下西洋"足以将两个典实说清楚，因此"苏武牧羊"和"郑和出使"纯属无效的意象，浪费笔墨。诗钟要求精练，须利用有限的文字表达更多的意涵。第二联选择的意象是"大节不亏"与"惊涛无惧"，属于描述性意象。比第一联高明的地方是将两句的前四字用于评价，做到有典有评。"旌""使"均为名词转作动词用，"旌"指旌节，这里作动词，意为旌表，即表彰；"使"本指使节，这里意为出使。第三联选择的是比喻性意象"铁钢"和"玉帛"，意涵更丰富。与第二联相比，"大节不亏"言臣

---

① 编委会：《古代散文选》中册，人民教育出版社1963年版，第304页。

节之坚定,褒扬之意明显,但属于概念化语言,因形象性不够而显空洞。"节验铁钢",同样褒扬臣节之坚定,但通过比喻来说明问题,多了"铁钢"的意象,使臣节之"坚"具体化和形象化。"策生玉帛"中,"玉帛"本是玉器与丝织品,喻指美好的事物,借以说明策之善,也指下西洋与各友邦交谊的物品。据此分析可知,第三联由于借助暗喻的手法(意象包含本体与喻体),丰富了句子的意涵,使诗作更显蕴藉。

诗钟用七言律句,因受字数、平仄、对仗、节奏等的制约,往往要对意象进行剪裁和整合。例如"节验铁钢"之"节"本指"臣节"或"气节",裁剪后取一"节"字。"铁"与"钢"组词通常是"钢铁",为合平仄,裁剪后重组为"铁钢"。将"节"与"铁钢"整合在一起,说明二者的关系,必须通过一个动词来连接,比如"似、比、胜、证、验",此处选"验"字当最透彻。

汉字一字一义的特点,使得汉语很善于短语表达,字词的组合极富变化,形成丰富多彩的语句形式,使诗化语言的多样性成为可能,这也是意象剪裁的基础。例如"夜、声"七唱:

死无贵贱台皆夜,疑到弟兄斧有声

"夜台"原指坟墓。如阮瑀《七哀诗》"冥冥九泉室,漫漫长夜台",李白《哭宣城善酿纪叟》"夜台无李白,沽酒与何人"。眼字"夜"须在后,将"夜台"颠倒成"台夜"就说不通,但通过虚字"皆"的调剂,成为"台皆夜"就顺畅了。这句是说人无论贵贱,死了都一样要归夜台。"夜"字殿后也是强调幽暗、岑寂、凄冷。此诗的特点是将"夜台"与"斧声"作剪裁,重组成"台皆夜""斧有声"。

3. 意象的语言

意象选取之后,须落实到语言上,完成从象到言的过渡。这个过程需运用意象语言,最终以"诗家语"结撰。语言是思维的工具,从意象选取到意象语言的完成,期间必然经过意象思维的过程。意象语言强调思维的形象性，其特点是使表意之象具体可感，或能传达一定的情意内涵，或通过启发、暗示，激发读者联想或想像。为此，须淡化词语表现概念和逻辑关系的功能，转而强化直观性、鲜明性和生动性。例如"巴、海"一唱：

海门风起水疑立，巴峡云来山欲飞

作者以"水疑立"和"山欲飞"这两个意象加强"海门风起"和"巴峡云来"的表意效果，极富形象性和生动性，是"观物取象"和运用意象语言的成功案例。

诗钟创作，初始之意可能平淡无趣，若能借助形象突出、富于意涵的意象，则可达到不凡的效果。例如"俗、闲"六唱：

肝胆向人移俗易，头颅老我乞闲迟

上句立意是：有诚挚之心，有勇气，则移风易俗不难；下句嫌自己退休太迟。但作者摒弃平铺直叙，巧借"肝胆"与"头颅"这两个意象来增强语言张力。因肝胆比喻真挚的心意，或比喻勇气、血性，也指关系密切，这些丰富的内涵大大增强了语言的表现力。"抛头颅"常用于言烈士，这里却借头颅以言老，因为人老之表征多现于头颅之上——满鬓皤丘壑、一头雪霜，故以头颅言老富于形象思维。当然，此诗的成功还在于诗化语言的独特性：本该是时间催人老，这里却说成是头颅使我老，使平淡无奇变得曲折生动，颇有意趣。"乞"字炼字精准，表达了作者对闲休的渴求，然乞而不得，老去方临，而青春不再，闲乐苦短，其间蕴含的慨叹读者自能感知。此诗意象富于特色，用字洗练，肌理缜密，可以窥见作者造句之活，非老手莫能。

意象语言呈现为诗句形式时，因需合律，要对词语作精心的选择和安排。往往改变词语的词性、词义、词序，呈现"反语法"的现象；或省略关联词，使意象呈现"跳跃性"；或通过曲喻、通感的描写手法,呈现"反逻辑"的现象。这些不合惯常语法与逻辑的语言特点,却是"反常合道"的,它能增强诗歌语言的内部张力,充分发挥意象语言的暗示与激发联想的作用,成为"诗家语"的特质。意象语言的"反语法""反逻辑"须有限度,过犹不及。以下举例说明意象语言的诗化特点。

  风雨温衣长路酒,冰霜满指故山弦("指、衣"四唱)

上句的词序是反常的,初看以为是"风雨"能"温衣",其实温衣的是"酒",而"风雨"关联的是"长路",这就使句子变得曲折有趣,但读者仍能读懂作意。"冰霜满指"并非实写,而是说弹琴弦之指冰凉,这种冰凉源自思乡(故山)而引起的凄凉感。作为生理上的寒冷感,"冰霜满指"也暗示冰霜之地的漂泊之苦。

  归鹤暝收双翅月,断鸿寒带一声霜("断、归"一唱)

此诗曲折蕴藉,用惯常的语法和逻辑难以说通。上句的常规语序应该是:归鹤暝(中)双翅收月(光),但这样讲就没了诗的意趣。作者省略"中"字,改变词序,"暝"与"收"、"双翅"与"月"直接组合,于是有了"暝收""双翅月"这样的新词汇,使意象呈现跳跃性,这是运用"错接"方法而呈现的诗家语特征。月何以能收?其实作者是基于曲喻的表现手法,收的是月光。因为月光投射如水,如银,而水、银是可收的,于是月光亦似乎可收了。这就触发读者的联想,有了"兴趣"。下句的常规语序是,断鸿霜(里)一声带寒。"寒带"与"一声霜"也是"错接"而产生的新词汇,较上句更为曲折难懂。细分析可知,作者用了通感的修辞方法:霜是寒的,于是感到霜中的鸿声也带寒意。将"霜"倒置于"一声"之后,则增添了曲折的韵致,激发了读者的联想,增加了句子的张力。"霜"由于有"寒"的呼应作用,其"反语法"与"反逻辑"便在有度的范围,可谓"反常合道"。

4. 意象的结构

诗钟创作所选取的意象大多属于间接意象,即源自前人诗文既有的意象,这些意象包含的意涵较为固定。诗的意蕴往往需要借助多个意象的组合(或称"意象群")来表达,尽管各个意象的意涵较为固定,但意象组合却千变万化,这为诗作创新提供了可能。从意象的角度看,作诗造句即是意象组合结构的设计。意象结构关注的是象与象之间的关系。

雁翅秋风平野阔,马头山色一生忙("野、生"六唱)

上句秋景的描写十分成功,"大雁""秋风"均是秋天特有景象,再将其置于宽阔的"平野"之上,境界全出。三个意象的选择和组构十分到位,为读者描绘出旷野迢递、秋风萧瑟、雁阵南飞、鸣声断续的简淡画面。雁附以"翅"字,是为了对下句的"马头"。在此大背景中,"翅"是看不见的,只能是作者的联想。可见此画面是全景与特写的结合。"雁翅"和"秋风"的意象,能使人产生风吹羽震的联想,产生"象外之象"。下联将"山色"置于"马头"之上,可谓构思独特。其创作手法是侧面衬托,即借"马头山色"衬托马背颠簸,爬山涉水,一生忙碌之苦。古时出门艰难,马是重要交通工具,亦是谋生工具。《随园诗话》有"谋生销尽轮蹄铁"句,可互相参读,体悟诗句的意味。"马头山色"的意象组合,视角独特而新颖。再对比"时、事"六唱:

灯前诸弟儿时共,杖底群山世事抛

此作下联同样以"山"作为主体意象。"杖底群山"也别出心裁,与"马头山色"对比,二者写山的意象组构不同:一个将山置于马头之上,一个将山置于杖底之下,由此呈现的主题大相径庭。"马头山色"表现劳顿辛苦,"杖底群山"表现游历逍遥,可见意象的组构不同,作意迥异。

诗钟造句的创新多半来自意象组构的创新,意象本身的创新则较少。如"江、秋"一唱:

江南路出莺声里,秋夕楼横雁影边

"江南、莺声、秋夕、雁影"皆为寻常意象,通过"路出、楼横"的连缀,便成富有新意的优美画面。

意象结构的内在是诗人的情意结构,外在却显形为文本结构。因此探讨诗钟意象结构,往往可从句型结构入手,例如并列、承接、递进、转折、因果、对比、映衬。此类文字不乏专述,本无需赘陈。然而"言不尽意"论告诉我们,情意结构所产生的微妙神理,往往难以尽述的,唯靠启示和感悟。尤其诗家语的"反常"而呈现为新奇、怪诞时,常规语法的分析就显乏力了。尽管如此,为了加深对意象结构的理解,以供创作借鉴,仍有必要略举典型之例加以说明(少数诗例缺少意象,只能从文本角度认识句型结构):

(1)承接关系。意象之间纵向承接,是诗钟最常用的意象结构形式。如"黄、晓"一唱:

晓星影坠天如水,黄叶声干月在楼

上下联均含两个意象,他们的关系是:"晓星影坠"之时,望见"天(色)如水";"黄叶声干"(听到黄叶落地之声发干),恰是"月在楼(头)"之时。

(2)并列关系。意象之间横向并列,不分主次。如"人、月"二唱:

美人名马乌江别,明月清风赤壁游

上联高度凝练地概述项羽的平生事迹,并列项羽的两个最爱——"美人"与"名马",由此引发读者对楚霸王与美人、名马之间各种故事的联想,生发钦慕之情。然而,仅"乌江别"三字就概括出悲剧性结局。这种悲喜的强烈对比,能激发读者的情感波澜。寥寥七字,意涵却很大。下联并列的"明月"与"清风",是从苏轼《赤壁赋》中提炼出来的景物,同样具有概括性。

(3)对比关系。把具有明显差异或相互对立的事物安排在一起,通过对照比较,突出被表现事物的本质特征,加强语言的感染力。如"世、波"三唱:

绝险波涛鸥独稳,极忙世界鹤偏闲

将波涛之"绝险"与鸥之"稳"对比,突出"鸥"历险如夷的才干与勇气;世界之"极忙"与鹤之"闲"对比,更显鹤之清闲自在。鸥与鹤亦可视为人格化的象征。

(4)递进关系。如"剑、毫"七唱:

既已磨锋须亮剑,苟能成竹且挥毫

先磨锋,后亮剑,从磨锋到亮剑,更进一步;先胸有成竹,然后挥毫作画,从成竹到挥毫亦是更进一步。

(5)转折关系。如"夜、声"七唱:

腰贯虽多难买夜,头衔纵好尽虚声

腰贯虽多,但难以买夜,说明金钱虽万能,亦有不能;头衔纵好,但往往空有虚名,未必实用。

(6)因果关系。如"百、飞"三唱:

久雨百花终尘土,好风飞絮亦云霄

因为"久雨",导致"百花终尘土"的后果;因为善借"好风",才有"飞絮亦云霄"的成果。下联亦可理解为条件关系,即只要有好风,飞絮亦可到达云霄。

(7) 假设关系。如"齿、干"二唱:

> 雍齿不封终叛汉,比干未死亦从周

假如雍齿不封为什邡侯,必将反叛刘汉王朝;假如比干不死,也会背弃商朝而归顺周朝。

(8) 选择关系。如"野、生"六唱:

> 吾力能支犹野战,此头宁断不生降

下联为选择关系,即宁可选择头断,也不求生而投降。

意象结构是一个系统(意象系统),系统的功能远大于单个要素功能之和。因此意象组合能生发出比单个意象简单相加更为丰富和深刻的意蕴。

5. 意象的张力

现代格式塔心理学的"同构论"将"力"提高到很重要的地位,认为,"艺术形式与情感的关系本质上是一种力的结构同形关系,每当外部事物和艺术形式中体现的力的式样与某种人类情感生活中包含的力的样式达到同形或异质同构时,我们就觉得这些事物和艺术形式有了人类情感的性质"[1]。美国学者鲁道夫·阿恩海姆在《艺术心理学新论》中指出,"第一,所有知觉活动的张力都有方向性……第二,所有方向性的张力都是有一定的强度"[2]。从上述观点可知,意象是有张力的(有人将它称作"意象力"[3]),呈现"方向性"和"强度"的特征。但是,单个意象一

---

[1] 单世联:《西方美学初步》,广东人民出版社1999年版,第474页。
[2] 鲁道夫·阿恩海姆:《艺术心理学新论》,商务印书馆1994年版,第36页。
[3] 耿建华:《诗歌的意象艺术与批评》,山东大学出版社2010年版,第68页

般构不成方向,组成意象群后才有方向。从"言"的角度看,构成方向性的诗歌意象,至少是个短句或词组。"桃树"意象的张力无所谓方向,组成"桃树成行"后,便有了方向。意象的方向还与词的组成方式有关,如以"桃"为中心意象,组合成"桃媚春风""桃雨随风"两个词组,前者方向不明,后者桃雨"斜"飘,因此方向感强。

意象张力的强度与意象的方向(本质上是意象的结构)有关,也与意象自身的表现力有关。来看分咏"诸葛亮、猫"两联:

胸中早定三分策,眼底能知十二时
丹心早定三分策,碧眼能知十二时

第一联"胸中""眼底"为传抄讹误,第二联为原作,用"丹心""碧眼"(见《雪鸿初集》)。"丹心"有赤诚之义,"碧眼"则传神,二者皆意象鲜明,其张力比"胸中、眼底"要强得多。

意象即便感受不到方向,仍存在张力(静止也可视为特殊的方向)。虽然可以借用"力"来比拟意象的强度,但不等于雄强的意象就一定张力大,当表现阴柔的主题时,雄强类意象的张力反而小。因此,意象的张力还具有风格性。如"云、水"二唱:

擎云山脊撑松臂,拜水溪头折柳腰

"撑松臂"是刚的意象,"折柳腰"是柔的意象,二者却具有同等的张力强度。

一般说来,越是鲜明、生动、新奇的意象,张力越大;越是内涵丰厚的意象,张力越大。意象张力越大,对完成主题立意越有利。以下三句皆咏"弥勒布袋":

裹得乾坤一笑中
收拾乾坤掌握中

乾坤大地任持携

弥勒布袋即"乾坤袋",三句皆通过刻画弥勒形象来旁衬主题,哪句更好?第一句,"裹"言布袋,"笑"言弥勒,非常贴切,比后两句的意象更鲜明和丰满。"一笑中"显得从容不迫,举重若轻。第二句"收拾"不及"裹得"形象,但"收拾"并"掌握"乾坤,暗喻对"天下"的把控能力,富有气势,这一点与第一句相当。第三句明显逊色,"持"与"携"义相近,"坤"与"大地"义相同。若言"持携乾坤",不及"裹得乾坤"和"收拾乾坤"形象,若言持乾坤袋而行走,则平淡无奇,而"坤"与"大地"相犯之弊更加凸显。

再分析分咏"纳宠、春社"三例:

> 桃花酿醋防房老,桑柘连阴赛土神
> 只恐河东狮怒吼,却欣墙外燕飞来
> 日影横斜扶醉后,星光三五合欢时

先看"纳宠"句。第一联"桃花"意象鲜明,暗喻美人、桃花运,与纳宠相关;"酿醋"指引起妒忌,借"吃醋"之熟典以言事,隐意深刻。"房老"指年老而色衰的婢妾。"桃花酿醋"的意象组合,雅谑新巧。整句意思是防止因纳宠引起"房老"嫉妒,作意十分切题,且意象鲜明生动,富于内涵,颇耐品味。第二联,"河东狮吼"的意象也很生动,用苏东坡嘲笑陈季常诗典,非常切题。但"河东狮吼"牌板[①],有陈词之弊,不如"桃花酿醋"新奇,且整句内涵单一,层次少,不如第一联耐品。第三联"星光三五"当出自《诗经·国风·召南·小星》"嘒彼小星,三五在东"。"三五",一说参三星,昂五星,指参昂;一说举天上数星。"小星"原本诉役夫

---

① 牌板,指用四字成语撰制诗钟,有陈词之弊。因牌匾多四字成语,故称"牌板"或"牌匾"。

之悲，近代有人认为是描写受冷遇的姨太太。此句切题稍晦，亦无鲜明的意象，仅就意象张力而言，不及第一、二联。

再看"春社"句。第一联，"桑柘"既指桑木、柘木，也指农桑之事，还暗含桑社春嬉古意，因此有丰富的意涵。唐王驾《社日》有"桑柘影斜春社散，家家扶得醉人归"句，可见用"桑柘"言春社极为切合。"桑柘连阴"意象方向性强，富有气势，以桑柘连绵的背景衬托春社"赛土神"宏大而热闹的场面。"赛土神"即赛祀土地公，元方太古《社日出游》诗云"村村社鼓隔溪闻，赛祀归来客半醺"。第二联，燕子因春社时来，秋社时去，故有"社燕"之称。但单以"墙、燕"两个意象言春社，尚嫌单薄，不够切题。第三联"日影横斜扶醉后"，从王驾诗脱化而来，故能切题，意象亦鲜明生动，富有张力。

6. 意象的创新

作诗贵在创新，诗钟作意之创新大多体现在意象组合的创新上。单个意象的创新则有两种情况；其一是创全新的意象；其二是旧的意象赋予新意，姑且称为"意象翻新"。前者如"复、年"二唱：

乍复杖瘢还抗疏，频年盾墨几封侯

上联"杖瘢""盾墨"意象的选择极为到位。"杖瘢"之意象前所未见，当属作者创新。以此说明庭杖刚过，伤痕初复，仍然直言上谏，刻画出一个刚正不阿，忠心耿耿，冒死抗疏的忠臣形象。"盾墨"即楯墨，指在盾鼻上磨墨，典出《北史》卷八十三《文苑列传·荀济》，荀济"会楯上磨墨作檄文"，后因以"楯墨"为文人从军研墨草檄的典故。古有马上封侯，未见盾墨封侯，下联作义由此而来。

又如"微、寒"一唱：

> 寒宵坐似沧浪里，微曙看犹混沌初

"混沌"是传说中盘古开天辟地之前天地模糊一团的状态。微曙之时，光线暗淡，天地朦胧不清，恰如混沌初开之时，这一比喻新奇巧妙，可谓神来之笔！以混沌喻微曙之景象，未曾得见，当属意象翻新。又如"文、墨"二唱：

> 摛文水面风初过，聚墨山头雨欲来

"摛文"原指铺陈文采，较为抽象。将风过水面产生涟漪喻作摛文，化抽象为具象，构思甚妙，亦是首创。

当今世界新生事物繁多，撷取新意象入诗是创新的有效途径。如"秋、谷"六唱：

> 蝇虎双裁惊谷蠹，江山一统焕秋蟾

"蝇虎"一词前所未见，只因反腐倡廉，"既打老虎，也拍苍蝇"，为百姓所称道。组词"蝇虎"虽是首创，却合乎逻辑，易于理解，无生造之嫌。

7. 联想出新

诗钟尚新巧，而新巧在于联想。联想是创新的起点，通过迁思妙想，将本不相干的事物勾连起来，顺理成章。杨文继在《七竹折枝诗摭谈》中列举了解放前在福州的一次钟聚活动，以合咏"曹操"、限嵌一"鹅"字为题。因曹操与鹅绝无关系，构思尤其困难，然而林绮赓作句云：

> 刱开司马东西晋，想吃天鹅大小乔

三国之争以曹操为赢家，然而"三国全归司马懿"，最后由司马家创立晋朝。下句借"铜雀春深锁二乔"之典，将曹操想得到二乔比为想吃天鹅肉。"鹅"字嵌得稳,且与"马"相匹对,天衣无缝,因此被满门词宗取为元句,成为构思巧的经典范例。

不同的事物或有相同或相类的特征,据此将二者进行勾连,这是联想产生的机制之一,姑且称之为"相类联想",亦即"异质同构"。如"心、事"四唱:

花悲世事凋还早,山笑人心险更多

上句的"花"与"世事"都有"凋"的特征,从花的凋谢联想到人事之凋零;下句的"山"与"人心"都有"险"的特征,以山势险峻联想到人心险恶。通过"早"和"多",则可窥见作者的情意。又如"求、是"四唱:

蛛巧难求丝暖世,鳄残偏是泪瞒人

此联创作亦巧在"相类联想",从蚕丝可以制服装为世人带来温暖联想到蜘蛛吐丝却难以"暖世"。

作句之巧妙虽然可以从案例分析中得到启发,但这种创造性的联想属于天机偶动,难以扑捉。正如清画家恽寿平在《画跋》中所说的:"笔墨可知也,天机不可知也;规矩可得也,气韵不可得也。以可知可得者,求夫不可知与不可得者,岂易为力哉?昔人去我远矣,谋吾可知而得者则已矣。"高妙之句的得来,虽以作者的生活境遇、审美经验和学识修养为基础,亦是天赋使然,所谓"神而明之,存乎其人"即是。如林则徐"陈、人"一唱:

陈迹浑如牛转磨,人情几见雀衔环

我们可以分析这种创造性联想的动机,却不能穷究动机从何而来,一如羚羊挂角,无痕可寻。再看陈宝琛"碧、鸡"二唱:

残碧殿秋犹有恋,老鸡知曙奈无声

公鸡打鸣、人老声衰本是寻常之事，巧的是作者能将二者联系起来，赋予新意，即暗喻老臣心有余而力不足。这种机警出自作者灵性，难以言传的，正所谓"上乘诗品妙难传"（台湾钟手林伯寿"无可上人"碎锦格钟句）。

除了"相类联想"，还有"延伸联想"。即以一个意象为起点，联想与其相关意象，再延伸出新的意境。如"夜、声"七唱：

情天可補填桥夜，苦海无闻唤渡声

情天是指爱情的境界，苦海是指尘世间的一切烦恼和苦难，也比喻无穷的苦境。情天、苦海之喻早已有之，诗人在此基础上充分发挥想像力，作进一步的阐发。通过联想将"情天—补天—鹊桥"勾连起来，翻出新意。下联则循着"苦海—摆渡—唤渡"展开联想，阐明要脱离苦海，无他人可以指望，唯靠自觉，颇有警世意味！

8. 角度翻新

诗钟作句忌"熟"。"文革"结束，改革开放之后，"三中"与"四化"成了钟手常用的对仗词汇，不管任何题材的折枝诗，几乎每次诗会都会出现几首含"三中"对"四化"的诗句，开始还感新鲜，多见就觉俗套。台湾钟手林熊祥云"一熟时文格便低"（"时、市"三四八叉格句）。因此诗钟作句力求新颖别致，不循前人之辙。前人写过的内容并非不能再写，但要力求下笔的角度不同，翻出新意。如"时、事"六唱：

吟诗骨到贫时换，对酒肠从乐事宽

"穷而后工"早有立论，宋欧阳修《梅圣俞诗集序》："世谓诗人少达而多穷，夫岂然哉！盖世所传诗者，多出于古穷人之辞也……盖愈穷则愈工。然则非诗之能穷人，殆穷者而后工也。"笔者亦曾有"合、作"一唱云："合于劫后情尤切，作在穷时句更工。"下句亦言"穷而后工",但远不及"吟诗骨到贫时换"句。此句构思角度之新在于借"脱胎换骨"言诗艺之蜕变,别具一格。古文中"穷、贫"二字有别,穷指处境窘迫,贫指经济拮据,但贫者必穷。

又如"俗、闲"六唱:

看山若对投闲客,写竹如迎脱俗人

写看山之诗句多多,但本诗上句构思却很特别,其一是将山比喻成客人;其二是不言自己是投闲客,反倒说山若投闲客。角度翻新,一反惯常的思维,颇似李白《独坐敬亭山》"相看两不厌,只有敬亭山"之诗意。

"临、感"三唱钟聚,众作手多从"人"的角度构思,动词的行为主体是人。有一联最受欢迎,句云:

黄菊感秋如我瘦,碧桃临水为谁妍

此作出自诗钟高手陈笃初,与人不同的是,"感秋""临水"的行为主体是菊和桃,独见新颖。

惯常的主题,若构思的角度独特,亦能翻出新意。现以写"月"为例,摘录若干钟句分析如下:

"微月露倪从一指",写月之例极多,多为空中之月,或圆或缺。此诗写初露月之端倪,角度新颖。以"一指"言露月之窄,独辟蹊径,新巧别致。

"海月知为何代物",不对月作具体描写,而是从设问入手,妙在以"朝代之物"看月,神思超逸,出乎意外。

"古月看同硕果存",古月今月本无差别,特以"古月"角度入手,已与大多写月之句拉开距离。写月譬喻多取象钩、眉、弓、舟、珠、镜,此句独以"硕果"喻月,令人耳目一新。

"诉愁翻恨月无言",以拟人写月本不新奇,此句特色是将月当作诉愁的对象,写出深度。"翻"字尤佳,可藉此推知由爱转恨的"象外之象"及所寄托的强烈情感。本句其实是写人,但借拟人之法赋予月生命,从侧面衬托月的"人性"。

9. 炼字

北宋张表臣《珊瑚钩诗话》指出:"诗以意为主,又须篇中炼句,句中炼字,乃得工耳。""炼字"又称"炼词",即根据内容和意境的需要,精心挑选最贴切、最富有表现力的字词来表情达意。其目的在于更贴切生动地表现人或事物。古人作诗,常常为"吟安一个字,捻断数茎须"(卢延让《苦吟》),这是炼字的真实写照。据说王安石《泊船瓜州》中"春风又绿江南岸"的"绿",初作"到",又改为"过、入、满"等十余字,最后才定稿。宋张先"云破月来花弄影"之"弄"、宋宋祁"红杏枝头春意闹"之"闹"也是炼字的典范。

关于炼字,有一段野史故事颇能说明问题:传说苏小妹、苏东坡和黄山谷三人曾在一起论诗,苏小妹说:"'轻风细柳,淡月梅花'两句中间各加上一个字,作为诗的'腰',成为五言联句。"要哥哥说出诗眼。苏东坡略加思索,随即说:"轻风摇细柳,淡月映梅花。"苏小妹说:"还算好,不过这个'腰'不够美。"黄山谷接着吟道:"轻风舞细柳,淡月隐梅花。"苏小妹说:"好是好了,但仍不属上品。"这时苏东坡忍不住了,问:"依小妹的高见呢?"苏小妹说:"兄长的'摇''映'二字,确实写出了柳的动态和月的皎洁,但山谷公的'舞''隐',要略胜一筹,因为'舞'是模仿人的动作,把柳的姿态反映得更加形象;'隐'是夸张写法,使月的皎洁更加突出。我要说的是:'轻风扶细柳,淡月失梅花'。"苏东坡、黄山谷听后,不禁鼓掌称妙。从这个故事可知,古人作诗,称五言第三字、七言第五字为"腰",因它在句中起承上启下的作用,至为关键。腰字常为动词,用得好能使整句生色。凡用得好的腰字,往往成为句中的关键字,有如人之眼睛,也称为"诗眼"。黄庭坚提出诗的"句中眼",即后来所指"诗眼",但不一定在腰字上,且与诗钟之"眼字"及"眼"的概念不同。

用字洗练是诗钟的一大特点,与唐诗宋词相比,诗钟的炼字有过之而无不及,或因一字用得妙顿使整句生色,这样的例子不胜枚举。例如"俗、闲"六唱:

纳枕流泉砭俗耳,上床明月印闲身

诗中的两个腰字"砭""印"用得极好。砭是古代用来治病的石针,一般与针并用。古人用针刺、石砭人体肢节经络以治病,故"针砭"成医治疾病之别称,比喻指出、批评、挽救弊病。上句将流泉视为砭,是因为泉处于山,未受污染,具有清净纯真的本色。而人处俗世,耳濡日久,必然染俗,于是作者设想用清泉来洗耳中之俗。但用"砭"代替"洗"更显高明,因为"洗"是大家都能想到的,"砭"在洗的基础上多了一层"医俗"的含义,更为深刻。此句也让人联想到许由洗耳的故事。下联"印"字也十分巧妙。一轮明月,清辉遍洒,月光犹如钤住床第悠闲之身。李白"床前明月光,疑是地上霜"为比喻,此君"明月印闲身"为拟人,更为别致,韵味隽永。试想,将此二字换作平常之字,作"纳枕流泉清俗耳,上床明月照闲身",就平淡无奇。可见炼字之重要。

除了腰字外,钟句中其他位置的用字也同样要讲究。如"俗、闲"六唱:

长日教人恬俗事,深山位我胜闲曹

上句腰字"恬"、下句第三字的"位"都用得很好。"恬"有安静、安然、坦然之义,"恬俗事"指安于俗事。不用"恬",改作"忙""缠""烦"等字,那就平淡了。俗事恼人,何以能安然?皆因长日俗事缠身无法摆脱,只好安于现状,顺应现实,最后棱角全消,逆来顺受,于是渐渐地坦然面对俗事,可见"恬"字之妙,且与"长日"互为照应。下句"位"不是指隐居、出家之"位",而是指入土之

"位",否则就不言"胜闲曹"了。"位"字是名词作动词用,意为"留位"或"让位"。前辈生活工作中十分注重论资排辈,座次有别,因此座位是身份的象征,而民间有"视死如生"的习惯,因此视深山之墓为死后之席位。这句是说深山为"我"留一席之"位",胜过阳间闲人。一个"位"字就将山拟人化了。至于说"胜闲曹",那是言外之意,需读者自己去想,诗味在其中矣!

易顺鼎《诗钟说梦》有一段关于诗钟炼字的叙述:"弢老(按,指陈宝琛)与余谈:王幼点'楚、牙'三唱句云'云归楚岫曾无梦,水冷牙台不再弦';'笑、浑'七唱云'名场恣哭何如笑,心境纵枯不遣浑',意以此为最上乘之作。又谓,'不遣浑'先本作'不肯浑'、'不使浑'、'不许浑',最后乃改'遣'字,下字之难如此。余亦颇赏此两句。"[1]由此可见前贤炼字之精。

诗钟炼字有何作用?体现哪些特点?试举例分析于下。

(1)新奇。如"南、二"一唱:

南朝树与僧同蜕,二月花同女及笄

"蜕"本指蛇、蝉等动物脱皮,引申为解脱、变化,用来比喻"僧人"之兴替,诗思超迈,新巧至极。

(2)凝练。如"马、江"六唱:

夺我股肱良马死,还君涕泪大江枯

"夺"表达了视良马为至爱和对良马死去的无比心痛;"还"暗示"君"对自己的恩惠或厚谊,表达"君"死无以相报的极度懊悔和哀伤。

(3)传神。如"厚、今"六唱:

落红绮陌飔今夜,积翠深林涨厚烟

---

[1] 萨伯森、郑丽生合撰:《诗钟史话》,1964年郑丽生手写本,第25页。

"飔"指风吹,亦指风声,用于描绘风吹花落,动感声感并出,生动而传神。下联描绘深林雾气浓厚,浓雾由内而外弥漫开来,用一"涨"字来形容,极富神韵。又如"高、袋"二唱:

渐高月影分千嶂,如袋江声裹一城

此联写景微妙,如在眼前。下句勾画出的景象是:江水环绕城郭大半圈,犹如布袋套住一城。诗人由此突发奇思,通过通感,想像江声也像布袋一样"裹"住一城,真乃神来之笔!

(4)深刻。如"青、高"三唱:

舞庭高烛江山暗,节府青樽郡县寒

此诗采用对比法,以"江山暗"与"高烛"(形容灯火辉煌的舞庭)对比;"郡县寒"与"青樽"(形容高贵府第的奢靡生活)对比,表达痛斥权贵奢华、同情黎民苦寒之情。用"暗""寒"二字,作义深刻,笔锋犀利。

10. 炼句

古代诗论家提倡炼字、炼句,认为"炼字不如炼句,炼句不如炼意",实则炼字、炼句的本质都是炼意。炼句是对整句的锤炼,比单纯炼字考虑的内容更多,包括炼字、修辞、句法、逻辑、文理、意蕴、意境等。

先谈诗的肌理。"肌理说"是清代学者翁方纲提出的诗艺论说。"肌理"一词原指肌肤的纹理,它是缜密而有规则的。杜甫《丽人行》句云"肌理细腻骨肉匀",这里借用"肌理"一词,意在注重诗作的缜密,避免空疏。诸如用字的准确性,组词的合理性,语言的逻辑性,字词间的相互照应和联系等,都应符合诗的肌理,不可似一盘散沙。用字的准确性和字词间的照应之例,如"诗、众"二唱:

大众眼明堪作尺,小诗句辣可为锋

单看"大众眼明"和"小诗句辣",句意尚可,但联系"尺"和"锋"时就觉得前后观顾不够。倘若改为:

大众眼明堪作镜,小诗句锐可为锋

这样显然更加合理,因为"镜"可以言"明","锋"可以言"锐"。而"尺"与"明","锋"与"辣"之间毫无瓜葛。

霞浦长溪诗社曾有一次集吟活动,要求作"归、访"三唱,笔者作:

双燕归时闻细语,数蜂访处驻清香

此联取者甚多。有人提议改"数"为"群",笔者斟酌之时,恰恰由"群"改为"数",原因何在?其一,若是"群蜂",其香当浓,而不是"清"香。其二,"访"字本带有"查寻"之意,换言之被访方当有一定的不可知因素。若用"群蜂",香当是很明显的,或者就是已知的,则群蜂"趋"之,而非"访"之,这样一来眼字反而不妥贴了。其三,就画面而言,"群蜂"给人的感觉是"躁"和"乱",不如"数蜂"清佳。

再谈句法问题。句法的实质是逻辑关系。以四三节奏的句式为例,前四字与后三字在意义上必须紧密相关。或承接,或进层,或衬托,或转意,总之不能使前后所云各不相干或勉强凑合,或后三字的意思仍停留在前四字的一层意思上,甚至重复前四字的意思。如"一、新"六唱:

国重仁谋尊一策,民歌廉政颂新风

上下两句都是后三字重复前四字的意思,粘滞不清。又如"百、群"一唱:

> 百技研精当巧手,群书读破有高才

百技能精当然是巧手,群书读破当然是高才,这本是不言而喻的。所以"巧手""高才"的意思都未超出前四字的含意,或者说就是重复原意,纯属续貂。若用"转意"的方法,可改为:

> 群书通读犹存惑,百技皆能每不精

改为转折关系后便翻出新意,不但意义更深刻,容量还扩大了。上述弊病在诗钟创作中颇为常见,如以下两联:

> 忠实无私官必正,谦虚有礼士当贤("必、当"六唱)
> 能重访查官必正,不思归顺寇何顽("归、访"三唱)

此两联四句中的三字尾均属无效的添足之笔。

再看"身、家"一唱:

> 家纵寒微犹敬老,身虽显贵尚忧民

单从"纵"与"犹"、"虽"与"尚"的字面上看,两句都属于转折关系,其手法似乎比前面所举的例子高明些。但细分析,这一转折关系并不存在,全属作者的一厢情愿。因为"敬老"本来就不与富贵成正比,"忧民"也不因地位高低而有区别,因此在句法的逻辑上是有毛病的。

再看"情、意"四唱:

> 不负友情存道义,欲循民意见精神

此联更属凑合。"道义"本指道德和正义,与朋友情谊实属两码事。上联并不写"道义之交"这一主题,将"道义"加在"友情"之后是"拉郎配"。下联"欲循民意"表达作者的心态,却无端加以"见精神"三字,让人难以理解,也属牵强之笔。

再说句法。诗钟的句法犹如书画的章法,善变章法则书画语言丰富多彩,善变句法则诗语玲珑活络。相反,一味用几种陈旧的句法翻来覆去,不仅读者生厌,作者也难提高创作水平。比如下列一唱折枝诗:

> 身似困龙悲项羽,情如去雁忆王嫱
> 人比镜明尊魏相,貌如花艳惜杨妃
> 字似瘦金夸宋主,文如大海慕韩公
> 节如磐石钦苏武,功比长城仰岳飞

四联句法何其相似?它们都出于如下模式:

> 本体—比喻词—喻体—作者态度—典中人物

继续用这种熟悉的模式造句,还可以写出许多用典诗句,但总给人"千篇一律"的感觉。举此例的目的是提醒作者(尤其是初学者)反省自己的诗作是否有这种"百篇相袭有陈词"(罗明祥"双、百"一唱钟句)的现象,加以改正,方法是多读前人的佳句,借以丰富自己的句法。比如中文句类主要有陈述、祈使、疑问、感叹,不妨将陈述改为疑问或感叹。如"中、伏"碎锦格:

> 江中借箭排疑阵,城上弹琴诈伏兵

此联属于叙述性句法,过于平实。可将"排"字和"诈"字改用虚字,使句子活起来。改为:

> 江中借箭原疑阵,城上弹琴岂伏兵

上述例子是以不改变原句大意为前提,倘若只要求保留句中主要用词,而从描写的角度、手法进行变化,创意灵活性将大大提高。现假定首字嵌"花"字,要求描写花香与风的关系,句中要体现"香"和"风"字,可作许多句子。如:

花朝人沐香风里；
花送阵香风断续；
花容未识香风引；
花外风传梦亦香；
花香月上风难使；
花冢风传香未瘗；
花残风过不闻香；
花动香容风软处；
花不香人风有意；
花香些许不劳风；
花瘦风前不弄香；
……

诗钟造句，为避免平淡无奇，常打破惯常的词序，使句子曲折而富有韵味，如"夜、天"六唱：

能容客几江天棹，不识人谁月夜箫

此诗将"几客""谁人"倒装成"客几""人谁"，其目不在于文理通顺或平仄协律，而是为了挽救句子的平淡。又如"前、下"六唱：

月难门及其前树，山与楼终以下江

上句说因为树的阻挡，月光难以照到门前。下句言观景，可有两种解读：其一，山边有楼，随着目光的横向移动，山逐渐移出视线，最终山与楼消失在视线中，接着看到江流远去；其二，目光从上往下移动，先是山，次是楼，再往下看到江流。此诗状物，内容较平淡，胜在造句技巧。通过虚字的调剂和"及门"的倒装，使对仗符合要求，使诗句曲折有味。

六、几种特殊句型

诗钟造句常有些特定的句型，现举例如下。

1. 就句对

指一句中安排两个对仗的词或词组，也叫"当句对"，它又有两种，一种是对仗的词或词组是相邻的，如"富、强"一唱：

> 强外干中悲纸虎，富文薄质耻金蝇

其中"强外"对"干中"，"富文"对"薄质"。另一种是两个对仗的词或词组是相隔开的，如"才、德"七唱：

> 乐把小文歌大德，恐将卑位屈高才

其中"小文"对"大德"，"卑位"对"高才"。

2. 流水对

流水对取水流不断的意思，通常是一个主题用两句来叙述，上下句意是连贯的，单独一句意思不完整。如：

> 好风不与周郎便，大雾空帮蜀相忙（"大、好"一唱）
> 但得重圆头上月，何妨暂缺眼前花（"头、眼"五唱）
> 但愿花开连理树，不教人唱断肠诗（"开、唱"四唱）
> 愿将天上长生药，医尽人间薄命花（"愿、医"一唱）

流水对主题是单一的，具有实用价值，语句也显得从容。但作为诗钟，上下句本具有分咏的功能，流水对改分咏为单咏，使得诗钟的容量变小，句子也显得单调。所以只能作为特殊句型存在，偶尔为之。

另有一种对句，介于"流水对"与"一般对"之间，如：

权大正声难采纳,位低歪理亦欺瞒("理、声"四唱)
大愤难忘沦陷日,好歌犹忆救亡时("大、好"一唱)
当溯何来叨厚福,莫迷所往葬今生("福、生"七唱)

既两句相对独立,又贯穿一起,兼有"分咏"和"单咏"的作用,值得提倡。

3. 重字句

这里所讲的"重字句"指一句中有两个或两个以上相同字的句子,分为三种类型:

(1)两个相同字相连组成"重叠字"的句子。如"醒、中"三唱:

明明醒眼诸无睹,仅仅中才百敢为

(2)两个相同字虽相连但却不相粘,而是分属前后两个词或词组,称为"顶针句"。其相同字大多出现在七言句中的四、五两位。如"发、扬"六唱:

冬雪压梅梅发蕊,春风拂柳柳扬眉

(3)相同两个字分置于一句中,称为"编篱句"。如:

大山挡路终成路,好水推舟或覆舟("大、好"一唱)
胆宜壮大心宜细,手患庸低眼患高("心、眼"五唱)

还有一句中用多个相同字的对句,但很少见。如"满、圆"七唱:

潮潮潮数今潮满,月月月当此月圆

此外还有上下句交叉位置用相同字的特殊句,更是罕见。如"看、论"三唱:

> 偏心论事原难正，正面看人反变偏

诗钟字数少，所以很讲究每个字的效用，一般很少重复用字。有的叠字用了并不见得增强主题感染力，反而削弱诗的气势；有的"顶针"省去一字，并不影响诗意，甚或更简炼，这些重字非但无效，反而徒增累赘，就不可取。当然，作为一种技巧，只要利于表现主题，也不妨采用。如以下"事、情"二唱的叠字就用得得当：

> 人情曲曲弯弯水，世事重重叠叠山

4. 太极句

太极图的特点是一阴一阳。所谓太极句，指将两个相反概念的字组合成联合词，置于句首，犹如太极中有一阴一阳。如"续、横"二唱：

> 断续钟声山半雨，纵横帆影月中湖

将"续""横"分别与反义词组成"断续"和"纵横"，恰似太极。

七、几种特殊节奏句式

诗钟句式当以四三节奏或二五节奏为"正宗"，偶尔也有其他节奏的"拗读句"，因它们不符合诗钟的吟唱节奏，读时拗口，严格来说，其中大多数是不合格的，不应提倡。这里只当作诗钟的特殊节奏句分述于下。

1. 第二字粘下的句子

如"大、好"一唱：

> 好拍马人皆有诈，大吹牛者最无能

2. 第三字粘上的句式

如"大、好"一唱：

> 大手笔推燕许辈，好姻缘赞孟梁俦

3. 第四字粘下的句式

如"先、老"四唱：

> 去恶当先求即日，立功莫老待来年

4. 第五字粘上的句式

如"大、好"一唱：

> 好梦共荣圈已破，大凶耻辱柱难移

5. 第三字粘上、第四字粘下的句式

这种句式是"拗读句"中最常见的一种，实际上是上述第二种句式和第三种句式的结合。如"龙、马"三唱：

> 请卧龙三分定局，归司马一统开基

以上列举常见拗读句式，其他拗读句式较为少见，不赘述。

第四章　诗钟鉴赏与修改

诗钟属于古典诗歌范畴，中国丰富的传统诗论中，有许多可以用作诗钟创作和鉴赏的理论工具。鉴赏与创作不可分疆而论，创作法往往也是鉴赏法。诗钟的评取、修改、赏析无不以诗钟理论为基础。此前，涉及诗钟创作与鉴赏的理论研究还很苍白，需要系统深入地探究与总结。

一、诗钟的品类

诗钟的种类繁多，通常可按题材和风貌细分。

1. 按题材分

诗钟的品类，若按题材，可分为言志、抒情、说理、论事、写景五大类，现就这五类各举一联为代表。

（1）言志类。如"敢、投"五唱：

　　　　边衅已深投笔起，中原未复敢家为

（2）抒情类。如"诗、旧"五唱：

　　　　过犹腹痛诗人墓，见亦心伤旧日楼

（3）说理类。如"中、后"六唱：

道无门户惟中立,过在君亲敢后言

(4) 论事类。如"家、事"四唱:

一诗言事能招祸,十载离家仅换贫

(5) 写景类。如"寒、微"一唱:

寒月芦花千百顷,微风桐子两三声

2. 从风貌分

若从诗的风貌看,大抵可分为如下品类:
(1) 神。神韵超逸。如"微、寒"一唱:

寒宵坐似沧浪里,微曙看犹混沌初

(2) 气。气势浑雄。如"天、马"六唱:

黄河冰块兼天下,白岳云绵夹马飞

(3) 味。诗味隽永。如"阑、此"四唱:

明月已阑焉置我,青山在此敢言官

(4) 理。理论完足。如"中、后"六唱:

未能养浩将中馁,稍自持盈或后亡

(5) 巧。构思巧妙。如"门、路"六唱:

鸡描竹叶柴门下,犬点梅花雪路中

(6) 谐。诙谐风趣。如"光、明"一唱:

光顶簪花皮受苦,明眸戴镜鼻含冤

或寓庄于谐。如"廉、直"三唱:

欲当直士头休缩,要做廉官手莫伸

(7)平。平实自然,不加雕琢。如"清平乐"鼎峙格:

平畴金浪农家乐,短笛清风牧子欢

或白如口语,意犹高峻。如"开、放"一唱:

开局如何看领导,放心与否问人民

(8)雅。优美典雅。如"曲、香"一唱:

香阁钟情花满镜,曲栏私语月三竿

(9)清。意境清新,一尘不染。如"南、高"一唱:

高花影外无垠月,南雁声中几点霜

(10)新。用新词汇,写新事物,令人耳目一新。如"大、好"一唱:

好座让人同是客,大孩扶老并非亲

(11)虚。避实就虚,别具一格。如"欢、此"四唱:

不知过此伊胡底,无以为欢可奈何

又如"长、老"六唱:

近犹不继安长此,壮者如斯况老来

(12)细。刻划入微,宛在其间。如"微、远"四唱:

船火忽微知海涨,筑声渐远觉诗遒

(13)丽。鲜妍瑰丽。如"三七渡厅"双钩格:

三篙水涨桃花渡，七宝栏围芍药厅

　　以上诗钟品类之划分，仅大体而论，绝难细分，因为诗钟之品类往往不是非此即彼。有些诗句风格很难用一字来概括，常有兼具几种特色者。如"寒宵坐似沧浪里，微曙看犹混沌初"，固然"神韵超逸"，同样能"诗味隽永""构思巧妙"。此外，唐代司空图《二十四诗品》用来概括诗钟风格，亦颇精当，其二十四诗品为：第一雄浑，第二冲淡，第三纤秾，第四沉着，第五高古，第六典雅，第七洗练，第八劲健，第九绮丽，第十自然，第十一含蓄，第十二豪放，第十三精神，第十四缜密，第十五疏野，第十六清奇，第十七委曲，第十八实境，第十九悲慨，第二十形容，第二十一超诣，第二十二飘逸，第二十三旷达，第二十四流动。

二、诗钟评取的方法

　　诗钟比赛的评委称为词宗，一般由诗钟创作高手或鉴赏行家担任。大凡词宗评取诗钟，首求合律，次查文理，再省嵌字，末取佳构。现以笔者评取"怀、念"三唱诗钟为例，谈诗钟评取的方法。

1. 首求合律

　　诗钟最基本的要求是合律，具体地说就是平仄、对仗、节律三个方面没有毛病，若三者之一不合要求，即可将其排除。以下就平仄、对仗、节律三个方面依次举例分析。

　　先看平仄方面，如：

季札怀仁诚为本，孟轲念义信当先
屈子怀才沧浪月，江山念旧楚国魂

仅从声律上看,第一联上句"为"是平声,平仄失律,不能对下句的平声"当"。第二联,上句沧浪之"浪"属平声,在本句中与"才"字平仄失替;下句"国"属仄声,也与"旧"字平仄失替。又如:

> 笔随怀素书狂草,乐伴念奴唱美声

其中"奴"犯孤平,有声病。

再看对仗方面,如:

> 三顾怀恩躬尽瘁,五关念义竭全忠
> 苏武怀忠冰窘寐,赵云念主搏重围

第一联,"尽"是动词,"尽瘁"是动宾结构;"全"是形容词,"全忠"是偏正结构,属对不工,犯"内外科"。第二联,"冰"是名词,"搏"是动词;"窘寐"是连绵词,"重围"非连绵词(属于偏正结构),均不相对。又如:

> 独恨怀疏求富术,尤憎念乏送穷方
> 孝子怀亲须此日,贤孙念祖在斯时

两联均出现上、下句意思一样(或近似),犯合掌之弊。尚有句尾以"传百世"对"续千秋"者,亦属同弊。

再分析节奏句式,如:

> 织女怀郎迢汉渡,王祥念母卧寒冰

上句"迢汉渡"属二、一节奏,下句"卧寒冰"属于一、二节奏,节律不对拍。又如:

> 以宽怀恕人之过,除杂念修己于疵
> 抱虚怀节效霜竹,除杂念心钦雪梅

两联均采用三、四节奏句式,由于第二字粘下、第四字粘下,不能按常规节奏吟作长音,所以也不符合诗钟的节奏句式要求。又如:

投笔怀忧民屈子,悬壶念济世孙公

属于二、一、二、二节奏句式,与七言律句的不同点在于:第三字独立,第四字粘下,第五字粘上(即四、五两字组词),若按常规的吟唱节奏(二、二、二、一或二、二、一、二)来吟诗,便不知所云,因此也不符合诗钟的节奏句式要求。

2. 次查文理

诗钟合律只是第一关,第二道关卡要审查诗句是否文理通顺。例如表意是否清晰准确,句子是否简洁顺畅,遣词有无生造别扭,观点是否正确合理,肌理是否严谨缜密。例如:

荣辱怀同三更梦,感情念比一瓣香

上句表达什么意思?让人摸不着头脑。下句"念"作为抽象的本体,不具备喻体"一瓣"的形象性,比喻显得生硬别扭,又因"感情、念"未涉及具体事物,表义不清,有隔靴搔痒之嫌。又如:

海角怀藏青发意,天涯念白赤心情

两句均不知所云,什么叫"青发意""赤心情"?生造别扭,文理不通。又如:

官无怀抱皆名利,人有念思尽子孙

古今好官不乏其人,怎能说所有的官都无怀抱,都是名利之徒?如果说上句还可解释作"官员如果没有怀抱,皆是名利之徒",那就有歧义了,同样是诗病。

> 忠臣怀国胸襟大，贤妇念家品德良

只要"念家"就算"品德良"了，那修德的标准就太低了。既是"贤妇"，当然"品德良"，后三字有重复之嫌。又如：

> 履约怀诚惟守信，践行念笃勿存疑

"履约"便已"守信"；既已"念笃"，何来"存疑"？因此"惟守信""勿存疑"纯属多余。又如：

> 忧乐怀今容继踵，唱吟念旧许回眸

"怀"带有追忆、怀念之意，故有"怀古"一词，"怀今"似无此说。怀今也罢，念旧也罢，没人阻拦，何需"容许"？"容"与"许"皆自我设局，多此一举。

> 学不怀疑难见性，修能念信见明心

学不怀疑可能是尽信书，抑或是缺少深思的结果，何以扯到"难见性"上？同理，仅有念信（"念信"不太通顺）而无行动，又何以能"明心"？若改为：

> 学不怀疑终识浅，修能念净或行深

当更合理，可见原句肌理松散，句子前后内容脱节，貌合神离。

3. 再审嵌字

　　折枝诗要求眼字稳妥，不着痕迹。由眼字组词而成的两个"眼"，力求对仗工整，不生造。"怀、念"二字在组词时，既可作动词，也可作名词，两个眼字的词性要一致。例如：

> 三顾怀恩匡汉祚，七擒念德服天威

眼字"怀、念"作动词，组成"怀恩"与"念德"，对仗工整，且眼字用

得准确、稳妥,为整句对仗工稳打下基础。又如:

会有怀虚同竹瘦,岂无念远与云高

眼字"怀、念"作名词,组成的"怀虚"与"念远",对仗工整,且"虚怀"言竹,"念远"言云也妥帖。相比而言,"怀"字嵌得牢固,"念"稍逊些,但也算站稳脚跟了。

治政怀应容骏骥,养亲念莫负蓼莪

这里采用吊眼法,眼字单用,在"怀、念"之后附以不及物动词,连缀后面的文字。吊眼法的眼字虽不组词,但一样要求嵌字稳妥。审其眼字,确已妥帖。但"蓼"仄声,于律不合。

"怀、念"三唱折枝诗中有许多眼字嵌不牢、眼字词性不对仗以及"怪眼"的病例。如:

花径怀香人影近,绣窗念梦月光知
天鹅怀唳长空舞,野鹤念恩大地飞

第一联之"念梦",第二联之"怀唳"均显生硬。进一步分析可知,"念梦""怀唳"均属"有眼",若将"念梦"易为"温梦","怀唳"易为"嘹唳"当更贴切,可见"念""怀"均未嵌牢。

少饮怀开微醉后,深交念在别离时
鹏飞怀志天犹窄,龙舞念珠地亦灵

第一联"怀开"之"怀"是名词,"念在"之"念"是动词,词性不对品。第二联"怀志"之"怀"是动词,"念珠"之"念"是动字转静字。或者说"怀志"是动宾结构,"念珠"(属于专有名词)是偏正结构,二者结构不对应。

此外,眼字"念"作动词组成的许多词,用在句中显得很生拗,如"念酸""念咎""念痛""念虑""念知"等,皆属怪眼。

4. 末取佳构

当筛去不合格律、文理不通和嵌字不牢的诗钟后,接下来着重从作意优劣来评价诗钟,进一步筛去平庸之作,去粗取精,评定等次。

诗钟是对仗、炼字、造句的高峰,力求构思巧、角度新、用字精、诗味浓。假如句子既合格律,文句也通顺,嵌字也没有问题,但句意很平庸,或空洞无物,或形同口号,或了无新意,这种貌似诗的东西,其实是披着诗外衣的口语,笔者斥之为"非诗",因其缺乏诗味。以下即"非诗":

十月怀胎娘困苦,三年念佛女虔诚

诗钟的评取受词宗鉴赏水平、知识储备、个人偏好和时间精力的影响,各词宗的评取结果有所差异是正常现象。以下就笔者评定的"怀、念"三唱折枝诗,于甲、乙、丙、丁等次中各举两例,略作赏析于下。

甲等者如:

望霭怀生山隐意,听潮念起海归心

此联眼字妥帖,对仗工稳,造句流畅。上下联一看一听;一言出世,一言入世;一个在国内,一个在海外,两相对比,铢两悉称。观山听潮,情景交融。作句肌理缜密,注重文字的前后观顾,由"霭"能"隐"物,进而联想到"山隐";由"潮"而"海",进而联想到"海归"。此联的诗味在于言外有物,能给予读者较大的想像空间。如读者会揣摩思隐的原因——是因世风浇漓,或因世路坎坷,或是绚烂之极复归平静,或思隐者有别样的人生境遇。又如设想游子海归之因——是因念家心切,或因国运日隆,或因报国酬志,或因海外困顿。

老至怀艰珍蔗境,孀居念洁畏瓜田

上句有"忆苦思甜"的意味,将"艰苦"与"蔗境"并置,通过对比的手法强化抒情话语的表现力。"蔗境"用词精当,仅两字即高度概括美好的生活,比喻富于美感。难能的是以"瓜田"对"蔗境",不仅极为工整,而且十分妥帖,因"瓜田李下"有避嫌之意,为免寡妇门前是非多,而畏涉"瓜田",以明洁身。造句顺理成章,通晓畅达。"蔗境"与"瓜田"意象的选择,为句子增色不少。

乙等者如:

绣阁怀夫传雁信,荆扉念子课熊丸

此联"绣阁"对"荆扉","雁信"对"熊丸",十分工整,用词也很妥帖。通过衬托的方法渲染气氛,加强语言的艺术效果。如以"绣阁"暗示昔日的美好生活,反衬怀夫的孤寂苦闷;以"荆扉"言家贫,反衬母亲望子成龙的心境。

三顾怀恩匡汉祚,七擒念德服天威

上下句均据典成文,皆言诸葛亮,因此兼有"专咏"的意味。眼字"怀、念"十分妥帖,对仗工稳,用字精准,如"匡、服"二字。两句作义并佳,重量相当。

丙等者如:

一饭怀恩酬漂母,千樯念德祀天妃

上句借韩信报恩之典,赞美人间扶危济困和"滴水之恩涌泉相报"的美好情感。下句言渔民对妈祖的崇敬,巧在祭祀不言香烛,而用"千樯",以"千"言信众之广,反证妈祖恩泽广被,同时意味着渔业丰收,暗示妈祖福荫之功。但此联"一饭"对"千樯",一小一大,一用典,一白描,有失衡之嫌。

大器怀容川万顷，小家念记地三分

上句表达成大器者必有大胸怀，通过夸张的修辞方法，加强说话的分量，化抽象为具象，易于读者理解。下句与上句形成"反对"，反衬"小家"胸无大志，求田问舍，只顾自己的一亩三分地。

丁等者如：

子美怀仁思广夏，文姬念旧谱胡笳

上联用杜子美《茅屋为秋风所破歌》"安得广夏千万间，大庇天下寒士俱欢颜"之句，中心思想在于宣扬儒家倡导的"仁"字。下联言蔡文姬谱《胡笳十八拍》，暗含怜惜才女，悲悯骨肉分离之痛，感叹战乱之苦的意味。"广夏"对"胡笳"欠工整。

竹以怀虚遗万箨，客因念远寄双鱼

上句言竹子生长中遗留下许多竹箨，但将"怀虚"与"遗万箨"说成因果关系似难成立。"怀虚"原有寓意，与竹箨关联却未能揭示世理。下句言寄信。古人寄信用两块鲤鱼形木板来捆扎信件，故称"双鱼"。怀人寄信之类的文字诗文多见，缺少新意。此联还存在上句无人，下句有人之弊。

所谓"取佳构"，两句皆妙自然最好。如"风、气"六唱：

史略功勋先气节，诗原情性次风裁

如果达不到两句并佳，则退而求其次，单句能妙亦属难能。如"雄、债"六唱：

有生我亦争雄者，未死谁非负债人

此诗下句说理精辟，言他人所未言。

如果两句都不见得很好，但一字用得妙，也是可取的。如

"心、事"四唱：

> 秋雨诗心淹客舍，夕阳画事落山家

上句"淹"字妙极，富于形象思维。秋雨绵长，水涨客舍，诗心亦如被水淹没了一般，顿生凄凉和忧愁。"秋雨"在诗中的作用就是"兴"，"淹诗心"则是"比"，比兴皆为衬托"愁"。

眼字用得独特，迥异于人，亦属可取。如"正、大"一唱，眼字对仗，易于组词配眼，正因如此，所配之眼易与人同。笔者曾在眼字之后配虚字"乎、否"，作：

> 大乎论绩衡非己，正否量官尺在民

此联取者颇多，皆因眼字用得独特。

诗钟评取还与词宗的鉴赏品味有关。易顺鼎《诗钟说梦》记述作者评取诗钟"诗钟优劣有不易名言者。余阅'炊、季'二字，取一联云'富贵一炊尘梦短，山河五季劫灰深'，将置第一卷，续又得一卷云'富贵一炊曾未熟，文章五季又何衰'，两卷并列，审定久之，乃置次卷于第一，而首卷移至第三四矣。一用实力，一用虚神，究以取虚神者胜。揭晓则取虚神者为阁学（按，指陈宝琛）卷。余益自喜所取之不谬也。"[①]从中可知，钟王易顺鼎取诗之讲究，亦可窥见其取诗的审美取向，以含蓄虚活为尚。

三、诗钟评赏的维度

诗钟鉴赏有其要素可循，诗论家有所谓言意论、情景论、意象论、兴趣论、神韵论、意境论等，本文着重从言意、情景、意境三个方面谈诗钟的鉴赏。

---

① 王鹤龄：《风雅的诗钟》，台海出版社2003年版，第225页。

1. 言、象、意

诗有三个层面——语言、意象和意蕴,可以作为赏析诗钟的三个维度。从语言上赏析,涉及声律、对仗、语法、修辞、文理。从意象上分析,可关注意象的形象性、生动性、新颖性以及意象的语言、结构等。从意蕴上分析,除了把握文本的表意外,还需体悟诗钟蕴含的神理,即所谓"言外之意""象外之象",乃至于"韵外之致""味外之旨"。

与诗钟创作相反,诗钟赏析时,言、象、意生成的先后顺序是言—象—意。从王弼阐发言、象、意三者之间的关系可知,言服务于象,象服务于意,得象而忘言,得意而忘象,可见意是终极目标。清王夫之《姜斋诗话》云:"无论诗歌与长行文字,俱以意为主。意犹帅也,无帅之兵,谓之乌合。"[①]不管创作还是鉴赏,意都处于统领地位。因此诗钟重在作意,以"作意绝佳"作为高位评价的依据。"作意绝佳"之"意"当包括意念、意蕴、意境,意念包含情感、志向、理念、思想、感悟等,可概括为情、理两方面。意蕴包含文本之意外,还包含"言外"或"象外"蕴含的耐人寻味的韵味与哲思,亦即"审美意蕴"和"智性意蕴"。"意境"是诗人借助意象的组构营造出来的情景交融的艺术境界与情调,是抽象的审美感受。

意念与意蕴有联系又有区别,意蕴包含意念,而意念则有"意"无"蕴"。例如"慈、长"一唱:

慈严殊用皆为爱,长短兼收各见才

此诗以说理见长,其意明白透彻,并无言外之意,属于有意无蕴。试看"鱼、色"二唱:

---

① 王夫之著,戴鸿森笺注:《姜斋诗话笺注》,上海古籍出版社2012年版,第45页。

是色是空无着相，非鱼非我总忘机

此诗亦说理，但含义深刻，充满佛家与道家的智性意蕴。

意境与意蕴，作为诗论用语，各有不同之用。例如上述两联说理诗，没有意象的参与，不存在"景"或"境"，也就不存在"情景交融"，因此难从意境入手来评析诗作，但意蕴却是存在的。

作意绝佳具体体现在哪些方面，姜夔的"四高妙"大体可凭。《白石道人诗说》认为："诗有四种高妙，一曰理高妙，二曰意高妙，三曰想高妙，四曰自然高妙。碍而实通，曰理高妙。出自意外，曰意高妙。写出幽微，如清潭见底，曰想高妙。非奇非怪，剥落文采，知其妙而不知其所以妙，曰自然高妙。"现各举例为证。

理高妙者，如"中、后"六唱：

未能养浩将中馁，稍自持盈或后亡

上句论述做人当养浩然正气，否则可能中道气馁。下句"持盈"指骄满。"满招损、谦受益"，古人已有立论，但作者将其提高到"身死国亡"的程度，翻出新意，此即"碍而实通"。两句均立论精辟，警世之言，振聋发聩，当为"理高妙"的典范。

意高妙者，如"形、池"三唱：

掷我形骸还造化，借人池馆过黄昏

"掷我形骸还造化"乃石破天惊之语！体现作者洞悉人生，透彻世理之后的潇洒旷达，具有深邃的哲思。"形骸"即躯体，"造化"即自然。"掷我形骸"意象生动，亘古未有。整句意指死后将自己的躯体扔到大自然中去。"掷"体现无所顾忌的态度，"还"表达"来于自然、归于自然"的哲思。"还造化"即与造化永恒，体现"返归本原的终极关怀"思想。《老子》曰"人之大患，在我有身"，《庄子》则曰"大块载我以形，劳我以生"。然生不能解脱忧患与劳苦,只待身后将形骸投之于造化了,这或是对老庄之言的觉悟?下句"池馆"代指富家居所,"黄昏"喻指迟暮晚年,因此其言外之意是,池馆纵好,皆非私有,人生一如过客,暂"借"池馆寄身而已,过完"黄昏",一切终还与他人。这是超脱还是慨叹,耐人寻味。上下句关涉生死的哲学思考,意味隽永。"掷、还、借"用字犹精,不失为杰作,令人过目难忘!

想高妙者,如"心、事"四唱:

大得吾心南菊好,藉扃世事一江横

"扃"即门闩(名词),亦指用门闩关门(动词)。将横江设想成一条门闩,藉此拦住门户,以阻隔世间俗事的侵扰,表达隐世之心,可谓构思奇妙,匪夷所思。

自然高妙者,如"一、长"五唱:

磬定风从长薄起,船过月在一溪流

此诗意象丰富,意境极佳。上联之"磬"当指大磬,诵经遇有段落变换时,须敲打大磬,令大众明了变换,或遇佛号特殊处,也敲打大磬,令众师知觉,或者合掌放掌,亦有敲大磬令大众得知的作用。因此"磬"自然让人联想到寺庙、僧人和诵经的"象外之象"。"薄"指草木丛生的地方,"长薄"则指连片的草木丛。诗人描绘的是禅寺和草木连片的景象,或许寺庙隐于草木之后。"定"则指磬声刚刚安定下来,之后则风"起",此一定一起,便有了时间延续的意象。"风从长薄起"其实是说风从长薄处吹来,于是又有看到草木摇曳,听到清风激物的意象,读者仿佛置身其中,境界全出。下联描绘月朗风清之夜,清溪流水,小船飘过的景象,妙在不言溪水流动而言月在流。月亮在水面的光影被水波揉碎,动荡不定,犹如月光跟着溪水流动一样,可谓想像高妙,神韵超然。船"过"之后,月尚"在"流,同样有时间上的延续性。上下两句均用白描的手法,不仅有声有色,而且景物随时间变化,因此描绘的不是单纯的三维图画,而是四维的音像效果。这样清幽的意境,唯有细细品读才能悟得。白石道人所谓"知其妙而不知其所以妙",其实就是意境美(或意蕴美)。此诗当是"自然高妙"的范例。

2. 情景论

对于诗的本质,古人有三种见解——言志说、缘情说、吟咏性情说。如《毛诗序》"诗者,志之所之也。在心为志,发言为诗",西晋陆机《文赋》"诗缘情而绮靡",南宋严羽《沧浪诗话》"诗者,吟咏性情也"。其后诗论家又归纳出诗之"二端",如明胡应麟《诗薮》"作诗不过情、景二端",清袁枚《随园诗话》"诗家两题,不过'写景、言情'四字"。至于情与景之间的关系,则有明谢榛《四溟诗话》"景乃诗之媒,情乃诗之胚,合而为诗""情融乎内而深且长,景耀乎外而远且大";清王夫之《姜斋诗话》"景生情,情生景,哀乐之触,荣悴之迎,互藏其宅"[①],"情、景名为二,而实不可离。神于诗者,妙合无垠。巧者则有情中景,景中情"。[②] 王夫之认为情景是相互生发的,分为三种——景生情、情生景和情景妙合无垠,并以后者为"神"。由此可见,抓住"情、景"二原质对诗钟展开赏评,当切中肯綮。然而,诗句中的情和景是交融的,不存在单纯的情和景。即便纯粹写景,也因景物意象的选取和组合,寄托诗人的情感倾向,因此情、景往往难以分疆而论。但情、景要有宾主之分,或写景为主,景中含情;或写情为主,寄情于景,所谓"抒情"与"写景",各有侧重而已。情与景的主次关

---

① 王夫之著,戴鸿森笺注:《姜斋诗话笺注》,上海古籍出版社2012年版,第34页。

② 王夫之著,戴鸿森笺注:《姜斋诗话笺注》,上海古籍出版社2012年版,第72页。

系,从创作动机看,情占主导地位。清李渔谓:"情为主,景是客,说景即是说情。"对于情与景的定义,当以王国维《文学小言》第四则所言最为清晰:"文学中有二原质焉:曰景,曰情。前者以描写自然及人生之事实为主,后者则吾人对此种事实之精神的态度也。故前者客观的,后者主观的也;前者知识的,后者感情的也。"至于情景论,王夫之可谓集大成者,其诗学主张见于《姜斋诗话》,对于诗钟创作与鉴赏有一定的参考价值,但有些观点未必适合诗钟。

(1)景论。王夫之认为诗中"景"有两个特征。其一是,景不唯自然风景,其内涵应扩大到人所处的环境以及人事活动,这与"意象"包括"物象"和"事象"一样。王夫之《夕堂永日绪论》内篇中指出,"烟云泉石,花鸟苔林,金铺绣帐,寓意则灵"。这里就将"金铺绣帐"纳入景的范畴。今人根据王夫之《诗广传》中"是故心者即目之内景也"句,认为王夫之将喜怒哀乐也视作"景",并引王国维《人间词话》"境非独谓景物也,喜怒哀乐亦人心中之一境界"作为辅证。其实王国维的"境界"与"境"是相同概念(境是境界的简称),但与"景"却不是一个概念。"境界"是诗人心灵境界对情、景二要素的观照,是诗人心灵境界的物化。因此将"喜怒哀乐"之类的抽象概念归属于"景",难以服人。至少在诗歌审美活动中,这些抽象概念难以让人展开形象思维的联想。其二是,强调诗中之景必是真实的眼前之景。写景言情要以"现量"为原则,也就是即景会心,情真景真,其目的是避免虚情。倡导一触即觉,不假思量的审美直觉和"身之所历,目之所见,是铁门限"的创作原则。

强调作诗要有真情,这无疑是正确的,但写景必"即景会心",未免胶柱鼓瑟,与艺术创作实践不相符。诗人写景言情通常有两种——触景生情和寄情于景,如果说前者是"即景会心",后者则不一定非要真景,也可以是诗人心中之景。就诗钟创作而言,由于常常是现拈眼字,限时创作,一般不会写眼前真景,但不妨碍寄景之情的"真",故而不能否定这种写景佳句。如"闲、俗"六唱:

竹外四围皆俗地,山间一缝补闲亭

此诗所写未必真景,上句当用苏东坡"无竹令人俗"之意。下句亦颇似苏轼《放鹤亭记》所描绘之景:"彭城之山,冈岭四合,隐然如大环,独缺其西一面,而山人之亭,适当其缺。春夏之交,草木际天;秋冬雪月,千里一色。风雨晦明之间,俯仰百变。"①诗与画一样,具有审美功能。写景贵在意境美,能给予读者联想,从中获得审美愉悦,从这一角度看,此诗当属好诗。王国维说,"有我之境,以我观物,故物皆著我之色彩",这种景已非自然真景。如"一、新"六唱:

大海初形原一勺,乔松始茁仅新荙

大海初形,犹如一勺之微,想像奇特,得未曾有。作者所写的是心中之景,不仅不"真",还带有"理"的成分,即体现意象的哲理性——浩瀚出于微渺,这种描写已超出王夫之的审美范畴。

王夫之将景分为"景中景""事中景"和"情中景",认为"于景得景易,于事得景难,于情得景尤难"。写"景语",主张景入情"总不使所思者一见端绪","取景含情,但极微秀。真富贵,真才情,初不卖弄艳奕也"。提倡的"景生情"须含情隐约而不露骨,避免"生入语",也反对写景参插理性判断。这一观点可否用作评价诗钟的标准?现以"夜、声"七唱二联分析之:

一雁驼霜归月夜,万虫咽露动秋声

---

① 阙勋吾、许凌云、张孝美、曹日升等译注,陈蒲清校订:《古文观止》,岳麓书社1988年版,第788~789页。

> 一萤可救无光夜,孤竹能传万籁声

第一联景中含情确能"微秀","不使思者一见端绪",大体符合"情景妙合无垠"的标准。第二联,"可救""能传"就不是"微秀"了,不仅见思者端绪,更是理性的判断。是否可以判断第二联为劣等?首先,说理是诗的功能之一,诗钟说理之作不在少数,不能因有理性分析就斥之劣等。其次,情求含蓄而不直露,是一种审美观,虽然在传统诗学中备受推崇,也值得倡导,但却不是唯一标准。以唯一标准评判多样化作品,则显狭隘。同样,以唯一标准规范所有创作,也会禁锢思维。"一萤"联写出作者的独特感受,能给予读者想像和回味,亦不失为好诗。

景有"大景"与"小景"之分,王夫之主张以"小景传大景之神",《姜斋诗话》云:"有大景,有小景,有大景中小景。'柳叶开时任好风''花覆千官淑景移'及'风正一帆悬''青霭入看无',皆以小景传大景之神。若'江流天地外,山色有无中''江山如有待,花柳更无私',张皇使大,反令落拓不亲。"[①]这种观点对诗钟创作是有益的。诗钟写景,仅七言就要描绘一幅图景,难度颇大,写小景则易于下笔。若只图描绘大景,泛泛而谈,易失于空疏,故"以小景传大景之神"为善。现就上述涉及的几种写景情形举例如下。

小景者,如"碧、霜"四唱:

> 萍根喷碧鱼苗长,稻穗箝霜蟹跪肥

大景者,如"海、洋"七唱:

> 十里白云如坠海,千山红叶欲烧洋

[①] 王夫之著,戴鸿森笺注:《姜斋诗话笺注》,上海古籍出版社2012年版,第93页。

大景中小景者，如"尖、直"七唱：

  飞来远浦孤帆直，突出群山一塔尖

大景而空泛者，例如"春、好"二唱：

  绝好山光偏傍晚，将春天气转添寒

上联写山色，下联写春天气候，皆因缺少"小景"之意象，难以催发读者的形象思维，也就难以"传大景之神"。

小景传大景之神者，如"秋、影"一唱：

  影飞天末孤帆度，秋满楼头一笛横

上联"孤帆、影飞"就是小景，然而通过"影飞、天末、孤帆度"的意象组合，让读者领悟到"孤帆远影碧空尽"的空远意境。"天末"则将人们的视线引向空旷江天的尽头，达到"小景传大景之神"的效果。下联不正面写秋色大景，而是借观秋色的"楼头"和如闻秋声的"一笛"这两个小景侧面写秋。着一"满"字，则是从登楼者的视野看秋色，意指满眼秋色尽收登楼者眼底。可见"传大景之神"，功在小景之意象。大景既可以是诗中之象，也可以是"象外之象"。此诗中的江天、秋色大景就是"象外之象"。

  (2)情论。王夫之认为入诗之"情"也要符合两个原则。其一是，情有雅俗清浊之分，诗中之情应是雅情、清情。生活中"悲愉酬酢"之类琐屑生活情感，是世俗"浊"情，此浊情"一入烂漫，即摒弃之。引气如此，那得不清"，倡导经净化、提炼而"清"的审美情感。所谓"导天下以广心，而不奔注于一情之发"，这是君子之情，而非一己私情。其二是，情借助景来阐发，故"情皆可景""景总含情""景语"即是"情语"，只不过景中含情的隐显程度不同。

  关于雅情之说，不妨举两例诗钟对照：

> 观海遽粗临事胆,望云偶动济时心
>
> 家纵不贫当事苦,死原非福及时佳

此二例为福建霞浦县解放前消夏吟社"时、事"六唱诗会最为出彩之作,为后学津津乐道。此次诗会共八门评取,每门取十联。"观海"联被三门所取,排名分别是一、一、四。"家纵"联被四门所取,排名分别是第二、二、七、八。其中两位词宗都将"观海"取为第一,"家纵"取为第二,可见"观海"比"家纵"略高一筹。揆其原委,第一联言"临事胆"和"济时心",当属君子之情,符合"导天下以广心,而不奔注于一情之发"的理念,故作意高峻,风骨为胜。第二联言当家之苦和平常之死,大体属"悲愉酬酢"之俗情,但因下句言死得及时亦佳,颇合世理,且为前人所未述之言,独出机杼,故亦擅胜场。只是不合雅情,气魄上比不过"观海"联,故排名稍逊。从中可以窥见,即便写的是俗情,只要作意绝佳,也是可取的。

王夫之《唐诗评选》说"用景写意,景显意微,作者之极致也",写"情语"反对"景外生情",主张"情语能以转折为含蓄者",这是强调寄情的含蓄,所谓"转折"即化情为景,化虚为实。以此观点分析诗钟。

其一如"水、花"一唱:

> 花梦已苏春雨后,水声微咽夕潮初

此诗用景写意的确"景显意微",情语含蓄。这是因为上联"花梦"一词含义婉约;下联"咽"字,为作者移情于物,但为什么感觉水声咽?作者并不明说,其情隐约,需读者感悟。

其二如"上、阳"一唱:

> 阳关柳折伤心地,上苑花簪得意时

此联中的"阳关柳折""上苑花簪"亦属于景(即意象中的事象),其用景写意的风格与"花梦"联迥异。"伤心""得意"皆言情直白,若单从含蓄的标准审视,此联的确不如"花梦"联,然而其在抒情透彻方面却更胜一筹。

王夫之主张以反衬法写情,"以乐景写哀,以哀景写乐,一倍增其哀乐",这种观点在诗钟中亦可找到例证,如"鬣、银"七唱:

感逝春山松已鬣,慰贫穷巷月如银

月色如银本是平常的比喻,但作者由月光之银色联想到金银之银,大发恻隐之心,让"银"去济贫,从而慰藉穷巷之人。但月光之银原是虚幻,这一美好的愿望终究落空,因此更加深对穷巷贫民救济无望的失落感。

写情贵求真,反对虚情,真情方能深切感人。如:

宗国事非人有恨,故园春尽鸟无声("鸟声非故国"碎锦格)
　诗书历劫残篇少,社稷成墟隐痛多("诗、社"一唱)

以上两联分别出自日据时期的台湾钟手谢汝铨、傅锡祺,因日本殖民者对台湾的镇压和对汉文化的压制,触景生情,有感而发,情真意切,故而感人至深。末代帝师陈宝琛有"钟圣"之称,其"孤、得"六唱:

难宽死后存孤责,敢负初心戒得年

清廷灭亡时,他正在当幼年溥仪的老师,所以说有存孤之责。下联用孔子"老年之时戒之在得"语意。后来他赞成张勋复辟,而后不在伪满政府任职。这些志虑都在钟句中可见。

王夫之的情景论排斥说理,是其缺陷。诗人的情意不惟"情",还有"理"的成分,否则言志、说理就不算诗了。"情"的概念其实是"意",以"意"来涵盖"情"更为全面。后人多以"意象"

论诗,而抛弃"情语、景语"之说,这是一种进步。古人以"情"作为二端之一,或因抒情在诗中占有绝对的分量。

(3)情景交融。王夫之认为情景相互生发有三种情形——景生情、情生景和情景妙合无垠。现以诗钟为例说明。

景生情者,如"东、垂"一唱:

> 东去江河滋感逝,垂凋花树最伤迟

上下联皆触目伤怀,故属于景生情。

情生景者,如"寒、微"一唱:

> 微虫沟洫犹争长,寒鸟江湖不乱群

此联作于解放前福州地区刘和鼎、卢兴邦战争时期。上句讽刺刘、卢争战。下句以寒鸟比喻志行高洁之士,属于寄情于景。

情景妙合无垠,最为神妙,如"回、答"四唱:

> 流水不回千里梦,故山空答一缄书

此联借流水、故山写感逝怀乡的深切之情,情与景交融一体。正如王夫之所说的"情景名为二,而实不可离。神于诗者,妙合无垠"。

王夫之还认为,"含情而能达,会景而生心,体物而得神,则自有灵通之句,参化工之妙。若但于句求巧,则性情先为外荡,生意索然矣。"[①]可见他反对雕琢求巧,批评贾岛的"推敲"。作诗觅句历来有两种不同的观点,一是自然兴发,二是苦心经营。唐王昌龄大体主张自然兴发,其《诗格》云:"自古文章,起于无作,兴于自然,感激而成,都无饰练,发言以当,应物便是。"唐皎

---

① 王夫之著,戴鸿森笺注:《姜斋诗话笺注》,上海古籍出版社2012年版,第97页。

然则持相反意见,他在《诗议》中指出:"或曰:诗不要苦思,苦思则丧于天真。此甚不然。固须绎虑于险中,采奇于象外,状飞动之句,写冥奥之思……但贵成章以后,有易其貌,若不思而得也。"其所撰《诗式》中也有相同观点:"取境之时,须至难至险,始见奇句。成篇之后,观其气貌,有似等闲不思而得,此高手也。"诗钟创作是遵循前者还是后者?笔者赞同皎然观点。诗钟作句求新、巧、奇、警,诗圣杜甫说"语不惊人死不休",自然要苦思。笔者曾作"诗、联"一唱:

诗似探骊偏爱险,联如合璧必求工

此即是赞同皎然取境"至险见奇"的观点。前辈诗钟作手不乏奇警之句,皆非轻易可得。看似轻灵的笔调,却饱含苦心孤诣。何为险?有诗为例,如"青、高"三唱:

辱多青眼贫无改,死尽高才世乃安

出语任性乖离,但自辟蹊径,足与其他高手平分秋色。

3. 意境论

中国古代诗论颇为丰厚,影响较大者,如殷璠的风骨说、严羽的兴趣说、王士禛的神韵说、袁枚的性灵说、沈德潜的格调说、翁方纲的肌理说、王国维的意境说。以意境评诗古已有之,如明朱承爵《存余堂诗话》说:"作诗之妙,全在意境融彻,出声音之外,乃得真味。"大力标举并深入探讨意境的是王国维,《人间词话》说,"沧浪所谓兴趣,阮亭所谓神韵,犹不过道其面目,不若鄙人拈出境界二字为探其本也","言气质,言神韵,不如言境界。有境界,本也;气质、神韵,末也。有境界而二者随之矣"。袁行霈认为,王国维所指的意境与境界是同一概念,意境有时也称境界。他指出:"王国维高出他们的地方,就在于他不仅注意到诗人主观情意的一面,同时又注意到客观物境的一面;必须二者交融才能产生意境。"①

"意境"一词发端于唐王昌龄的《诗格》,王昌龄率先提出"诗境"说,将诗境分为物境、情境、意境。但其所指的意境是狭义的,与后来广义上的意境不同。意境说之"境"比情景说之"景"的容涵大得多。陈伯海《意象艺术与唐诗》中指出:"'景'仅限于诗中物象,'境'则包括'物境'、'情境'、'意境'等不同的类别……'意与境会'一说当比'情景交融'有更大的包容性和可行性。"袁行霈对意境的研究亦多灼见,他在《中国诗歌艺术研究》中指出,意境包括诗人之意境、诗作之意境、读者之意境,对意境作如下表述:"意境是诗人的主观情意与客观物象相互交融而形成的,足以使读者沉浸其中的想像世界。"②作为诗钟鉴赏,侧重从诗作意境与读者意境方面赏析。

用意境评诗钟首先要明确几个观点:

其一,学者对"意境"一词内涵的理解并不统一。例如"意境"与"境界",有人认为是两个不同的概念;有人认为是同一概念的两种表述;有人认为是相近概念,后者是前者的补充。又如,"意境"作为诗歌的评价维度,是否具有统摄地位?黄志浩、陈平认为"诗歌理论的整个体系实际上都是围绕着意境的创造与接受来建构的"③,意境论适合所有诗歌,其理论依据是王国维"境非独谓景物也,喜怒哀乐亦人心中之一境界",认为意境本身包含"意"与"境"。袁行霈则认为意境并非评价诗歌的唯一标准,因为有的诗用抽象概念写成,并无意境。之所以有不同的观点,是因为对意境内涵的理解不同。笔者无意于此类理论研究,但意境是诗钟评价的理论工具,必须廓清内涵,为我所用,故采

---

① 袁行霈:《中国诗歌艺术研究》,北京大学出版社2009年版,第26页。
② 袁行霈:《中国诗歌艺术研究》,北京大学出版社2009年版,第46页。
③ 黄志浩、陈平:《诗歌审美论》,凤凰出版社2012年版,第93页。

取"择善而从,一以贯之"的策略。本书采用袁氏的意境论。

其二,意境虽非意与境的简单加和,但仍可从意与境两大要素加以分析。境生于"意象群",对于仅有七言的诗钟单句,意象群是单薄的,能否产生意境?回答是肯定的,从大量诗钟佳句中可以得到印证。例如"远、行"七唱:

云树苍茫双鹭远,海天寥阔一舟行

此联的意象为云树、双鹭、海天、一舟,虽然意象密度较低,但却描绘出苍茫寥廓的画面,让双鹭、一舟在广阔的背景中逐渐远去,读者的心绪随着视线引向遥远虚无的天际,沉浸在清远虚静的氛围中。由此可见,即便七言单句,只要意象结构经营得好,也能产生意境。

其三,意境既然与意象群有关,那么抽象的说理诗就不存在意境。其次,意境的生发还与意象群的结构有关,有意象未必一定有意境。因此,意境并非评价诗钟的唯一标准。例如,"山、月"七唱:

吾道已行明此月,斯人虽死重如山

此诗没有意境,因此难以用意境评价,宜转用"意蕴"来评价。

其四,意境是有风格与品质的。诗钟意境的风格完全可以借用司空图《二十四诗品》来分类。诗钟品质的高低与作者对意境的深化、拓展、创新有关,还与炼意(外显为炼字、炼句)有关。此外,因诗人的思想境界不同,使意境呈现个性化特征。例如,前辈诗钟高手林天遗的钟作构思奇警,诗味隽永,每有惊人之语,如:

明月已阑焉置我,青山在此敢言官("阑、此"四唱)
掷我形骸还造化,借人池馆过黄昏("形、池"三唱)

诗钟意境的高品质,大体可以概括为新、巧、奇、警。四者居其一,便可称善;四者兼备,可称神品。此例当推"天、我"五唱:

海到无涯天作岸,山登绝顶我为峰

此联可视为诗钟(折枝诗)的代表作,亦是知名度最高的诗钟作品。除了作者传为陈宝琛、林则徐、沈葆桢(原作者实为甘少潭,见《雪鸿初集》)的原因之外,还因作品兼备新、巧、奇、警的优点。观海无涯本是寻常之景,却能引发"天"为岸之想,新巧而奇妙,或喻示这样的道理:能变通才能迎来新的前景。登山凌巅亦属常景,而以"我"为峰不仅新巧,更是奇警。其揭示的哲思是:经过不懈的努力,最终能超越高标,变仰视为俯视,使自己达到最高境界。此诗以气骨胜,充满豪迈、自信、憧憬之情。这种意境对读者而言是一种超越。

读者的意境是一种感受,袁行霈对这种感受的分析颇有见地,他认为:"这种感受,如果笼统地说,可以称之为沉浸感。暂时忽略了周围的一切,视而不见,听而不闻,整个心灵沉浸在一个想像的世界之中,得到美的满足。"①袁氏将这种感受归纳为熟稔感、向往感、超越感。

熟稔感基于读者的审美经验,这种审美经验往往是模糊的。当诗句的意境与读者心中既有的图式相契合时,这种审美经验便被唤醒,获得心灵上的共鸣,沉浸其中而得到快乐。如"海、山"一唱:

海樽无波恬客梦,山田一雨沸农歌

审美经验可以是直接的,也可以是间接的。就渔民和山农而言,上述画面是熟悉的,自然能引起共鸣。对大多数的读者而言,虽

---

① 袁行霈:《中国诗歌艺术研究》,北京大学出版社2009年版,第43页。

然未亲历感受,但能通过旅游、影视、绘画、摄影、歌曲、文学作品等形式,间接地认知这种情景,不自觉地在心中预存相关图式,这是产生熟稔感的内因,诗句所营造的物境则是激发意境的外因。

关于向往感,袁行霈的解释是,"一种混合着惊讶、希望与追求的感觉。一种新的生活,新的性格,对人生、宇宙的新的理解,忽然展现在眼前,既夺目又夺心,使人兴奋而愉快"①。例如"山、日"六唱:

荒苔鹿迹寒山静,疏荻鱼标落日明

上联为隐幽山居之所见,下联为闲暇垂钓之景,这种静谧悠闲的林泉之乐,对于身处尘嚣的大多数人来说,无疑是令人向往的,意境便因读者的心迷神往而产生。

超越感,指人格或智性上超越而获得的喜悦感。诗人为读者开辟了一种境界,读者步入其中,心扉顿启,心中的苦恼、困惑、名利、怯懦便被抖落,因而超越故我,使自己变得更为纯净、智慧和自信。例如"山、日"六唱:

等侬慈母青山在,逾失佳人白日过

此诗上句说青山犹如慈母,人死后葬于青山,浑如依偎在慈母的怀抱。不仅构思新巧,更体现对死亡的达观,充满智性。与"掷我形骸还造化"句作比,均体现"源于自然、归于自然"的思想,"掷我"句显得放任、洒脱,"等侬"句则显得安宁、恬适。这样的诗句能令读者精神超凡升华。

刘禹锡所谓"境生于象外"并非指境不借助象而自发生成,

---

① 袁行霈:《中国诗歌艺术研究》,北京大学出版社2009年版,第44页。

而是"境生于象而超乎象"①。这种"超乎象"除了诗钟创作采用意象的比喻、象征、暗示作用外,意象的独特结构激发读者的想像空间,产生难以言说的意蕴或情调,也是"超乎象"的。例如"山、橹"三唱:

不见山容连日雨,但闻橹响满溪烟

这两句既可以是独立的,也可以视为流水对。诗中营造出雨雾迷蒙,山不见容,溪不见岸,但闻橹响的朦胧景象。正因为烟雾氤氲,更易勾引读者对隐蔽景物的无限想像,橹声顺溪而来又为读者的联想提供了线索。这些联想与想像既模糊又丰富,使诗充满意蕴,诗境笼罩着幽远朦胧的情调。

诗之意境有有无、深浅之别。意境借助意象营造而成,有意象才有意境。意象的选取和组构不同,是造成意境深浅的原因。对于钟句而言,怎样的诗境才富于意境呢?以下观点可供参考。

(1)自然景观比人造景观、人事之景更能感受到意境。

(2)就自然景观而言,清远、幽寂、朦胧之景更具意境之美。如"微、寒"一唱:

寒月芦花千百顷,微风桐子两三声

此诗写景清远、幽寂、自然,富有情调,意境优美。那么,朦胧之景的意境美由何而来?略作分析于后。朦胧并非看不见,而是部分看得见。审美经验告诉我们,山水景观若带有云雾会显得更美,更有"诗情画意",这就是意境美。云雾会增加美感——因为云雾会使画面凸显形式美、含蓄美、变化美和质感美。其一,由于云雾的遮掩,使得清晰的图像变得模糊,山、树等景物被简化成剪影,人们不再关注图像的内容细节,而不自觉地转向关注

---

① 袁行霈:《中国诗歌艺术研究》,北京大学出版社2009年版,第46页。

画面的构成，浓与淡、虚与实、起与伏、疏与密等要素的对比更加凸显，形式美得到强化，观者更易获得视觉形式美感。其二，雾的遮掩使一览无余的景物变得朦胧，含蓄之美出现。朦胧的景物会增加神秘感，扩大观者的想像空间，使观赏者在"畅神"中作种种设想，生发出"象外之象"和"象外之意"，于是从"视觉美感"转为"心理美感"，形式上的简洁反而丰富了意蕴内涵。其三，在真实的情境中，由于变化无常的云雾能幻化出各种景象，促使观者对将要呈现的美景产生期待，对将要过去的美景充满留恋，这就是变化之美。此外，云雾轻柔的视觉质感让人联想到棉花、轻纱的柔曼，进而产生亲和之感。这些美的综合形成意境。

（3）意境不可简单地理解为"情景交融"，而是诗境与意蕴的综合。诗境之外的意蕴越丰富，意境越深化。

（4）生动、鲜明的意象及其组构和传神、凝练的炼字易于彰显意境美。如"莺、梦"六唱：

满衣花露听莺返，一榻梨云拥梦来

第一句写的其实是事象，人物形象用笔绝少，仅"衣（湿衣）、返"二字而已，"花、露、莺"都是"象外"的吉光片羽。但这些意象组构成"满衣花露听莺返"后，却给人生动鲜明的艺术形象，引起读者对"返"之前的"听莺"情景展开想像，意境油然而生。第二句，梨花如云，拥榻而来，形象何其鲜明！"拥"字生动传神。虽是一角镜头，未见全景，但如此优美的诗境不免催发读者对镜头以外的"象外之象"以及诗中人的梦境产生诸多联想，品味意境之美。

四、诗钟评赏之辨析

本节就诗钟鉴赏中的诗理与物理、歧义与多解、误用与误解、言外与象外、别材与别趣展开辨析，旨在帮助读者廓清认识，提高诗钟鉴赏力。

1. 诗理与物理

诗钟忌违理,作意不能自相矛盾,不合事理。但诗钟评赏若全以物理来权衡却是刻舟求剑,缘木求鱼。北宋沈括评杜甫《古柏行》诗句"霜皮溜雨四十围,黛色参天二千尺",指责诗中的古柏"无乃太细长乎",因为他计算出四十围"乃径八尺"。这是以精确的科学记数来解诗,拘于生活真实,使解读陷入误区。现实生活中确有类似情况,笔者常应邀为朋友的盆景、根艺、奇石命名或配诗、作文以诠释题意,某友将其树木盆景命名为"惯看秋月春风",有人提出异议,秋月可看,春风何以能看?这实在是说"外行话"。其解读诗词的方法与沈括相同,结果自然是南辕北辙。其实"看春风"是化虚为实的表现方法,在诗歌创作中比比皆是,若不懂诗家语,又岂能与诗人心灵共振?

诗是语言的艺术,是情意的载体,情意是感性的,感性与理性常常是矛盾的,因此诗家语往往呈现为反逻辑、反现实,甚至于荒诞。这种现象虽不合物理,却符合诗理,属于"合理之违理"。诗钟鉴赏应持艺术(而非科学)的眼光。例如"万、天"一唱:

万籁送秋来客里,天风吹梦落人间

梦是虚无缥缈的,怎么会被天风吹到人间?又如"梦、衣"六唱:

欹枕橹声摇梦破,推蓬山色上衣青

山之青色怎么会染上衣衫?这完全不符合事物之理。然而,正是这种奇妙的幻想,使得诗句充满意趣,彰显出独特的艺术张力,这是运用化虚为实的表现手法。

再看"朝、自"二唱:

> 峰朝岱岳如环笏,河自昆仑始滥觞

上联描述的群峰环绕岱岳的景象并非现实。但泰山为五岳独尊,因此设想其他山峰拱卫,一如群臣拥君,玉笏环绕,这是符合诗理的。唐皎然论作诗有"取境"和"造境"之说,前者重"观物""故得其形",后者由"观物"而反观"心源",通过"变造"万象,达到"象忘神遇"的境界。上联之景象实为诗人造境的结果。再如"腾、跨"三唱:

> 云海腾飞骄银燕,星河跨越起神州

以目前的技术水平,神舟飞船是不可能跨越星河的,"跨越星河"只是诗人的想像。若以事实批评此诗,则失之于"凿"。

诗钟鉴赏要避免以己度人,读诗贵在能出入诗人之心。入诗人之心,则如晤对诗人;出诗人之心,则诗境开阔。"落、青"一唱云:

> 青山大半埋名士,落日无非恋故人

或有读者不同意诗人观点:青山大半埋凡人,埋名士能有几多?落日恋人固然是移情,但怎么就只恋故人呢?如此评诗就落入"以己度人"的窠臼了。读诗还需入诗人之心。上联作意缘于作者倾慕名士,故仅从名士的角度着笔;下联作意是因作者当下最挂念故人,仅从恋故人角度下笔,两句皆在情理之中。诗歌既然是"缘情"的,必然带有作者的个人感情色彩。如"时、事"六唱:

> 除却钓竿佳事鲜,剩兹酒盏老时豪

第一句的观点,除了钓鱼爱好者外,恐怕没人赞同。但从作者的角度看,却是成立的,因为酷爱钓鱼,除此无趣,得出"除却钓竿佳事鲜"的结论,也在情理之中。

诗钟鉴赏还要避免以今律古。例如：

家贫渐觉亲朋少，病久常遭婢仆欺（"久、贫"二唱）
远书久绝梦犹恋，新婢初呼名尚生（"远、新"一唱）

如果认为"婢仆"体现旧社会的腐朽，据此批判此诗，那就失之偏颇了。旧时婢仆普遍存在，不违法律与道德。今人赏析前人诗作难免涉及旧时实况，须设身处地，不以今人的标准规范古人。

2. 歧义与多解

所谓歧义，指因造句不顺畅，造成读者有悖于作者原意的解读，即所谓的"反误"，这是作诗之弊病（当然，也可能问题出在读者身上），如"海、洋"七唱：

历经曲折终归海，顿觉卑微叹望洋

下句原意是，面对浩大的海洋，顿时感叹自己的渺小卑微。但读者完全有可能解读为，自己卑微渺小，因而望洋兴叹。

与歧义不同，多解指诗句可以有多种解读，有可能超出作者的原意范畴，即所谓的"正误"。多解不仅无损于诗的解读，反而能丰富诗的内涵。因此，清谭献谓："作者之用心未必然，而读者之用心何必不然。"[①]造成诗句解读"发此义彼"的原因是多样的，如词语的多义性、意象的跳跃性、诗句的浓缩性、结构的开放性。如"玉、仙"二唱：

珠玉在前形自秽，神仙无分骨终凡

"珠玉"比喻并非单一，可以指妙语，也可以指美好的诗文，或者指丰姿俊秀的人。因此上句可解读为：在善言者的妙语连珠面

---

① 谭献：《复堂词·序》，华东师范大学出版社2010年版，序。

前,自感言语拙劣;或在美如珠玉的诗文面前,感觉自己的诗文相形见绌;或在丰姿俊秀者面前,自惭形秽。

又如集句诗钟:

花气暖浮千嶂雨,秋涛横卷半江云

下句可以理解为:江涛横卷,连带倒映在半条江上的云影也翻卷起来了。也可以理解为秋涛横卷,好像连带着将覆盖半条江上的云也翻卷起来了。也可以将"卷"视为互文,即秋涛横卷,半江上的云也横卷。这种解读或许超出作者的原意,但丰富了诗的意涵,属于"误读"中的"正误"。童庆炳《文学理论教程》认为,正误是"指读者的理解虽与作者的创作本意有所抵牾,但作品本身却客观上显示了读者理解的内涵,从而使得这种'误解'看上去又切合作品实际,令人信服",可见"正误"是有益的。

3. 误用与误解

诗钟的创作与鉴赏不比新诗,需要一定的学养基础,尤其是文史知识的积淀基础。然而,学如浩海,难以穷尽。《庄子·内篇·养生主第三》云:"吾生也有涯,而知也无涯。以有涯随无涯,殆已!"因此,并非只有饱学之士才能涉足诗钟。初入诗钟之门者,只要善于学习,亦能提高创作与鉴赏水平。

因诗钟多用典,作者或读者如能谙熟典故,则创作、鉴赏自能游刃有余。诗钟作者偶有误用典故之例,例如"理、声"四唱:

孔丘道理唯三省,杨震名声在四知

"三省"出自《论语·学而》,曾子曰:"吾日三省吾身——为人谋而不忠乎?与朋友交而不信乎?传不习乎?"《论语》为孔子的弟子及其再传弟子编撰而成,作者未作考证就误以为孔子语。此联宜改作:

> 曾参义理唯三省,杨震名声在四知

苏伟庭《古松骚风》曾分析"闲、俗"六唱:

> 劳薪太薄宁闲住,誓水犹忘况俗交

指出:"上句从表面看似乎说工薪太菲薄闲不下去。但查'劳薪'从未作工薪用,若与'誓水'相对,亦欠工切。《世说新语》:'荀勖尝在晋武帝坐上食笋进饭,谓在坐人曰:'此是劳薪炊也。'坐者未之信,密遣问之,实用故车脚。'按,旧时木轮车车脚吃力最大,使用数年后,析以为烧柴,故云。清黄仲则《杂感》诗之三:'文倘有光真怪石,足如可析是劳薪。'即指此。"①

《古松骚风》分析诗钟还有一例:"夜、声"七唱:

> 双行银烛合欢夜,一曲铜琶写恨声

苏伟庭云:"银烛:《辞源》解为'喻明亮之灯光',后来多指白色蜡烛。王维《早朝》'银烛已成行,金门俨驺驭',李白《夜别张五》'听歌舞银烛,把酒轻罗裳'。以上所称银烛均与合欢夜无关,只有唐朱庆馀《近试上张水部》'洞房昨夜停红烛,待晓堂前拜舅姑'之红烛适合于合欢夜。因红烛之红色惯用为喜事吉庆之色,而忌用白。可能与折枝诗讲究对仗有关,如以红烛之'红'是对不上下句铜琶之'铜',格律束缚太紧,也难怪削足适履。此况似可适当放宽。"②这一分析十分在理,"银烛"确属误用。

与作诗误用典故相反的是,读者误解诗中用词,多因望文生义。如"醉、春"六唱:

> 宿酒未销余醉颊,微波一转逗春心

---

① 苏伟庭:《古松骚风》,新视野文艺出版社2016年版,第14页。
② 苏伟庭:《古松骚风》,新视野文艺出版社2016年版,第82页。

此处的"微波"有可能被初入诗道者误解为微小的水波,其实这里的"微波"是"秋波"微动之意,比喻美女的眼睛清澈,所谓"眉如青山黛,眼似秋波横"。读诗误解多见于初学者,如认为"劳燕"指劳苦之燕,"龙马"是龙与马两种动物。遇有疑问宜多查证,可免误解之弊。如"黄、虎"七唱:

之野妇犹雄搏虎,于田叔已擅乘黄

按字面,"妇"会误解为妇女,"叔"会误解为叔叔。其实"妇"指搏虎能手冯妇,古男子名,《孟子·尽心下》:"晋人有冯妇者,善搏虎。""叔"指共叔段,《诗·郑风·大叔于田》:"叔于田,乘乘黄。"

  笔者初读车万育《声律启蒙》"两岸晓烟杨柳绿,一园春雨杏花红"句,以为"杨柳"应是杨与柳的联合,属于联合结构,与偏正词"杏花"不相匹对,于是认为《声律启蒙》白璧仍有微瑕。然而《雪鸿初集》亦多类似对仗,如:

寒雪梅花孤鹤瘦,晚风杨柳一蝉高("晚、寒"一唱)
梅花消息逢君问,杨柳风光望堉回("回、问"七唱)
杨柳市桥风力软,杏花门巷雨声多("软、多"七唱)
梅花梦破宵如水,杨柳烟消日正高("水、高"七唱)

杨柳究竟指什么,是一种植物还是两种植物?《诗·小雅·采薇》"昔我往矣,杨柳依依;今我来思,雨雪霏霏"中的杨柳,及其以后的许多文学作品都将"杨柳"一词指作柳树。事实上古今辞书及其注释对"杨柳"一词的解释颇为复杂,有指一种树的,也有指两种树的,还有指两大类树的。《尔雅·释木》:"杨,蒲柳。"汉许慎《说文解字》:"柳,小杨也。"段玉裁注为:"杨之细茎小叶者曰柳。"后人认杨柳为柳树,大体与说文的广泛影响有关。既然如此,杨柳对仗梅花、杏花也就顺理成章。

4. 言外与象外

关于言与意的关系有三种不同的观点——言不尽意、得意忘言和言尽意。论诗有所谓"言外之意"之说,自然是基于前二者。因为言不尽意,所以需要感悟来获得更为完整之意,因此,严羽提出"以禅悟诗"的观点,得意忘言则为诗的鉴赏提供了一种巧妙的方法。得其意,忘其言,沉浸在想像的世界中,享受鉴赏的乐趣。诗歌语言具有多义性,例如象征义、双关义、深层义、情韵义,这为言外之意的获取提供了可能。例如"大、寒"三唱:

每从大处落吾笔,未肯寒时更此衣

上句的表面意思好像说撰文绘画须从大的格局着眼,亦喻示处事当有全局眼光。下句"寒时"喻处境窘迫之时,"衣"象征操守、信念。意指尽管处境窘迫,但仍然不肯放弃操守与信念,可与孟子之"富贵不能淫,贫贱不能移,威武不能屈,此之谓大丈夫"互为参读。此诗需借助象征义读出其言外之意。

又如"竹、鸡"七唱:

隔绝尘氛窗外竹,唤醒大梦枕边鸡

"大梦"喻指不切实际的空想,枕边鸡声则象征警世之言,犹如警钟。

又如"厚、今"六唱:

送炭可征君厚意,抱冰已懔我今生

送炭象征在困难之时施以鼎力之助,抱冰指坚守素心。

诗钟之作意,最好的方法是,既诉诸言内,又寄诸言外。充分发挥语言的启发、暗示功能,唤起读者的联想,细细玩味诗的意趣。言外之意有时表现为双关义,如"争、不"二唱:

> 花争送客纷纷落,月不抛人步步随

花瓣纷纷下落,其实是以花拟人,落花即是落泪。花草尚且多情,何况人乎?"月不抛人"则是双关语,意在指责人被"抛弃",感叹人不如月。

中国古典诗歌的语言,经过无数诗人的加工、提炼和创作,涌现出大量富有意涵的词语,这些词语除了本身的意义外,还渗透诗人的情感与韵味。诗钟鉴赏应从这些词语中理解和感悟到其中的情韵。如"秋、雨"六唱:

> 汉宫掩泪看秋扇,蜀道伤心听雨声

诗中之"秋扇"有其专用。《辞源》"秋扇"条注:"《文选》汉班婕妤《怨歌行》:'新裂齐纨素,皎洁如霜雪。裁为合欢扇,团团似明月。出入君怀袖,动摇微风发。常恐秋节至,凉风夺炎热。弃捐箧笥中,恩情中道绝。'扇至秋则无用,喻妇人因年老色衰而见弃。《乐府诗集》四三南朝梁刘孝绰《班婕妤》:'妾身似秋扇,君恩绝履綦。'"可见秋扇喻指失宠之女人,是因炎夏用之,凉秋藏之的缘故。这就可以理解为什么"汉宫(失宠之嫔妃)掩泪看秋扇"了。

诗的解读须透过表象领悟"象外之象"和深层含义,例如"香、海"三唱:

> 心疑海水添宫漏,梦共香烟出画帘

漏是古代滴水计时器。"宫漏"是指元顺帝创造的漏壶,这种漏壶因为有日、月两宫,故名"宫漏"。以海水来添漏中之水,说明漏滴的永久,实指时间漫长。时间的长短会因心境的不同而有别。愁苦、孤寂者,倍感时间漫长;欢愉、陶醉者,则感觉时间飞快。那么,因何孤寂愁苦呢?"宫漏"(亦可理解为宫廷之漏)为我们提供了解读的线索。诗云："一入深宫里，年年不见春。"在百无聊赖中，听到宫漏不停的滴水声，心绪烦乱，而孤寂之愁永难排遣，伴老终身，这才是诗句的深层义。下句"梦共香烟出画帘"是形象化的描写，其隐藏义余味深长，可以是梦者对帘外情人的思念，也可以是梦者对帘外风景的留恋，还可以是梦者对帘外家乡与亲人的遥思等。只有通过这种想像，窥测象外之象，才能理解此句之"隐秀"，从而获得赏诗之乐趣。

诗歌创作强调"超以象外，得其环中"。诗钟单句仅七字，由言生象是有限的，但却能通过联想和想像延伸出"象外之象""象外之境"，唯此才能在鉴赏中获得丰富的审美体验，享受读诗之乐。例如"古、寒"一唱：

古剑犹留湖海气，寒灯最有雨风情

此诗上联给予读者时间、空间上的延伸。"古"已言历史之久远，"气"则指剑气，亦指剑主豪气，由此让人联想剑之主人皆英雄豪杰，代代相传。"湖海"言地域之广，亦含"江湖"之义，让人联想剑侠行走天下的无拘和豪气，飘泊的艰辛和无悔。下联"雨风情"指雨风之夜勾起与友人灯下谈心的怀人之情，或者是雨风之夜与故友相叙寒灯下的情愫。"与友相会"便是象外之象，而"寒灯"则含有情韵义。

5. 别材与别趣

严羽在《沧浪诗话》里有一段著名的诗论："夫诗有别材，非关书也；诗有别趣，非关理也。然非多读书，多穷理，则不能极其至。所谓不涉理路，不落言筌者，上也。诗者，吟咏情性也。盛唐诸人惟在兴趣，羚羊挂角，无迹可求。故其妙处透彻玲珑，不可凑泊，如空中之音、相中之色、水中之月、镜中之象，言有尽而意无穷。"①所谓"别材"指特殊的、别具一格的体制或内容;"别趣"指诗歌特有的意趣。"趣"指韵味、滋味,就是感到"很有意思",并非指"滑稽有趣",它给予读者的感觉是愉悦、惊喜。"兴趣"是严氏诗学的核心概念,非指"兴趣爱好"。"兴"即"比兴""兴象",意象寄托,引申指含蓄、意此言彼的韵味;"趣"是诗歌难以言说的味道,两字均指向共同的内涵,后面的"羚羊挂角"到"镜中之象"均以意象解释"趣"的不可言状。既然趣是难以言状的,那就要靠悟来感受,因此严羽说:"大抵禅道惟在妙悟,诗道亦在妙悟,且孟襄阳学力下韩退之远甚,而其诗独出退之之上者,一味妙悟而已。"②

别材与别趣是诗歌区别于其他文体的核心要素,是辨别真诗与"非诗"的基本准绳。创作上主要体现在"不涉理路"和"不落言筌"。"不涉理路"就是不抽象说理,不用逻辑思维,而是用形象思维;"不落言筌"指不受语言的制约,于言外求意趣,最通俗的解释就是"言有尽而意无穷"。

与其他艺术门类一样,诗钟鉴赏水平是审美经验、生活经历和知识学养的综合体现,"非多读书、多穷理,则不能极其至"。要感受诗钟之美妙,必先熟悉诗之"别材",培养诗歌的语感,积累赏析经验,进而"妙悟"诗钟之"别趣"。诗钟之别材与格律的制约有关,格律上表现为平仄、节奏、对仗等;诗思上侧重形象思维;语言上注重含蓄和启发性,忌直露,忌太凿、太滞;句法上体现"反常合道",其中最主要的特征是意象的跳跃性和词序的反常性。以下结合诗钟实例加以分析。

"不涉理路,不落言筌"者,如"别、灯"一唱:

---

① 严羽著,陈超敏评注:《沧浪诗话评注》,三联书店2013年版,第21~24页。

② 严羽著,陈超敏评注:《沧浪诗话评注》,三联书店2013年版,第6页。

别后春愁深似海,灯前秋梦渺于烟

上句的核心意是"春愁",但生发于"别后",因此让人悟到愁中交织着别离之苦与春残之忧。下句的核心意是"梦",但未言明梦是悲是欢。然而着一"秋"字,暗示梦有愁情。"灯前"亦有提示作用,既是当下之景,抑或梦中往昔之景,大抵梦境之事发生在灯前。愁与梦都是抽象的,借"深似海""渺于烟"的形象思维,就使抽象变得具体可感了,这就是"不涉理路"。对于愁与梦的暗示和启发作用,大体就算"不落言筌"了。

诗有别材者,如"世、风"三唱:

荆楚风骚香草句,李唐世界牡丹花

该诗两句的特点是前四字与后三字之间缺少过渡性的词语,初看似略显生硬,然而,这正是"别材"特征之一——意象的"跳跃性"。对过渡性语言所涵盖内容的识读,恰恰是领悟此诗丰富内涵所必须的。"荆楚风骚"当指屈原之诗,其后要用三个字概括屈原诗的风貌,颇为困难。屈原之诗多用"香草"喻指高尚的人格,拈取"香草"二字来概括其特点,十分妥帖。李唐一代英才辈出,人文荟萃,何以单言牡丹花?显然作者取唐明皇与杨贵妃的风流韵事作为唐代代表性事件,体现选材的典型性和意象的鲜明性。牡丹喻指杨玉环,不仅因"国色天香"(唐人李正封咏牡丹句"国色朝酣酒,天香夜染衣")的花王地位与贵妃相匹配,还因杨贵妃貌可羞花,羞的就是牡丹花。李白亦以牡丹赞美杨贵妃"云想衣裳花想容"。由杨贵妃引发的一系列故事,甚至影响李唐的国祚。因此,此诗催发的联想十分丰富,这也揭示诗歌启发性的特点。对诗句的解读是读者的"二度创作",需对诗涉及的背景和知识有所了解,否则鉴赏将无从下手,因此严羽说"非多读书、多穷理,则不能极其至"。

又如"家、弟"三唱：

> 谁堪弟我惟尊石，意欲家之为买山

从语法上看，此诗有两个特点（这两个特点其实就是严羽所说的"用工有三"中的"字眼"与"句法"）：其一，"弟、家"二字皆转品，即名词转作动词用，是诗中字眼。其二，词序颠倒、语法反常。上句化用米芾拜石的典故，意思是：（问）谁堪以我为弟？（答）唯尊奇石。用平实的语言应该是："我尊拜奇石为兄，奇石堪以我为弟。"下句意为："买山为了安家。"从此例可知，诗钟鉴赏必须具备"诗家语"的语感，否则难以领悟个中妙趣。

诗有别趣者，如：

> 都无头绪愁交集，才有情芽梦即萌（"交、即"六唱）
> 愁绪解于樽酒畔，诗魂曳入橹声中（"酒、声"六唱）

第一联下句不直说相思情，而是将情比喻为芽，又因为芽会萌发，于是进一步联想到在梦中萌发，其实是说梦中思念情人。这是借助曲喻的修辞法，运用形象思维表达情思。第二联下句"诗魂"相当于"诗思"，属于抽象概念，然而却能被橹"曳"入，与橹声相混和，这是化虚为实。"萌情芽""曳诗魂"显得生动有趣，令人兴味盎然。上述两句想像奇妙，其趣易于感受。然而，诗钟亦有平中见奇者，如"人、水"二唱：

> 远水船从天际落，故人书自日边来

上联意境全在一"落"字。"落"本非真，乃是虚写，但却将水远、船速、流急、落差大，概括性地表现出来。此句的景象可有二解：其一，行船远去，落于天际外；其二，船从天际而来，落于眼下。如果说此句富于形象性，易于读懂，那么下联就要靠"悟"了。下联妙在"日边"。书（指书信）自日边来只是一种设想，但来自"日边"的书就带上"日"的情感色彩。因此,对书的期待就如同每天迎来日出一般,含有翘首以待的意味,此其一。日是遥远的,因此书也是遥远的。古时交通极为困难,远地传书绝非易事,因此含有珍惜书信之意,此其二。日是光明温暖的,因此故人寄来的书信也充满温暖的情谊,书中慰语让人心室顿然敞亮,此其三。由此可见,诗中或有含蓄之意,全仗"妙悟"所得。

严羽的兴趣说建立在中国古代诗歌崇尚含蓄的基础上。刘勰《文心雕龙》提出"隐秀"的概念,"隐"与后来讲的"含蓄"近义,不同在于,强调"义生文外""以复意为工"。"秀"相当于后世讲的"警句"。司空图《二十四诗品·含蓄》云"不着一字,尽得风流",这句话被后来的诗论家频繁引用,与严羽的"言有尽而意无穷"一起,成为注解诗歌含蓄最经典的名言。含蓄诗钟之例如:

诗与梅花争骨瘦,梦随孤桴入烟深("烟、骨"六唱)
落叶响中千古寺,夕阳明处六朝山("明、响"三唱)
风雨温衣长路酒,冰霜满指故山弦("指、衣"四唱)
垂死花犹期一顾,东流水似答长叹("东、垂"一唱)

严羽论诗最推崇"入神",《沧浪诗话》云:"诗之极致有一:曰入神。诗而入神至矣!尽矣!蔑以加矣!惟李杜得之,他人得之盖寡也。"[①]严氏所谓"入神",并非指一种风格,适用于他所说的九种诗品。清王士禛继承严羽的诗论观,大力标举的"神韵",已窄化为一种风格和唯一的评诗标准,走入死胡同。对"入神"或"神韵"的理解很是玄妙,只能理解为"兴趣"的最高境界,呈现为可悟而不可言的韵味。神韵说适用于赏析写景诗,有其独到的作用。诗钟神韵之例如:

---

① 严羽著,陈超敏评注:《沧浪诗话评注》,三联书店 2013 年版,第 20 页。

寒宵坐似沧浪里，微曙看犹混沌初（"微、寒"一唱）
归路忽从云罅出，万山都向雨余看（"山、路"二唱）
渐高月影分千嶂，如袋江声裹一城（"高、袋"二唱）
半龛鸟粪无僧寺，一撮人烟似瓮城（"僧、瓮"六唱）
万树梨花春有泪，一江芦苇月生毛（"江、树"二唱）
压船山影何曾重，入枕溪声不碍喧（"船、枕"二唱）
船火忽微知海涨，筇声渐远觉诗遗（"微、远"四唱）

兴趣说是一种审美观，并非诗歌评赏的唯一标准，不适用于说理诗和直抒胸襟、痛快淋漓的诗钟评价。

五、诗钟的修改

前人改诗不乏其例，"吟安一个字，捻断数茎须""两句三年得，一吟双泪流"都说明前辈诗人"推敲"之严谨。诗钟篇幅短小，既要合律，又要避忌，还要求佳构，并非轻易可得，更要修改，才能化璞为玉。诗钟的修改当注意四个方面，分述于下。

1. 先求合律

凡平仄、对仗不合律的都属此例。先谈平仄不合律句子的修改方法（诗句大意不变），大体有以下七法：

（1）用平仄相反的同义字替代。如"日色"改为"阳光"，"芙蕖"改为"菡萏"，"雁"改为"鸿"，"竹"改为"筠"，"路"改为"途"，"城"改为"邑"。与此相类的另一种方法是以"局部"代替"整体"，如以"橹"代"舟"，以"翎"代"鸟"。或以"别名"代"正名"，如"月色"改为"蟾光"，"故乡"改为"桑梓"。

（2）颠倒平仄两字联合词的顺序，使其合律。如"风雨"改为"雨风"，"山海"改为"海山"，"金玉"改为"玉金"，但须注意两点：一是颠倒后的词意思不变。比如，"云雨""图画""精神"等联合词都不能颠倒，否则词义改变。二是在使用中较为固定的联合词也不宜颠倒使用。比如，"肝胆""情义""金石""书画"等词，若颠倒成"胆肝""义情""石金""画书"就显别扭，当属生造词。

（3）把平仄不合律的字改为平仄合律的其他相类字。如改"梅"之耐寒为"菊"之耐寒；改"竹"之劲节为"松"之劲节。

（4）删改字词，使平仄合律，句意有所变。如"风雨"改为"风狂"，"月色昏"改为"月尤昏"。

（5）更改词序，把平仄不合律的字调到"一、三不论"的位置，部分文字也或随之更改。

（6）改变"三字尾"的平仄按排（上下句也相应对调），以避孤平。就是说，当"平平仄仄平平仄；仄仄平平仄仄平"中的第二句第三字用仄声，使其后的第四字孤平时，可以改变两句三字尾的平仄，变成"平平仄仄仄平平（作下句）；仄仄仄平平仄仄（作上句）"。

（7）通过"五字拗救"使平仄合律。当下句的第四字出现孤平时，可以把上下句的第五字平仄互调，变成"平平仄仄平仄仄；仄仄仄平平仄平"。如"官、人"一唱：

人长无恙苦犹乐，官不在严廉自威

其中"苦"与"廉"两个字的平仄与原格律相反，属于上下互调，这种"拗救"能避免"严"字犯孤平。

综上所述，现试举一改诗的例子。如"几、长"一唱：

长沾雨露花容秀，几经风雪竹节坚

其中"经"与"沾"、"雪"与"露"的平仄不相对仗。

改法之一是将"经"改为"历"，"雪"改为"霜"，即：

长沾雨露花容秀,几历风霜竹节坚

改法之二是将"风雪"颠倒成"雪风",改"经"为"历",再颠倒两句的三字尾(避免"风"字孤平),上下句对调,变成:

几历雪风坚竹节,长沾雨露秀花容

改法之三是"竹节"改为"松节","花容"改为"菊容",上下句对调,其他用字也随之改变。如:

长经冰雪知松节,几历风霜美菊容

或作:

长抗雪风松节劲,几经霜露菊容娇

或用"拗救句"作:

长经冰雪识松节,几历雨风怜菊容

改法之四是删改句中一两个字。如:

几遭骤雨花容瘦,长顶狂风竹节坚

或者再删去"容""节"二字,补以虚字,使句子圆活。如:

长夜雨欺花更瘦,几年风折竹犹坚

再谈诗钟对仗不协的常见毛病修改。

三足蟾者,如"三、二"一唱:

三潭映月星临水,二塔凌云地接天

"月、星、云"三字同为天文,四足差一,畸形须整。改为:

三潭映月蟾潜水，二塔凌云笔绘天

有人对无人者，如"夜、声"七唱：

诗敲卧榻新春夜，风拂松林细雨声

上联有人，下联无人（"卧"与"松"动静相对，亦犯忌）。将上联改成无人，使上下联相协调，作：

满天萤火辉星夜，一谷松风作雨声

结构不对者，如"三、二"一唱：

三春雨水滋天地，二月风花郁世间

"天地"联合结构，"世间"偏正结构，对仗不协。改为：

三春雨润地茵厚，二月花飞天幕妍

词性不对者如：

作画常含田野韵，发言尤忌老生谈

"田野""老生"虽然都属于偏正结构，但"田"属名词，"老"属形容词。诗钟对仗不仅双字词（或词组）须对工整，分解后的单字也要对工整。改为：

作画尤钟清野韵，修辞何苦老生谈

动静相对者，如"三、二"一唱：

三角恋情多痛苦，二心听戏不欢娱

恋情之"恋"属静字（"恋情"属偏正结构），听戏之"听"属动字（"听戏"属动宾结构）。改作：

　　　　三角情中多苦酒，二心枕上少甜言

又如：

　　　　三峡猿催孤棹影，二泉月映断肠声

"孤"对"断"犯"内外科"。改作：

　　　　三峡猿啼飞棹影，二泉月引断肠声

　虚实相对者，如"野、生"六唱：

　　　　仲谋不似何生子，颜躅全真愿野流

"何"虚字，"愿"实字，匹对不协。改为：

　　　　仲谋不似何生子，颜躅全真本野流

　包含关系相对者，如"三、二"一唱：

　　　　三冬院落寒梅艳，二伏层峦柏树香

"梅"别称，"树"总称，树包含梅，故"梅"不对"树"。此外，"寒"形容词，不对名词"柏"，再则柏树亦无香。"二伏"与其后内容联系不紧，属于"冇眼"。改作：

　　　　三冬诗骨同梅瘦，二月春心共杏妍

　犯合掌者，如"未、堪"五唱：

　　　　牡丹怒放堪称美，茉莉盛开未显妍

"怒放"对"盛开"犯合掌，且此二词在句中作用不大，徒占要津。"开"字犯孤平。改为：

牡丹叶衬堪称美，茉莉香传未斗妍

节奏不协者，如"落、流"蝉联格：

报晓鸡声催月落，流年花事应春开

其中的"月"字粘下，"春"字粘上，即"催月落"属一二节奏，"应春开"属二一节奏，上下联节奏不一。另外，上联的描述是违理的。拟改作：

历古月仍随序落，流年花自应时开

以"划上下"法判节奏简明有效。但节奏的本质是前后字词间的内在联系，或称"照应关系"，不可不察。如上例原句中"落"的是"月"，"开"的却不是"春"，而是花。

又如"海、诗"六唱：

雾敛霞光烘海日，花摇月影动诗情

下联委婉典雅，属四三节奏。其中花、月、影的相互关系是，月照花而成影，风吹花而影动。上联则是二五节奏（因为"雾敛霞光"文理不通），且雾、霞、光之间不具有上述的关系。如改为"霞焕日光烘海宇"则与下联节奏一致。

又如"未、堪"五唱：

喜有晨风堪破浪，更无夜雨未归人

"晨风"粘上，"夜雨"粘下（"无"的对象非"夜雨"，而是未归之人），而"晨"与"堪破浪"无必然联系，改"晨"为"好"更合于言"堪破浪"。拟改作：

帆借好风堪破浪，骑逢美景未归山

又如"前、进"一唱：

  前鉴常思车有路，进修每觉学无涯

上句应是四三节奏（若作二五节奏为"前鉴｜常思车有路"就说不通），而下句是二五节奏。改为如下四三节奏就相称了：

  前鉴常思车始稳，进修不辍识常新

2. 顺通文理

  凡不符合逻辑、牵强附会、文理不通、是非颠倒者皆属此例，试举例说明。

  "前、进"一唱：

  前奔四海清泉意，进谒千家明月心

其中"四海"用词不当，因为"四海"不是"大海"的意思，而指区域之大。应将"四海"改为"大海"，虽对仗略欠工整，但终不损词意。又如：

  进度速时尤要稳，前程安处不忘危

"前程"指欲往而未达之路程，既是尚未到达的路程，就尚未出现"安""危"的局面，何来"安处不忘危"呢？显然逻辑不通。若将"不忘危"改为"在思危"尚可说得过去（可以解释为"前路之所以能安稳，在于预先能思危"）。

  "树、人"一唱：

  树大全凭根蒂固，人贤唯重德才兼

只知瓜有"蒂"，不知何树也有"蒂"？应将"蒂"改为"柢"字。又如：

>　　树立高峰根始固,人居陋巷志方明

用"始"字和"方"字,把问题绝对化了,明显不对。应改"始固"为"必固",改"方明"为"宁穷"。

"月、波"六唱:

>　　风平海上微波静,云密山头皓月寒

"风平""静"与"微波"自相矛盾;山头既是"云密"又怎见"皓月"?可将原句改为:

>　　雾薄山头寒月影,风平海上失波痕

又如:

>　　心闲最爱临波钓,手快尤欣戴月锄

"快"不能说明"戴月锄",可以改"心闲"为"闲心",改"手快"为"勤手"。

"夜、声"七唱:

>　　金乌西坠春风夜,玉兔东升夏雨声

玉兔东升就没有雨。上下两句的前四字均与后三字无关联,词语虽连,意脉已断。改作:

>　　舞观柳岸春风夜,韵爱荷塘夏雨声

"未、堪"五唱:

>　　贪官处事堪谋利,志士为民未敛财

从字面上看,上联分明是赞成贪官谋利,"堪"字非但未嵌牢,还起到反作用。"为民"若解作"为了人民",则"为"属仄声;若解作

"作为平民",则"为"属平声,此作当属于前者,所以"民"字犯孤平之忌。拟改作：

> 明世廉官堪掌印,仁风志士未贪财

"敦煌、织女"分咏：

> 石窟藏珍称国宝,天仙缔盟会牛郎

天仙并非"缔盟",用词不当。"缔盟"(联合词)与"藏珍"(动宾词)亦不相对,且"盟"为平声,不合律。"珍"与"宝"有重复之嫌。拟改作：

> 石窟藏丰骄国宝,银河隔远怅天仙

上联改"珍"为"丰"后,比原来多了一个形容藏宝量的层次,扩大了诗的内涵。"骄"也比"称"更富赞誉色彩。

3. 修改用词

凡用词不够准确,或不够完美者属此例。如"新、秀"七唱：

> 泥污偏出荷花秀,土硬犹萌竹笋新

联中"硬"字用词不雅,改用"坚"字又使平仄不协,不妨换一角度,改作：

> 污泥偏出荷花秀,冻土犹萌竹笋新

"归、访"三唱：

> 北海归时臣节葆,西洋访处国威扬

其中"葆"字不够准确,因为并非"归时"才"臣节葆"。将原句改为：

> 北海归迟臣节重,西洋访遍国威扬

因为"迟"与"遍"强调事件发生的程度,也衬托"重"与"扬",更显作者褒扬之意。

"前、进"一唱:

> 进驻闲云多爱卧,前奔决水不思归

用"闲云"就不能交待"进驻",宜改为"岫云";"决水"改为"山瀑"更具形象。又如:

> 前路纵艰雄可克,进程能稳慢何妨

句中"雄"字词意含糊,"克、能"用词不当。因为"路"不言"克",而进程既然"能"稳为什么仍要"慢"呢?所以原句可改为:

> 前路趋夷骄未可,进程求稳慢何妨

"野、生"六唱:

> 云锁苍梧终野立,冰寒易水不生还

荆轲刺秦前歌"风萧萧兮易水寒","冰"宜改为"风"。上联或指"苍梧之野",与舜葬地有关,但不属典故,故本联有"独眼龙"之嫌。改作:

> 薇采首山甘野隐,风寒易水不生还

"时、事"六唱:

> 失道难消诸事败,移情最恨一时狂

"消、恨"二字不够妥帖,改为:

失道必教诸事败,移情终悔一时欢

诗钟遣词多用单字,这样不仅组词灵活,也利于扩大诗句意涵。初学者往往习惯用双字词或成语造句,易入陈词窠臼,多赘字。诗钟修改不仅要寻找最佳用词,还要剔除无效赘字,使其精练。例如"时、事"六唱:

万苦千辛兴事业,争分夺秒抢时间

"万苦"与"千辛"重复,"争分""夺秒""抢时间"三者重复。两句言建业惜时,但空洞无物。拟改作:

运甓自劳成事可,过门公干惜时难

上联用陶侃运甓典,下联用大禹治水三过家门而不入之典。改后的句子同样言建业惜时,精练而充实。

又如"三、二"一唱:

三春柳树垂绦绿,二度梅花扑面香

"树、花"二字多余,改作:

三春柳舞衣镶翠,二度梅开脸带脂

又如"夜、声"七唱:

马踏边关风雪夜,月临海峡浪涛声

"浪"与"涛"重复,改为:

马踏边关寒雪夜,舟经海峡壮涛声

4. 提高意境

诗句基本没毛病,但改后意境更佳。

"四、有"碎锦格(霞浦长溪诗社独有的"放宽碎锦格"):

> 四壁云山无墨画,一朝松雨有声诗

改"朝"字为"天"字,增强诗的形象性,仿佛置身漫天而落的松雨中,意境岂不更佳?

"一、新"六唱:

> 数点疏星棋一局,满江迷雾画新姿

"数点"已言"疏","满"江"迷"雾则"难识庐山真面目","画新姿"也就难以想见,拟改作:

> 数点残星棋一局,半江薄雾画新姿

改"疏星"为"残星",可营造出凌晨静谧的特定氛围,更突出星之稀疏(因天渐明),以照应"数点"。"半"江"薄"雾使景色有显有隐,隐而不蔽,"画新姿"也就跃然纸上了。

"夜、声"七唱:

> 溪山云漫风巡夜,江月波推水动声

"风巡夜"缺乏形象,不及言"云巡夜"。"水动声"显得平淡,改为:

> 峰峦风起云巡夜,江汉波推月咽声

改后,上联的形象性凸显出来了。下联兼用拟人和通感的手法,赋予"月"以生命。

意境产生于意象的组构,深化意境自当从意象入手。当下诗钟习作者,易犯的毛病之一就是作句苍白空洞,甚或近于"老干体"。究其原因,在于多用抽象的概念化言语,而不善意象经营。譬如言赞美,多用"誉千秋""扬四海";言国是,多用"国富强""民安泰";言雅事,多用"多雅韵""尽高才",总给人老调常弹之感。类似的诗钟作品倘能运用意象思维来修改,当有大的改观。现以"夜、声"七唱和"野、生"六唱为例,举例说明如下:

无私救难奔星夜,有志功书晓鼓声

"无私救难""有志功书"皆抽象,"无私""有志"亦赘语。改作:

闻惊驿马奔星夜,舞起村鸡唤晓声

改后两句皆意象融切。

巡航南海开生面,防范东瀛起野心

首句写国家大事,有新意,具豪迈之情。下句逊在"防范",空洞无力。改作:

舰航南海开生面,剑指东瀛惕野心

借"剑指"言警惕,更有张力,更为生动。

长居海外谋生苦,优处朝中下野难

"长居海外""优处朝中"缺乏形象性,议事有隔靴搔痒之嫌。改作:

萍飘海客谋生苦,裙罩朝臣下野难

"萍飘""裙罩",采用比喻性意象,作意更深刻。

春明草绿如生画,气馥花香闹野蜂

"春明草绿""气馥花香"皆形象模糊,泛泛而谈。改作:

几株松揖如生客,一径花开惹野蜂

"几株松揖",以松拟人,生动有趣。"一径花开"则引人入胜。

> 灯火迎春佳节夜，琴箫接福凯歌声

"迎春""接福"属抽象概念，改为：

> 灯火满城佳节夜，琴箫一路凯歌声

以"满城""一路"增强形象的丰满度。

  用意象经营诗句，要注意意象选取和构成的有效性，尽量增强诗句的张力。就意象本身而言，形象越是鲜明生动，内涵越丰厚，张力越大。如"涵、江"魁斗格：

> 涵空秋色飘黄叶，临水楼台映碧江

本诗用了六个意象：涵空（水映天之景象）、秋色、飘黄叶、临水、楼台、映碧江。但"秋色"形象不具体，意象张力弱，且"秋色"属偏正结构，与联合结构的"楼台"不匹对。从全诗来看，意象的选择和构成尚未达到应有的张力，拟改作：

> 涵空帆影看飘叶，放野箫声听隔江

上联言水天相映，帆影行于水中天，犹如天上飘叶，意境更佳。下联借"隔"字使画面富于层次。两联一看一听，有声有色。

  诗钟并非都用意象造句，有时也用抽象概念，用抽象概念造句的诗钟不存在意境，而要讨论意蕴的深化。不管是否用意象造句，都存在意蕴深化问题。现举几联作意平淡钟例的意蕴深化示例：

"时、事"六唱原作：

> 休将冷眼观时势，要用精心做事情

两句皆劝世口吻，作意不深。改作：

> 偏怜冷眼观时澈,唯慕恒心做事精

改后的"冷眼",从原来的"冷漠之眼"变为"冷静之眼",立论更深刻。"恒心"也比"精心"更能说明问题。"澈"和"精"则补充说明程度。

"夜、声"七唱原作:

> 春梦魂游羁半夜,秋情叶落尽愁声

不仅诗味寡淡,句子流畅性亦欠佳。改作:

> 老无春梦花凋夜,病触秋心叶落声

上联在于言老,用"无春梦"说明老,又以"花凋"暗示老,"梦"与"夜"紧密联系。下联言病,以"叶落"暗示病体衰落,以落叶之声触动愁情("秋心"即愁),两句皆用比兴。

"夜、声"七唱原作:

> 星辰寥落溪山夜,律吕乱占蛙叫声

造句平淡,对仗不工。改作:

> 星辰寥落宋家夜,律吕和谐唐苑声

将原来纯粹景物描写改为触景生情,情景交融,因而深化意蕴。文天祥有"干戈寥落四周星"句,故由"星辰寥落"联想到"宋家山"顺理成章。下联言唐明皇梨园之事,让人自然联想到梨园《霓裳羽衣舞》的宏丽和安史之乱后,南内吟唱《雨霖铃》的凄苦情景,此即"味外之旨"。

"野、生"六唱原作:

> 瘦体归真吞野菜,修身积善放生鱼

惯常思维,缺少理趣。改为:

> 大味终归吞野菜,至仁岂在放生鱼

改后的两句皆"反其道而行",解释世理比原作深刻。

意蕴深化的方法之一是丰富语意层次,以最精简的文字表达尽可能多的内容。例如"双、百"一唱原作:

> 双字关情忧与乐,百端虑我国和家

改为:

> 双字关情忧后乐,百端虑我国先家

仅用"后、先"替换"与、和",不但保留原意,更表达出先忧后乐、先国后家的积极态度。

又如"夜、声"七唱原作:

> 愁肠尤听猿啼夜,幽梦惊闻狗吠声

改作:

> 愁肠舟听猿啼夜,幽梦楼惊雀闹声

修改后去掉无关紧要的字,增加"舟"和"楼"的意象,"狗吠声"易为"雀闹声"。这样不仅丰富语意的层次,还与"巴东三峡巫峡长,猿鸣三声泪沾裳""啼时惊妾梦,不得到辽西"的诗典关联,扩大了诗的意涵。

又如"夜、声"七唱原作:

> 索句推敲吟枕夜,奋身作战马蹄声

"索句"与"推敲""吟"重复,"奋身"多余。上句的层次是,吟诗—枕头—夜晚,下句的层次是作战—马蹄声,改作:

> 舞罢云欢鸳枕夜,战酣鼓杂马蹄声

改后上联的层次是舞蹈—舞停—云雨—交欢—鸳鸯(绣于枕上)—枕头—夜晚;下联的层次是战争—酣畅—战鼓—声杂—马蹄声。可见改后语意层次增加,意涵更丰富。

六、诗钟常见的毛病

关于诗钟写作要避免的毛病,前人王毓菁《诗钟话》已论及。对于写典之作,须"禁腐(陈陈相因及经语也),忌呆(堆砌故事,无生动气也),忌杂(史对史、记载对记载、掺入诗赋即杂也),忌俚(稗官说部,一字不可犯也)"。对灵性派(即所谓"白战")诗钟,当"禁浅(寻常景物也),禁率(摇笔而来,冲口而出,人人意中所有而不屑为者也),禁陋(出言猥近,著思凡庸也),禁佻(非香奁,乃猥亵类也)"。他还指出:"典实以浑成为上,亦须超脱;性灵以超脱为上,亦须浑成;虚实相生也。"[①]这些见地颇深的观点,对于诗钟写作无疑有很好的指导作用。初学者应避免以下常见毛病。

1. 冇眼

眼字未嵌牢,如"秋、谷"六唱:

> 隔叶晓莺啼谷柳,喷花雏鸭戏秋塘

"秋、谷"非诗境必用之字,"谷柳"易作"岸柳","秋塘"易作"春塘"亦可,甚至更好,可见眼字未嵌牢。

2. 失律

平仄不符合诗钟格律要求,或平仄失替,或平仄失对,如

---

① 王鹤龄:《风雅的诗钟》,台海出版社2003年版,第208~209页。

"秋、谷"六唱：

> 征诛不复春秋国，帮济能苏沟谷民

"沟"字位置本该仄声而用平声，造成"春、沟"二字平仄对失。诗钟第五字不可不论。

3. 孤平

"仄仄平平仄仄平"句式中，第三字用仄声，造成第四字孤平。如以下"离、向"六唱句中的"偿"即犯孤平：

> 尘缘已了堪离俗，诗债未偿盍向隅

4. 不类

上下联内容不相类，或内容相去甚远，属对无情。如"秋、谷"六唱：

> 紫燕翩飞迎谷雨，红装招展媚秋波

上联状物写景，下联描写人物，不相类。不类也表现在词或词组的对仗上，如：

> 云长夜读春秋志，战马日巡峡谷坡

云长、战马虽同属名词，但一个属人，一个属动物，内涵不类。

5. 异构

对仗的词或词组结构不同，如"秋、谷"六唱：

> 寒蝉断续伤秋夜，烟雨萧疏播谷天

"寒蝉"偏正结构，"烟雨"联合结构，不相对。

6. 异词

词性不同而相对，如"怀、念"三唱：

少饮怀开微醉后,深交念在别离时

"怀、念"二字既可作动词,也可作名词,对仗须用统一词性。上联"怀"为名词,下联"念"为动词,不可相对。这种失误较为隐蔽,须细察方能发现。

7. 动静

以动字(动词)对静字(非动词),如"墙、露"六唱:

珠翠贯丝垂露柳,龙蛇绘影满墙松

"垂"动字,"满"静字,动静相对犯"内外科"之弊。动静相对的本质是词性不对,因较为常见,故专此例话。

8. 虚实

实字对虚字,如"秋、谷"六唱:

慨叹青芹沦谷地,岂容白卷滥秋闱

"慨"实字,"岂"虚字,不相匹对。

9. 半字

主要表现在两个动字相对时,动的程度不同,有半字之差。如"秋、谷"六唱:

漫游原野探秋色,浏览涧溪任谷风

"探"字动性明显,"任"字动性不明显,尚差半字。

10. 合掌

上下联两句(或两句中的部分内容)意思大体相同。如"中、强"魁斗格:

强心偏向集群外,任性常离大众中

11. 三足

上下联出现三个同类字，犯"三足蟾"病，如"秋、谷"六唱：

> 佳人蕙质深秋菊，君子仁心邃谷兰

"蕙、菊、兰"三字同类（"仁"字不同类），四足差一，有畸形之嫌。

12. 失衡

上下联内涵大小相差太大，轻重不匀，大小失衡，如"秋、谷"六唱：

> 一帘素月临秋近，万叠闲云转谷深

上联隔帘看月，画面小，下联云转山谷，画面大，两相比较，失之均衡。

13. 歧节

上下联节律不统一。如"秋、谷"六唱：

> 洁效蝉身清谷饮，廉同烛焰照秋宵

上下联三字尾除了语法、词性不同外，还存在节奏不相应之弊，"清谷饮"属二一节奏，"照秋宵"属一二节奏。

14. 拗读

句式不符合诗钟的吟唱节奏，如"海、洋"七唱：

> 守国门军魂镇海，笑神社鬼影嚎洋

此联上下句皆为三四节奏，无法吟唱。又如"怀、念"三唱：

> 投笔怀忧民屈子，悬壶念济世孙公

此联上下句皆为二一四节奏，同样无法吟唱。

15. 抄袭

前人写过的题材并非不能再写，前人写过的诗句也可以效仿、点化，但须化为自己的语言，另出新意，而不是抄袭。抄袭与点化、效仿有何区别呢？大凡前人佳句都有精警之处，倘若作者将精警部分搬为己用，尽管其他部分换为自己的语言，也应视为抄袭。如"秋、高"一唱：

秋水新塘鱼读月，高山古树鸟谈天

其中"鱼读月""鸟谈天"出自苏州石湖余庄楹联"水清鱼读月，山静鸟谈天"。

又如"富、强"一唱：

强劲荷盘从雨洗，富柔柳线任风搓

此联取《声律启蒙》中的"荷盘从雨洗，柳线任风搓"，加"帽"而成。

又如"梦、诗"五唱：

吟成豆蔻诗尤艳，睡足蔷薇梦也无

曹雪芹《红楼梦》有楹联"吟成豆蔻才犹艳，睡足荼蘼梦亦香"，对比可知，"诗尤艳"有抄袭之嫌，"梦也无"则属于效仿。

16. 违理

违理指不符合逻辑，违背世理，如"新、美"六唱：

可醉翁心皆美酒，能传媪口即新诗

醉翁之意岂在酒美？能传媪口亦未必都是新诗，可见其无理。

又如"一、新"六唱：

凌空飞碟添新月，出岫闲云拥一山

"飞碟"圆形、新月弓形,何以相像?云既"出岫"又焉能"拥一山"?分明自相矛盾。

17. 牵强

如"尊、老"一唱:

> 尊人一点身何贱,老我三年语可师

后一句显得免强。古人云"不耻下问",难道能以年龄论学识?用字错误也是造成牵强的原因之一,如"屈"误作"曲","服"误作"伏","须"误作"需",等等。

18. 歧意

"歧意"不等于"一诗多解",因为"多解"不但不影响诗的表现力,反而能丰富诗的内涵。"歧意"指作者不能正确表达诗意,易使读者误解。如"情、义"五唱:

> 送礼能辞情本素,施恩欲报义何高

此联中,"送礼能辞"不知指不行贿,还是指不受贿。"施恩欲报"也不知指施恩者图回报,还是指受恩者思报答。

19. 艰深

指作者诗中搬用过于偏僻的典故或字词,使人难以读懂。如"进、思"六唱:

> 檀樾有缘常进寺,藁砧何事不思家

此联中,"檀樾"(指香客)、"藁砧"(指夫君)就较生僻。又如"中、后"六唱:

> 两途泾渭无中立,一例荆凡孰后亡

"荆凡"用典晦僻,"荆"指楚国,"凡"为小国,知者甚少。

20. 隐晦

因造句不当,使人"不知所云",非作者"翻译"难悉其奥。这里引用宋邢居实《拊掌录》中的典型例子来说明。有人作诗句云"蛙翻白出阔,蚓死紫之长",作者自鸣得意,读者却百思不得其解。后经作者解释才知诗意——青蛙翻过来的样子像一个白色的"出"字,但略显宽阔;蚯蚓死后像一个紫色的"之"字,但又太长。如此隐晦,堪称奇绝。

诗钟隐晦者如"黄、南"一唱:

黄童意下犹盘古,南客言中有武夷

"盘古"当指开天之初的意象,以幼稚黄童比拟并不妥帖,其意难解。

21. 生拗

臆造杜撰不合文理的词(包括眼),是造成生拗的常见原因。如下联"国、家"一唱中的"孝语"便是生造词:

国有怨言官愧否,家无孝语子惭乎

22. 不通

逻辑不通,文理不通,甚至不知所云。如"海、洋"七唱:

万卷扶犁耕笔海,三农采锦绣田洋

上联是言笔耕还是牛耕?既用"笔"就不该用"犁",否则逻辑混乱。此联改作"笔耕万卷穷辞海,景绘三农秀稻洋"就通顺了。又如:

万卷古今消瀚海,一窗岁月送诗洋

"瀚海"非指大海,而指西北大漠,用于比喻"万卷"不通顺。"岁月"指时间,并非"风月",没有意象,故"一窗岁月"不通顺。"诗洋"属生造,而"送诗洋"则不知所云。

23. 错字

用字不准确,或者有错。如"海、洋"七唱三联:

    人心所向登汪海,伟业成功逐大洋
    米桶田成无稻海,羔腴地变养鱼洋
    提节汉臣羁北海,交朋明使下西洋

第一联"登"是向上的,而海是在下的,故"登海"一说谬误。第二联"羔腴"当是"膏腴"之误。第三联"节"是国家尊严的象征,故当"持"节,而非"提"节,提节是指节横放,以手提之,有不尊之嫌。

24. 空洞

指泛泛而言,不着实处,缺乏形象思维,或者论理不深刻,如"新、美"六唱:

    敦厚待人扬美德,文明处世树新风

25. 平庸

诗钟并不反对平实明白的语言,而反对句平意也平。即反对作者懒于思考,造句取意平淡乏味,缺少意趣,甚或近于俗,如"金、鸡"一唱:

    金银满库人人喜,鸡鸭成群个个欢

26. 粗疏

未作提炼,多有废字,如"秋、谷"六唱:

    伊人望眼穿秋水,老虎张牙啸谷风

"老虎张牙啸"压缩成"虎啸"二字即可,其余赘字。

27. 非诗

无诗味者不可称诗。如"秋、谷"六唱:

疏风散热金秋菊,止痛通经合谷针

此类"说明书"式的文字,尽管平仄、对仗合格律亦非诗。

28. 陈词

词意陈旧,冷饭重炒,味同嚼蜡。如"顺、丰"二唱:

政顺民安花正好,物丰人寿月长圆

29. 牌板

牌匾多为四字成语,所以搬用四字成语称为"牌匾"或"牌板"。诗钟总共才十四字,若上下句各用一个四字成语,就只剩下六个字是自家言语,表达的内容受成语牵制,难出新意。如"才、学"一唱:

才高八斗堪称富,学富五车不碍贫

此联不仅牌板,还犯合掌、孤平之病。

30. 同义

本句或对句中出现两个或两个以上的同义字或近义字。如"秋、谷"六唱:

鸥鹭翔飞嫌谷窄,雁鸿迁徙觉秋残
语燕将归寒谷暖,鸣蝉若噪晚秋凉

第一联"翔"与"飞"、"雁"与"鸿"同义,"迁"与"徙"近义,第二联上句"寒"与下句"凉"近义。

31. 同声

用同声字,"秋、谷"六唱:

> 登览三呼虚谷应,滋培九畹晚秋开

下联"畹、晚"同声,吟读易使音节不清。

32. 粘滞

诗钟造句一如清涧流泉畅达,不可粘滞不前。如"海、洋"七唱:

> 星月依稀山近海,烟波浩淼雾弥洋

下句"雾弥洋"之意近于"烟波浩淼",有重复之嫌,前后粘滞。

33. 断气

与粘滞相反,造句气脉不连,称其为断气。如"理、事"一唱:

> 理不服人非大哲,事能益众是贤官

理能否服人关大哲何事?以理服人非大哲独专,凡人说事也要以理服人,可见此句内容前后脱节,气脉已断,有凑合之嫌。

34. 犯题

嵌字体诗钟的犯题,是指眼字在本位以外又出现在其他位置,此为大忌,唯门外汉才犯此错。如"丝、路"六唱:

> 踏芳尤厌丝丝雨,跋屐难堪路路泥

眼字"丝、路"同时出现在五、六位置。

第五章　钟例解析

　　本章选择七十二首具有一定代表性的诗钟作品，逐一作解读和赏析，旨在帮助初学者理解诗句内涵，感悟诗钟语言的精妙。所选钟例多是佳作，甚至是不可多得的杰作，具有较高的欣赏和借鉴价值。当然，亦有诗钟作意稍逊，或有瑕疵，通过点评，或对提高读者鉴赏水平有所助益。

"枕、船"二唱

佚名

压船山影何曾重，入枕溪声不碍喧

　　诗钟之作，能有一句精警便属难能。此诗首句构思不凡，从作者勾画的诗境看，行船不在宽阔的水面上，而在溪中或峡谷中，一路伴山而行。山岸的倒影映在水中，在普通人眼里是极为平常的自然现象，但在诗人眼里却能转化为绝妙的创作素材。山影可有两解：山在日光或月光下的投影；或者是山在水中的倒影，两种意象都可成立。诗人不同于常人的慧眼在于：能看到山影"压"船。影子或倒影只是虚像，没有重量感，但因山有重量，于是运用"通感"使影子或倒影也有了重量。既然有重量，自然就能"压"船，这又有曲喻的成分。但影子毕竟无重量，因此用"何曾重"来圆场。此句成功于"化虚为实"，即将捉摸不到的事物，通过修辞和造句技巧，转化为易于感知的意象。对于学诗者具有借鉴意义,亦可旁推解读其他相类诗句。

溪声,溪涧的流水声。唐陈润《宿北乐馆》诗:"庭木萧萧落叶时,溪声雨声听不辨。"宋陆游《登紫翠楼》诗:"水落溪声壮,天寒山色奇。"本诗下句的溪声原是"入耳",言"入枕"是说明人卧榻而眠之时,因枕头离耳朵最近,故借"入枕"言"入耳"。唯此安静状态下,溪声最为清晰。溪声是天籁,能令人尘虑尽消。今人研究认为,适当分贝的溪声有安眠作用。因溪声能使人意识所处环境的清静,进而使心情舒放,故"入枕溪声不碍喧"实在是诗人的深刻体验。即便是远离溪山的城市人,亦喜欢在自己的居室挂这样的楹联"溪声来枕上,山翠落樽前"。

辨析此诗,勾起笔者一段趣事:笔者于 2015 年在闽西培田古民居游览,见一楹联颇佳,下句与上述诗句相类,联云:"半园花影云生地,一枕溪声月在天。"此联木板新刻,张挂于古驿站边厢,因作句典雅,特向房主询问作者,得知是当时连城"四把笔"之一的项朝钦所作,从附近荒废古厝的大门楹联复制而来。但因书体是行草,房主竟坚持将"园"辨作"宙","溪"辨作"经"。理由是原古厝附近有一座妈祖庙,所以是"经"声。为探究竟,特请房主带路考察古厝,发现附近确有一条溪。于是告诉房主辨"园"与"溪"的理由:一,"宙"为仄声,不合律,且与"园"字外形相去甚远。二,附近有溪,辨"溪"有根据。三,妈祖庙不念经。四,"入枕"多是夜晚睡眠之时,经声入耳,有扰人之嫌,有煞风景。五,"花、云、溪、月"属于同类意象(风景类),对仗均衡,如果"溪"改作"经",则缺了一"足",在诗钟上犯"三足蟾"之弊。作者既是名家,一定深谙诗钟之道,作联断不会出此瑕疵。房主最终完全同意笔者的观点,并对此联的纠错大感欣慰,笔者也因此释然,可谓皆大欢喜。

图5-1 入枕溪声不碍喧

图5-2　压住乡愁中酒夜

"夜、声"七唱

佚名

压住乡愁中酒夜,唤回闺梦卖花声

中酒,饮酒半醉之时。出自《汉书·樊哙传》:"项羽既飨军士,中酒,亚父谋欲杀沛公。"颜师古注:"饮酒之中也。不醉不醒,故谓之中。"中酒亦指醉酒、病酒。如前蜀韦庄《晏起》诗:"迩来中酒起常迟,卧看南山改旧诗。"又如唐王建《赠溪翁》诗:"伴僧斋过夏,中酒卧经旬。"上句意指通过醉酒来抑制乡愁。

卖花声,卖花的叫卖声。卖花现象唐朝时即有,但以宋为盛,卖花声入诗词出现于宋代。宋人喜插花、戴花,春天卖花声到处可闻。张晓红《宋代诗词的卖花声意象》认为这与宋代经济的繁荣、都市的建制、俗乐的发展及行会制度有关。卖花声经艺人的改造,成为一种说唱伎艺,曲调婉转。文学中,卖花声意象的内涵主要是——春天、都市的繁华、和平美好的生活。象征春天者,如宋刘辰翁《临江仙》"湖边柳色渐莺啼,才听朝马动,一巷卖花声",宋赵葵《柳花》"三月名园草色青,梦回犹听卖花声"。象征都市繁华者,如宋洪皓《次种野花韵诗》"却忆故园都谢子,卖花声断几时闻"。象征和平美好生活者,如南宋亡后,诗人何应龙《清明》"踏歌槌鼓近清明,小雨霏霏欲弄晴。唤起十年心上事,春风楼下卖花声";诗人陈著《夜梦在旧京忽闻卖花声有感至于恸哭觉而泪满枕上因趁笔记之》"万花厄运至此极,纵有卖声谁耳倾";诗人方回《漫兴九首》"枕上半醒中酒病,楼前时过卖花声。千门万户俱更换,惟此依稀旧太平"。此诗亦有"中酒""卖花声",本诗或从此脱出。

本诗为抒情佳作。上句"压"字尤为传神!不仅化虚为实,富于形象,还体现愁的程度——难以抑制。新生意象:一腔乡愁如潮上涌,唯仗酒压之。下句情意朦胧,"梦"可以是实指,也可以是虚指。实指则言闺梦被卖花声唤醒;虚指则言卖花声勾起对往日闺中生活的美好记忆,暗含旧梦重温的温馨和芳年难再的伤感。所梦为何?或与卖花声的内涵有关,给读者留下难以穷尽的解读空间,诗味由此而出。本诗不足之处是形容词"中"对动词"卖",犯"内外科"之病。

"平、乱"一唱
潘主兰
平越功隳歌舞顷,乱齐祸伏割烹中

平越,平定越国,指吴王夫差平越之事。隳,毁坏,崩毁。顷,短时间。夫差登位之初,励精图治,大败勾践,使吴国达到鼎盛。在位后期,生活奢华无度,任用奸臣宰嚭,逼死伍子胥,沉迷于西施美色。对外穷兵黩武,屡次北上与齐晋争锋。黄池之会,勾践趁虚攻吴,吴国一蹶不振。公元前473年,勾践灭吴,夫差自缢。上联意指夫差平越建立的功业,瞬间毁于歌舞享乐之中。

乱齐,指齐桓公恩宠的易牙、竖刁祸害齐国之事。伏,潜藏、埋伏。"割烹"包含两个故事,"割"指竖刁为了出入宫庭方便,不惜自宫(阉割),赢得齐桓公的怜爱。"烹"指易牙为了让齐桓公吃上人肉,不惜杀死自己三岁的儿子,烹煮后供齐桓公食用。下联的史实是:齐桓公不听管仲遗言,继续宠信易牙、竖刁、开方。齐桓公病重之时,易牙、竖刁欲拥立公子无诡继位,假传圣旨,将齐桓公隔绝起来,致使其饥渴难当,羞悔交加,衣袖遮颜而亡。下联意指祸乱齐国的根源,早在竖刁自宫和易牙烹儿时就已埋下了。

两联均以历史事件为题材,典中带评,颇有咏古劝今意味,揭示瞬间荣辱祸福之因果,令人感叹!立论深刻,属对工切。

"合、作"一唱

郑名彦

合否要求常问己，作何评价且由人

前贤自古注重修身。《礼记·大学》："古之欲明明德于天下者，先治其国；欲治其国者，先齐其家；欲齐其家者，先修其身；欲修其身者，先正其心；欲正其心者，先诚其意；欲诚其意者，先致其知，致知在格物。物格而后知至，知至而后意诚，意诚而后心正，心正而后身修，身修而后家齐，家齐而后国治，国治而后天下平。"修身自律为名者，当属曾参。《论语·学而》："曾子曰：'吾日三省吾身，为人谋而不忠乎？与朋友交而不信乎？传不习乎？'""合否要求常问己"岂非现代版之"吾日三省吾身"？

倘能时时反省自己，检点行为以合乎规范，则不必计较他人评价，可以问心无愧。正如刘伯温自勉联云："岂能尽如人意，但求无愧我心。"此联自古以来为人崇尚，林则徐、邹韬奋等很多名人都引以为座右铭，也常常将此写成条幅，悬于室中，以激励自己。

诗钟评取，先前多不喜白描，而今常有口语化诗句。笔者认为，诗句平实如口语亦无大碍，关键看作意，倘能句平而意峻，也不失为好诗。笔者亦有白如口语之作，如"开、放"一唱"开局如何看领导，放心与否问人民"，可为参照。此"合、作"一唱折枝诗，立论深刻，颇有格言的意味，当属平中见峻的范例。上下两句既独立，又有关联，作楹联用亦佳。

"座、天"七唱

少孤

严濑独高卑汉座,许瓢自大小尧天

　　严濑,即严陵濑,在浙江桐庐县南,相传为东汉严光隐居垂钓处。严光字子陵,年少时便有名声,与光武帝一同游历学习。光武做了皇帝后,严光就改名换姓,隐居不出。皇帝屡次请他出山做官,皆不受,种田于富春山。后人把严光钓鱼的地方叫作严陵濑,见载《后汉书·逸民列传·严光》。上句意为严陵濑因为高士严光的垂钓而显得高傲,相比之下,汉朝的官座反而显得卑微,表达对贤人独守高洁的景仰之情。

　　下联典出"许由洗耳",有多个版本,如汉蔡邕《琴操·河间杂歌·箕山操》:许由"以清节闻于尧。尧大其志,乃遣使以符玺禅为天子。于是许由喟然叹曰:'匹夫结志,固如盘石。采山饮河,所以养性,非以求禄位也;放发优游,所以安己不惧,非以贪天下也。'使者还,以状报尧,尧知由不可动,亦已矣。于是许由以使者言为不善,乃临河洗耳。樊坚见由方洗耳,问之:'耳有何垢乎?'由曰:'无垢,闻恶语耳。'坚曰:'何等语者?'由曰:'尧聘吾为天子。'坚曰:'尊位何为恶之?'由曰:'吾志在青云,何仍劣劣为九州伍长乎?'于是樊坚方且饮牛,闻其言而去,耻饮于下流。"瓢,用葫芦干壳做成的勺子,一般用来舀水。许瓢即许由之瓢。因许由志大,故言其瓢大于尧帝之天。

　　此诗上下句均用对比法,通过高与卑、大与小的对比,加强语言艺术效果,使主题更深刻。腰字"卑""小"皆形容词转作动词用,极佳!然此两句均用宋白玉蟾《寄桂隐》颔联句,嵌字虽稳,但斧凿痕迹明显,近于抄袭。附白玉蟾原诗对照:"指点篇书说向谁,武侯之后独公奇。许瓢却大尧天小,严濑应高汉座卑。

夙世已偿霖雨债,我身今结水云知。何人桂树中间隐,莫作南阳一睡骊。"诗钟之引用,一般要求上下联源自不同的诗文,如此匹对才算"二度创作"。譬如,张恨水《春明外史》作"香、流"三唱"柴门流水依然在,油壁香车不再逢",分别用唐人韩翃《送齐山人归长白山》和宋人晏殊《寓意》诗中成句,但因两句来自不同的诗作,仍有创作的成分,属于"集句对"。

"江、树"二唱

伟人

万树梨花春有泪,一江芦苇月生毛

梨花以其洁白无瑕和曼妙芳姿,赢得历代文人的钟爱。作为诗词的常用题材,梨花因诗人的心境不同而表达不同的意象。大体而言,梨花可表达素雅、高洁、明媚、生意、伤春、伤时、悲己、寥落、玉容、落泪、闺怨、离愁等。梨者,离也,谐音双关,因以表达离愁别绪。梨花洁白如雪,素有"瀛洲玉雨"之称,可喻素雅。梨花开在暮春之时,清明前后,寒食凄冷,梨花飘零,最易因伤春而勾起各种愁绪。唐岑参《白雪歌送武判官归京》"忽如一夜春风来,千树万树梨花开",其中所比喻的梨花生意盎然。在大多数诗词中,梨花是凄美的形象。岑参的《送绵州李司马秩满归京因寄呈李兵部》"眼看春色老,羞见梨花飞",开梨花表现悲老伤春之先声。接踵者如唐白居易《江岸梨花》"梨花有思缘和叶,一树江头恼杀君。最似婵闺少年妇,白妆素袖碧纱裙",宋周邦彦《浪淘沙慢》"恨春去,不与人去期,弄夜色,空余满地梨花雪"。岑参《送扬子》"梨花千树雪,杨叶万条烟。惜别添壶酒,临岐赠马鞭",借梨花言离愁。白居易《长恨歌》"玉容寂寞泪阑干,梨花一枝春带雨",则以梨花喻太真(杨贵妃)玉容。本诗上句"万树梨花",展现一片花海,宛在眼前,景色明丽而清远。"泪"为梨花落英之象，意味着伤感。为什么不言梨花落泪，而言"春"有泪？这是诗人"伤春"的寄情之笔。由伤春而引发的愁绪则是"言外之意"，任由作者解读。此句贵在情景交融。

下句为读者展现一幅秋夜之景：近景是一片芦花，中景是大江远去，远景是月挂天边。人在岸边，因视点较低，隔着芦花看天边之月，月亮呈半露半遮状态。由于芦花毛茸茸的质感，使得月光半透半隐，朦胧隐约，于是有了"生毛"的感觉。此诗境也可以是透过飞起的芦花看月亮所产生的感觉。景物的描写既有大场景的概括，又有极为细腻生动的局部特写，非细心人难以体察。本句以意境胜，不仅写景清幽，还有"畅神"之功。令人如临其境：静谧秋夜，临江赏景，水波泛月，微风吹芦，冰轮如镜，芦花映月，毛茸可爱，于是心神畅快，物我两忘矣！

"野、生"六唱

佚名

樊侯豪气甘生彘，刘季英名误野鸡

樊侯，樊哙，随刘邦起义，为著名军事统帅、西汉开国元勋，任大将军、左丞相。深得汉高祖刘邦和吕后信任。为刘邦的心腹猛将。封舞阳侯，谥武侯。生彘，未经煮熟的生猪腿。彘，猪。典出司马迁《史记·项羽本纪》，项羽于鸿门宴请刘邦，想谋杀刘邦，樊哙闻讯，"即带剑拥盾入军门……披帷西向立，嗔目视项王，头发上指，目眦尽裂……项王曰：'赐之彘肩。'则与一生彘肩。樊哙覆其盾于地，加彘肩上，拔剑切而啖之"。项羽被樊哙的豪气所慑服，于是打消了杀刘邦的念头。

刘季，刘邦小名。野鸡，指吕雉，雉即山鸡，也叫野鸡。下句是说刘邦创下大汉基业，赢得一世英名，但吕后却很残忍，且因干政导致汉家江山险些易姓而毁了刘邦一世英名。

此作对仗工整,眼字十分贴切,虽仅十四字,却能高度概括事件,极为精练。

"雄、带"五六八叉格
苏镜潭
六朝金粉消雄气,万劫江山带怒容

六朝,指东吴、东晋以及南朝的宋、齐、梁、陈在建康(今南京)建都的六个朝代。金粉,旧时妇女妆饰用的铅粉,常用以形容繁华绮丽。"六朝金粉"形容六朝时期国都建康城的靡丽繁华景象。元无名氏《醉花阴·秋怀》:"他把六朝金粉收拾去,单留下写恨几行书。"清孔尚任《桃花扇·听稗》:"偏是江山胜处,酒卖斜阳,勾引游人醉赏,学金粉南朝模样。"清郑燮《道情》之八:"文章两汉空陈迹,金粉南朝总废尘。"本诗上句指偏安江南的六朝,当权者纸醉金迷,在歌舞升平的表象下,是雄心壮志的消磨。典型事例当推《玉树后庭花》作者陈后主,生活奢侈,日夜沉迷歌舞游宴,导致隋军灭陈,遗恨千古。作者借古伤今,发故国沦亡之感慨。

万劫,亦作"万刼"。佛经称世界从生成到毁灭的过程为一劫,万劫犹万世,形容时间极长,亦指许多灾难。如清方文《舟中有感》:"万劫不烧唯富贵,五伦最假是君臣。"下句意指历代以来,群雄争霸,为了争夺江山,逐鹿中原,每致生灵涂炭,江山历经万劫而怒容难消。"江山怒容"之拟人,生新独造,富有气势。

本诗出自日据时期台湾诗钟作手苏镜潭,诗作托古寄怀,透出一腔愤慨之气。台湾自沦为日本殖民地以来,日本人不仅奴化台湾人,禁锢汉文化,还迫害爱国文人。许多钟手以诗"言志",如傅锡祺作"诗、社"一唱"诗书历劫残篇少,社稷成墟隐痛多";林景仁作"宝、星"魁斗格"宝剑风尘埋侠气,骚堂侪辈感辰星";佚名者作"禾、妙"五唱"故国可无禾黍感,他乡空有妙香熏";谢汝铨作"鸟声非故国"碎锦格"宗国事非人有恨,故园春尽鸟无声"等。诗人饱含"亡国"之痛和对殖民者的无比愤恨,诉诸笔端,情真切,气充沛,故尤有感染力。此诗应验"愤怒出诗人"之论,也可明证,诗钟体制虽小,却不碍吟咏现实,寄托真情。

"三、六"三唱

何树远

祸伏六宫终篡汉,变生三户始亡秦

六宫,本指古代皇后的寝宫,亦代指皇后。《周礼》:"天子后立六宫:三夫人,九嫔,二十七世妇,八十一御妻,以听天下之内治。"郑玄注:"六宫者,前一宫,后五宫也,三者,后一宫,三夫人一宫,九嫔一宫,二十七世妇一宫,八十一御妻一宫,凡百二十人。"唐白居易《长恨歌》"回眸一笑百媚生,六宫粉黛无颜色",唐李贺《贝宫夫人》"六宫不语一生闲,高悬银牓照青山",所言"六宫"皆指后妃,非指皇后。篡汉,指王莽篡夺西汉政权。王莽是西汉孝元皇后王政君之侄,新朝的建立者,即新太祖,也称建兴帝或新帝。王莽为西汉外戚王氏家族的重要成员,在朝野素有贤名。西汉末年,社会矛盾空前激化,王莽被视为唯一能挽危局的"再世周公"。但王莽野心膨胀,玩弄权谋,于初始元年(18)代汉建新,建元"始建国",推行新政,史称"王莽改制"。中国历朝除了贵族革命及平民革命之外,王莽另开篡夺之例。因王莽发迹与皇后有关,所以说篡汉的祸根埋伏于六宫。

三户亡秦,源于"楚虽三户,亡秦必楚"句,出自西汉司马迁《史记·项羽本纪》:"故楚南公曰'楚虽三户,亡秦必楚'也。"意为楚国即使只有三户人家,灭亡秦国的必定还是楚国人。此句被用来比喻即使弱小,团结一致也能成功,代表一种情绪化的坚定信念。"三户"并非指只有三户人家。芈姓,指楚王族姓芈,本支为熊氏,另分为昭(昭阳)、屈(屈原)、景(景差)三氏(三户)。撇开《史记》中"三户"的解释,就本钟句而言,"三户"亦可解释为古渡口"三户津"。故此句还可理解为,秦朝国祚"芈姓"于三户津。项羽渡三户津,大破秦将章邯,最终导致秦亡。

"西、古"一唱
佚名

西泠松柏悲苏小,古井胭脂泣丽华

  西泠,宋以前称"西林"或"西村",为杭州西湖著名风景区地名(人多误作西冷),建有西泠桥,附近有著名的孤山、断桥、西泠印社。中国古代著名的才女佳人,传说中的南齐钱塘名妓苏小小魂断于此,后人有诗云:"千载芳名留古迹,六朝韵事著西泠。"松柏,源自苏小小诗。传说苏小小乘车出游,在白堤遇骑马而来的阮郁(南齐宰相阮道之子),两人一见倾心。苏小小吟诗曰"妾乘油壁车,郎跨青骢马;何处结同心?西陵松柏下",两人从此形影不离,但阮郁最终被父逼回金陵。其后苏小小资助书生鲍仁赶考,鲍仁金榜题名后,出任滑州刺史,赴任时顺道经过苏小小家,却赶上她的葬礼,鲍抚棺大哭,在她墓前立碑曰"钱塘苏小小之墓",墓上覆六角攒尖顶亭,叫"慕才亭",据说是鲍仁所建,有诗云:"湖山此地曾埋玉,花月其人可铸金。"

  胭脂,即胭脂井,南朝陈国景阳殿之井。丽华,后主陈叔宝之妃子。张丽华出身兵家,聪明灵慧,有辩才,记忆力超强,深得陈后主喜爱,为陈后主生有二子。隋朝灭陈后,张丽华因"祸水误国"被长史高颎所杀（一说被杨广所杀）。下句的典实是，祯明三年(589)，隋兵南下过江，攻占台城，陈后主闻兵至，与妃张丽华、孔贵嫔投此井。至夜，为隋兵所执，后人因称此井为"辱井"。故址在今南京市玄武湖侧。隋唐以后，台城屡遭破坏，景阳殿已毁，景阳井也随之湮没。后人为了记取陈后主亡国教训，遂在鸡笼山的法宝寺（今鸡鸣寺）侧立井，刻辱井铭。笔者曾于二十世纪八十年代到南京旅游时前往寻踪，但见荒山一座，辱井难寻。

此诗以抒情见长，所用之历史故事本身具有感人的情节，故用"悲、泣"，能引起读者共鸣。但"苏小"是"苏小小"之简化，含姓与名，而"丽华"有名无姓。以"苏小"对"丽华"，以"西泠"对"古井"，皆欠工整。

"初、小"五唱

陈南曾

闲于浑敦初无世，发自勾萌小亦春

浑敦，也作混沌、浑沌。中国古人想像中天地未开辟以前宇宙模糊一团的状态。也用来形容模糊、浑然一体和人的思想糊涂。此外，浑敦还是《左传》记载的四凶（混沌、饕餮、穷奇、梼杌）之一。其状如犬，似黑而无爪，有目而不见，有两耳而不闻，有腹无五脏，行走而足不开。《山海经·西山经》："有神焉，其状如黄囊，赤如丹火，六足四翼，浑敦无面目，是识歌舞，实为帝江也。"浑沌既混且乱，故后世称是非不分之人为"浑沌"。本诗之浑敦当指世界形成前的模糊状态。浑敦未开之初尚"无世"，万事皆无，故而"闲"。读者或认为：闲与忙本属人事，无世即无人事，何来"闲"之说？这样看似无理，恰恰体现作者匠心独运的超常诗思，诗味尽在其中矣！

图5-3　西泠松柏悲苏小

图5-4　发自勾萌小亦春

勾萌,草木嫩芽,曲者为勾,直者为萌。也指草木发芽生长。《淮南子·本经训》:"草木之勾萌衔华戴实而死者,不可胜数。"《聊斋志异·种梨》:"见有勾萌出,渐大,俄有树,枝叶扶疏。"下联意思是,草木萌发之芽虽小,亦能赢得盎然春意,作意类于"星星之火可以燎原",见微知著,富于哲理。林其锐折枝诗"敢图高远虽新羽,或肇繁华此一枝"("一、新"六唱),其下句与本句有异曲同工之妙,可互为参读。

"陇、池"七唱

瑞星

蟹稻弄黄云覆陇,鱼苗蘸碧水平池

蟹稻,此蟹为稻田蟹,即河蟹,也叫螃蟹或毛蟹。稻蟹为共生关系,蟹能清除田中杂草,吃害虫,排泄物可肥田,促进水稻生长。水稻为河蟹的生长提供丰富的天然饵料和良好的栖息条件,形成良性的生态循环。陇通"垄",田埂,泛指田地。诗句意谓稻穗已熟,金黄的水稻连绵成片,犹如黄云覆盖在田野之上。比喻形象生动,"弄"字尤佳,将蟹稻拟人化,富有意趣。

下句"鱼苗"应理解为鱼与初生植物,属于联合结构,否则就不能对"蟹稻"了。"蘸碧"意象新颖——春池初涨,碧波荡漾,游鱼、水草及周遭新萌发植物叠影池中,一如蘸染了池水之绿。此句让人联想起宋辛弃疾词《鹧鸪天·睡起即事》"水荇参差动绿波,一池蛇影噤群蛙"的意境。

此联二句皆清新可爱,弄黄、蘸碧可谓诗眼,把平淡之景描写得生动活泼。

"三、六"三唱

岑雨耕

妄证三生无片石，小看六合只丸泥

"三生石"中的"三生"指前生、今生、来生，源于佛教的因果轮回学说。三生石的故事最早见于唐袁郊《甘泽谣·圆观》，其后有多个版本。故事内容为：唐代隐士李源，住慧林寺，和住持圆观交好。两人相约游峨眉山，途经三峡。圆观见到一个怀孕三年的汲水孕妇就哭了，说这个妇人怀的孩子就是他的托生。他和李源相约十三年后在杭州天竺寺三生石相见。当晚圆观圆寂，孕妇也顺利产子。十三年后，李源如约来到三生石，见到一个牧童唱到"三生石上旧精魂，赏月吟风莫要论。惭愧故人远相访，此身虽异性长存"，李源与之相认，牧童说他就是圆观，但是尘缘未了，不能久留，唱到"身前身后事茫茫，欲话因缘恐断肠。吴越江山游已遍，却回烟棹上瞿塘"，唱完就离去了。这个本为"须眉友情"的美妙故事，经《红楼梦》改造，三生石成为姻缘的铁定象征，所谓"缘定三生"，是指前生、今生及来生的幸福姻缘。本诗指出三生石之说的虚妄，隐含放弃幻想，正视现实之意。

六合，指上下和四方，泛指天地或宇宙。《庄子·齐物论》："六合之外，圣人存而不论。"成玄英疏："六合，天地四方。"丸泥，即泥丸，为与"片石"对仗，将泥丸颠倒为"丸泥"。下联采用极度夸张的手法，将天地四方无穷大的宇宙小看成一粒泥丸，真乃"语不惊人死不休"。此句不惟夸张出人意外，亦含深刻的哲思，富有智性意蕴。其暗含之意是：世界渺小，万物暂时，人的精神世界却无限宽广和永恒。

"山、路"二唱

伟人

归路忽从云罅出，万山都向雨余看

罅，缝隙，裂缝。如宋苏轼《石钟山记》："徐而察之，则山下皆石穴罅。"上句虽仅七字，但表意远超七字以外。以"归"见"人"，以"云"见"山"，以人"归"而闻"声"，可见组字有以少胜多之功，全仗作者裁夺有方。本句造境绝佳，一幕云山归人的动景宛然在目：雨后山云攒集，归径迷蒙，雾裹云缠之中，不见人影，但闻屐响。当归人忽然穿出云缝时，眼前一片清景豁然开朗，心胸亦随之开阔。"忽"字尤为传神，不仅体现人从云中走出云外这一动景的连续性，还体现双眸豁然的开朗心境。对此句意境的解读可以有两个角度：其一，诗中景象是"归人"的体验。读者心随归人，则有"畅神"之妙；其二，诗中景象为读者所见。归人从云罅中走出，一如动画，可感诗情画意。

下句既可以是独立的，也可以看作上句的续句。能看"万山"当是俯视，而雨霁之初，山脚雾霭未退，一如轻纱，青山便有朦胧之美。此时俯瞰万山重叠，远近浓淡，既有气势磅礴的壮美，又有岚紫雾绕的柔美。雨后翠微如洗，空气清澈，最能激发诗情。宋张耒《初见嵩山》："车来鞍马困尘埃，赖有青山豁我怀。日暮北风吹雨去，数峰清瘦出云来。"诗人见雨后"数峰"便能"豁我怀"，当此"雨后万山"，其诗怀将是怎样的豁达？

"鱼、色"二唱

佚名

是色是空无着相,非鱼非我总忘机

是色是空,《般若波罗蜜多心经》中的"色即是空,空即是色"是大乘佛教的重要义理。色指一切有形的物质,这些物质都因缘和合而生,其当体即空,故说色即是空。"色即是空,空即是色"包含深刻的哲学思想,"色"非指女色,"空"也非虚无乌有。佛教有所谓苦、集、灭、道"四谛"。"苦谛"指人生在世有生、老、病、死等无数烦恼。"集谛"是对造成痛苦和烦恼的原因的分析,认为宇宙万物及现象不能独立存在,而由多种因素集合而成。因此所有实体没有单独的"自性",即"诸法无我",一切事物又都变化无常,故称"诸行无常",这便是"空"的主要内容。"灭谛"是佛教的最高境界,就是通过涅槃,达到超越人生苦难烦恼和生死轮回。"道谛"是通往涅槃之路,方法归纳为"戒、定、慧"。"色即是空",让人们认识到事物的现象,从而认识到,诸多的苦和烦恼都是人心中的虚妄产生的。"空即是色",则由事物的共性,因缘关系,让人们知道因果报应,善恶循环。着相,佛教术语,意指执着于外相、虚相或个体意识而偏离本质。"相"指事物在我们脑中形成的认识,或称概念。它可分为有形的(可见的)和无形的(也就是意识)。本诗上句意思是"色"与"空"这两个概念不能(或无法)执着外相的认识。

非鱼非我,典出《庄子·秋水》。庄子与惠子游于濠梁之上。庄子曰:"鯈鱼出游从容,是鱼之乐也。"惠子曰:"子非鱼,安知鱼之乐?"庄子曰:"子非我,安知我不知鱼之乐?"惠子曰:"我非子,固不知之矣;子固非鱼也,子之不知鱼之乐,全矣。"庄子曰:"请循其本。子曰'汝安知鱼之乐'云者,既已知吾知之而问我,我知之濠上也。"这便是著名的"濠梁之辩",辩论的双方都紧扣主题,但辩论者的思维截然不同。惠施是从认知的规律上来说,人和鱼是两种不同的生物,人不可能感受到鱼的喜怒哀乐。庄周则以艺术心态去看待世界,人乐鱼亦乐。这是典型的"移情"作用,庄周把自己的快乐移到鱼的情绪上,反过来更衬托出庄周的快乐。忘机,道家语,意为消除机巧之心。常用以指甘于淡泊,忘掉世俗,与世无争。

本诗两句一用佛家义理,一用道家思辨,匹对工整,可谓妙手剪裁,天衣无缝。

"心、事"四唱

佚名

险如兵事休轻弄,死在民心最可哀

兵事,战事、战争;兵法。西汉文景时晁错的《言兵事疏》是兵法力作,文中见解独到,有深刻的历史依据和坚实的现实基础,具有较强的可行性和操作性。对汉朝的边防巩固起到巨大的作用,历来为军事思想家所借鉴和应用。兵事涉及军队胜败,甚或一国存亡,故言不可轻弄。孙子说:"兵者,国之大事,死生之地,不可不察也。"轻弄兵事者,如赵括纸上谈兵。《史记·廉颇蔺相如列传》记载:战国时赵国名将赵奢之子赵括,年轻时学兵法,谈起兵事来父亲也难不倒他。后来他接替廉颇为赵将,在长平之战中,只知道根据兵书办,不知道变通,结果被秦军大败,身死兵灭。南宋徐钧《赵括》诗云:"少年轻锐喜谈兵,父学虽传术未精。一败谁能逃母料,可怜四十万苍生。"其后马谡步后尘,也成千古遗恨。

关于"民心"之论,著名者如《孟子·离娄上》所言"得天下有道,得其民,斯得天下矣。得其民有道,得其心,斯得民矣。得其心有道，所欲与之聚之，所恶勿施尔也。"后有"得民心者得天下"之说。又如唐魏徵《谏太宗十思疏》："怨不在大，可畏惟人，载舟覆舟，所宜深慎。"君主如夏桀、商纣、周幽王，皆因不得民心，自取灭亡。奸臣如董卓死后被点脐灯；严嵩被抛尸荒野；秦桧被铸成铁人，遭千古唾骂。他们的死最为可悲，皆因万古骂名难洗刷。

此诗立论精辟，警世之言，古今通鉴，可为论理警策之范句。

"山、节"四唱
高魁

四皓出山几误汉，五王屈节为扶唐

四皓，即商山四皓，《史记·留侯世家》中记载的汉初商山的四个道家隐士，分别为东园公、夏黄公、绮里季、甪里先生。后以"商山四皓"泛指有名望的隐士。刘邦见太子刘盈天生懦弱，才华平庸，有意废刘盈而立次子赵王如意。刘盈母亲吕后遵张良之计，聘请商山四皓助阵，致使刘邦打消改立如意为太子的念头。刘盈继位，为汉惠帝，因其仁弱，大权实际掌握在吕后手中，司马迁《史记》甚至不设惠帝本纪，而设"吕太后本纪"。吕后专权，险些断送刘氏江山。因此上联做出"四皓出山几误汉"的判断不无道理。

五王指唐代神龙政变中的五位功臣，分别是张柬之、敬晖、崔玄暐、桓彦范、袁恕己五人，他们是这次政变的主要策划者和实施者，唐中宗李显登基后不久，五人被封为郡王，但不久先后被贬为刺史、司马。张柬之、崔玄暐在被贬途中病死；敬晖、桓彦范、袁恕己则在被贬途中被杀。睿宗李旦即位后五人被平反，追复官爵，获得配享中宗庙庭的资格。下句言五王于武则天时期为官是"屈节"，但最终为"扶唐"尽力。

"时、事"六唱

佚名

三春病放花时过，一老贫犹酒事治

三春，有多重含义。一指春季三个月。农历正月称孟春，二月称仲春，三月称季春。唐白居易《别毡帐火炉》诗："离恨属三春，佳期在十月。"元宋方壶《斗鹌鹑·踏青》套曲："娇滴滴三春佳景，翠巍巍一带青山。"二指春季的第三个月，暮春。唐岑参《临洮龙兴寺玄上人院同咏青木香丛》诗："六月花新吐，三春叶已长。"清姚鼐《乙未春出都留别同馆诸君》诗："三春红药熏衣上，两度槐黄落砚前。"三指三个春天。晋陆机《答贾谧》诗："游跨三春，情固三秋。"唐崔璞《蒙恩除替将还京洛》诗："两载求人瘼，三春受代归。"花时，百花盛开的时节。宋王安石《初夏即事》诗："晴日暖风生麦气，绿阴幽草胜花时。"上句意指春天百花盛开的季节，却因病不能前往观光，白白放过美好时光。"放"字尤佳，体现作者爱花心切，不肯放过观花时机。

酒事，当指喝酒之事或与喝酒有关的轶事。孤苦老人，家贫四壁，百般无奈，只好借酒忘忧，以进入醉乡，浑然忘贫为寄托。古有借酒浇愁者，此老则以酒治贫，"治"字颇为别致。"治"的对象本是病，贫何以能"治"？不过借暂时的忘怀，逃脱现实而已，醒后却发现窘迫依然，更加深了苦闷，这样造句使主题的揭示更加深刻。

病、贫为人所厌恶，此类俗情入诗或恐无味，但此诗托言花事与酒事，亦属可读。"犹"与"放"虚实相对，欠工整。

"先、手"七唱

佚名

得意无如螯在手,归心竟与雁争先

"螯在手"当源自"毕卓持螯"典。南朝宋刘义庆《世说新语·任诞》:"毕茂世(毕卓)云:'一手持蟹螯,一手持酒杯,拍浮酒池中,便足了一生。'"毕卓以为持蟹畅饮,泡在酒池之中方是乐事。后遂用"持螯、持蟹、把蟹、左持蟹右持杯、持杯擘蟹、一生拍浮"等写喝酒,或借此以抒发友好、激愤、放浪之情。宋辛弃疾《贺新郎·用前韵再赋》词:"右手淋浪才有用,闲却持螯左手。"晚清高旭《对菊感赋》诗:"聊复持螯且自夸,万千心事乱如麻。"周恩来《送蓬仙兄返里有感》诗之一:"扪虱倾谈惊四座,持螯下酒话当年。"

下句当用元好问《山中寒食》诗句"乐事渐随花共减,归心长与雁相先"。雁群每年因避北方寒冷而往南飞,此景象最易勾起诗人归家的联想。古时交通极为不便,关山阻隔,旅途艰辛,鞍马劳顿,在外之身既无缩地仙术,亦无化鸟神功,唯羡慕大雁自由飞翔,归思之急则胜过大雁。言"与雁争先",是化抽象为具象,借拟人手法,增强诗句的感染力。

"先、手"嵌字稳妥,浑无痕迹。但得意之"得"为动字,归心之"归"为静字,尚有不工。另,前人求严对,事典须对事典,诗典须对诗典,事典对诗典,难免微疵。

图5-5 归心竟与雁争先

图5-6　远水诗心笭箵外

"心、事"四唱

佚名

远水诗心筌筲外,连村穑事桔槔中

筌筲,渔具的总称,亦指贮鱼的竹笼。唐陆龟蒙《渔具》诗序:"所载之舟曰舴艋,所贮之器曰筌筲。"宋陆游《湖塘夜归》诗:"渔翁江上佩筌筲,一卷新传范蠡经。"上句中的诗人兼爱钓鱼,然诗思不囿于筌筲(代指渔事)之中,而超然于远水之外。与宋欧阳修《醉翁亭记》所说"醉翁之意不在酒,在乎山水之间也"颇为相类。

桔槔,原始的汲水工具。桔槔是以一根竖立的架子为支点,加上一根细长的杠杆,后端悬挂重物,前端悬挂水桶,一起一落,汲水可以省力。农业灌溉方面,商代开始采用桔槔,一直延续了几千年。《诗经·魏风·伐檀》:"不稼不穑,胡取禾三百廛兮?"《毛传》解释说:"种之曰稼,敛之曰穑。"种植叫"稼",收割叫"穑",后用"稼穑"泛指农业劳动。穑事,指农事。明文徵明《五月》诗:"时光临角黍,穑事望梅霖。"下句"连村"的意象,犹如连续展开的大画面,"桔槔"则是特写,由此勾画出乡村农事繁忙的生动图景。

作诗力求选材精准、典型。本诗选用的筌筲、桔槔意象,极具代表性和形象性,且二者对仗极为工巧。意象融彻,作意含蓄,能引发象外之思。

"夜、云"二唱

翁安宇

残夜远山生缺月,低云曲浦漏斜阳

残夜,夜将尽未尽之时。上联以白描写景,手法平淡无奇,似无丝毫抒情的迹象。句中之月是诗人千古吟咏不衰的对象。几千年来,月已被赋予诸多意象:表达闲适旷达之怀、思乡怀人之愁、孤苦凄清之感、悲欢离合之情、时空永恒之慨等。远山之"缺月"当指"残月",即"娥眉月"。残月娥眉月于月末黎明出现在东方天空,月面朝东,呈 C 状(新月娥眉月于月初傍晚出现在西方天空,月面朝西,呈反 C 状)。宋柳永《雨霖铃》"今宵酒醒何处?杨柳岸,晓风残月",这是以残月写离愁的千古名句。古人重惜别,皆因古时交通极为不便,一别经年,再面或难。为了赶路,相别多在黎明,因此黎明前特有的残月就成离愁的象征,柳永之句正因此而动人心弦。以残月言别情之诗词很多,如唐韩偓《愁诗》"门掩落花人别后,窗含残月酒醒时";王昌龄《青楼怨》"肠断关山不解说,依依残月下帘钩"。本诗营造的恰是古人送别之景,或有别情、怀人之寄托?

下句写景,浑如一幅美妙的摄影作品。福建霞浦的"滩涂摄影"最能契合此诗之境。霞浦的海岸线长度居福建县市之首,沿海有众多"曲浦"(滩涂、沙滩、海岸),且景观周边多有山,既可平摄,亦可俯摄。"滩涂摄影"因作者的创意不同,作品精彩纷呈,美不胜收,在国内外大赛中频频获奖。霞浦因此赢得"摄影家的摇篮""全国十佳摄影基地之首"美誉。摄影家十分重视构图、色彩与用光,本诗境则三者皆备。构图上,"曲浦"体现曲线之美。"低云"横卧,与曲浦形成线条上的对比。色彩上,浦水青碧,低云如棉,斜阳漏红,加上水光的反射,画面色彩鲜美。用光上,一束阳光从云罅斜照而下,明亮的光束和水面的波光,形成画面的"高调",相比之下,背光处形成暗色调。这种光影效果形成的如诗如梦般意境,是摄影家、画家烟霞痼疾,朝暮相守的原因①。诗

---

① 烟霞痼疾,成语,指爱好山水成癖。出自《新唐书·田游岩传》:"臣所谓泉石膏肓,烟霞痼疾者。"

中"低云",景象独特,似有与海亲昵之感。而"漏"字之传神,写活了斜阳。

"心、事"四唱
佚名
官闲诗事何曾废,亲在名心不敢违

诗事,作者本人或与诗友一起作诗、吟诗、论诗之事。上句言为官公余仍有作诗之雅兴,不曾荒废诗事。譬如,末代帝师、听水老人陈宝琛有"钟圣"之誉,他"酷嗜敲诗戏(按,诗钟),几类竹战(按,打麻将),虽深夜不以为苦"。上联表达为官者不忘诗事的雅情逸致。

亲,此指双亲,父母。名心,求功名之心。清李渔《风筝误·遣试》:"老年最忌名心热,壮岁还愁宦念疎。"清沉曰霖《晋人麈·异闻·刻阴骘文得中式》:"然自维迟暮,名心久冷,固非有为而为也。"古代贤人多视名利为浮云,鄙视追名逐利者。然凡人很难摆脱世间的名缰利锁,例如家族祠堂皆以朝廷旌表为荣,追求光前裕后,荣宗耀祖。本诗承认自己有功名心,聪明的是将责任推到父母身上——为获得父母的欢心才求取功名,这样即避免高人讥讽,又能获得孝顺的好名声,心思可谓高妙!

"镜、衣"二唱
佚名
汉衣解以亲韩信,秦镜悬难识赵高

上联言"解衣推食"之典。楚汉相争时,韩信因不被重用,弃项羽而投刘邦。刘邦认为韩信有大才,将自己的衣服、美食、兵马送给韩信。韩信带兵灭掉齐国后,项羽派武涉劝韩信自立为王,被韩信拒绝。《史记·淮阴侯列传》载:"韩信谢曰:'臣事项王,官不过郎中,位不过执戟,言不听,画不用,故倍楚而归汉。汉王授我上将军印,予我数万,解衣衣我,推食食我,言听计用,故吾得以至于此。夫人深亲信我,我倍之不祥,虽死不易。幸为信谢项王!'"

下联意指秦镜既然能鉴忠奸,却不能识赵高之佞,含讽刺意。秦镜,亦作"秦鉴",典出晋葛洪《西京杂记》卷三:"高祖初入咸阳宫,周行库府……有方镜,广四尺,高五尺九寸。表里有明,人直来照之,影则倒见;以手扪心而来,则见肠胃五脏,历然无碍;人有疾病在内,掩心而照之,则知病之所在。又女子有邪心,则胆张心动。秦始皇常以照宫人,胆张心动者则杀之。"后以"秦镜、咸阳镜"等指明镜,能分辨是非善恶,比喻官员判案公正廉明,不徇私情,也喻人料事清楚,见解深刻。如清李渔《比目鱼·骇聚》:"若非秦镜高悬,替老夫伸冤雪枉,不止陨身败名,亦且遗臭万年。"赵高,秦朝二世丞相,著名奸相,曾逼死秦始皇长子扶苏、秦二世胡亥,害死宰相李斯,独揽大权,结党营私,指鹿为马,后被子婴设计杀掉(一说章邯所杀)。赵高指鹿为马的典故见《史记·秦始皇本纪》:"赵高欲为乱,恐群臣不听,乃先设验,持鹿献于二世,曰:'马也。'二世笑曰:'丞相误邪?谓鹿为马。'问左右,左右或默,或言马以阿顺赵高。"

"曲、钟"七唱

幼村

雨淋蜀道相思曲,霜降丰山应候钟

雨淋,即雨霖铃,亦作雨淋铃,词牌名,唐李隆基首作。南宋王灼所著《碧鸡漫志》卷五引《明皇杂录》及《杨妃外传》云:"明皇既幸蜀,西南行,初入斜谷,霖雨弥旬,于栈道雨中闻铃,音与山相应。上既悼念贵妃,采其声为《雨霖铃》曲,以寄恨焉。时梨园弟子惟张野狐一人,善筚篥,因吹之,遂传于世。"唐白居易《长恨歌》"行宫见月伤心色,夜雨闻铃肠断声"可参读。此曲因唐玄宗入蜀时,在雨中听到铃声想起杨贵妃而作,故有哀伤的成分。后世以柳永《雨霖铃》最为有名,其"多情自古伤离别,更那堪、冷落清秋节"更成为千古名句。

下句言丰山之钟应霜降气候而鸣响,诗人笔下的钟声是对时间流逝的警示。霜钟,语本《山海经·中山经》:"(丰山)有九钟焉,是知霜鸣。"郭璞注:"霜降则钟鸣,故言知也。"南朝齐谢朓《雩祭歌·黑帝歌》:"霜钟鸣,冥陵起,星回天,月穷纪。"唐李白《听蜀僧濬弹琴》诗:"客心洗流水,余响入霜钟。"宋陆游《风流子》词:"肠断市桥月笛,灯院霜钟。"清厉鹗《游菁山常照寺》诗:"乞身向空谷,说法鸣霜钟。"

此联眼字妥帖,但上句有人,下句无人,"相思"对"应候"亦欠工整。

"风、气"六唱

林屏侯

史略功勋先气节,诗原情性次风裁

略,省去,简化,在此指忽略、省略。气节,志气和节操,指坚持正义,有所不为的操守。上联从论史的角度,认为气节重于功勋,旗帜鲜明地提出"先气节"的观点。国人素仰节义之士,但将功勋与气节相比而论,未见前人。其论点精辟,史上论据如山。譬如明朝洪承畴,功勋显著,曾作联云"君恩深似海,臣节重如山",降清后亦多建树,但其变节行为却招诟病。黄道周曾作谐音联回应洪承畴劝降,"史笔流芳,虽未成名终可法;洪恩浩荡,不能报国反成仇",此联对史可法和洪承畴作褒贬对比,表明心迹。黄道周就义前曾血书"纲常万古,节义千秋;天地知我,家人无忧"。这些都力证"史略功勋先气节"的观点。

情性,本性、性格、情意。严羽在《沧浪诗话》中提出:"诗者,吟咏情性也。"风裁,指诗歌刚劲有力的风格。"诗原情性"可解作:诗原本是吟咏情性的;亦可联系后文解作:诗之风格原本是诗人情性所决定的。强调诗人当以情性为重,风裁次之,情性决定风裁。这一诗学思想发端于严羽,而高标于袁枚的"性灵说"。公安派提出"独抒性灵,不拘格套",袁氏上承公安派的诗歌主张,认为写诗要抒发真性情,提出"性情之外本无诗","作诗不可无我"的观点。

作诗提倡用意象造句,以增强形象感。纯粹用抽象概念造句,往往难出佳构,除非作者有极为精辟独到的见解。此诗立论高屋建瓴,不容置否,诗风爽劲,不愧杰作,亦可窥见作者之情性。

"阳、上"一唱

佚名

阳关柳折伤心地,上苑花簪得意时

阳关,西汉设置的丝绸之路南路的必经关隘,位于甘肃省敦煌市西南的古董滩附近,因在玉门关之南,故名阳关,是古代军事要塞。阳关和玉门关同为通往西域的交通门户。自古以来,在人们心中,阳关总是凄凉悲惋,寂寞荒凉的处所。折柳,古人离别时,有折柳枝相赠之风俗,寓含"惜别怀远"之意。柳与离情别意相联系,最早见于《诗经·小雅·采薇》:"昔我往矣,杨柳依依;今我来思,雨雪霏霏。"古时柳树又称小杨或杨柳,因"柳"与"留"谐音,可表挽留之意。"折柳"最早出现在汉乐府中,《折杨柳歌辞》云"上马不捉鞭,反折杨柳枝"。其后有关折柳的诗文很多,最著名的当属"灞陵折柳"。清褚人获在《坚瓠广集》卷四中提出:"送行之人岂无他枝可折而必于柳者,非谓津亭所便,亦以人之去乡正如木之离土,望其随处皆安,一如柳之随地可活,为之祝愿耳。"本诗句作意当源于王维《送元二使安西》:"渭城朝雨浥轻尘,客舍青青柳色新。劝君更尽一杯酒,西出阳关无故人。"后由乐人谱入乐府,成为唐朝非常流行的送别曲。因末句"西出阳关无故人"反复歌唱,所以称为《阳关三叠》。

上苑,又称上林苑,古代汉族园林建筑。汉武帝在秦代的旧苑址上扩建而成的宫苑,规模宏伟,宫室众多,地跨长安、咸阳、周至、户县、蓝田五县县境,纵横三百里。上林苑既有自然美景,又有华美的宫室组群,是秦汉时期汉族宫苑建筑的典范。上林苑亦是汉武帝尚武之地,驻扎皇帝的亲兵羽林军。后以上林苑指皇家园林,在本诗中当指琼林苑,宋朝汴京城西的皇家花园。簪花,此指男士插花于冠。唐朝已有男子簪花的现象,宋朝更日益普遍。本诗下句当指新科进士受恩宠,在皇家园林享受琼林宴,簪花游园,春风得意之事。琼林宴始于宋太祖,殿试后由皇帝宣布登科进士的名次,赐宴庆贺。宋柴元彪《高阳台·怀钱塘旧游》:"琼林侍宴簪花处,二十年,满地苍苔。"

分咏"走马灯、夜壶"

佚名

总为趋炎娴控纵,却因溺爱惯提携

分咏诗钟作法往往类似谜语,即采用别解法,使诗句"谜趣"盎然,令人拍案,充分体现诗钟斗巧、戏谑的特征。从字面上看,上联讽刺投机者总是为了趋炎附势而操纵阴谋;下联则批评长辈对晚辈的过分溺爱,习惯于一味提携。两句皆具针砭意味。然而,从咏物的角度看,上联"炎"也指走马灯火焰之热,"趋炎"则指走马灯围观者的情态,"控纵"指走马灯的制作、使用。下联"溺爱"恰好扣合夜壶,因为夜壶也叫"溺器"。夜壶顶上有提手,使用时必须"提携"。从灯谜的角度看,本诗"制谜"上下联均扣合贴切,别解巧妙,非但构思机警,谜面亦流畅而无赘字。

分咏体诗钟易稳难工,本诗不仅构思巧妙,裁对亦工整,洵属难能!

"一、中"一唱

陈笃初

一士名成诗案后,中原事过钓竿前

诗案,典出"乌台诗案"。宋元丰二年(1079),御史何正臣上表弹劾苏轼,奏劾苏轼移知湖州到任后谢恩的上表中用语暗藏讥刺朝政,御史搜罗苏轼的诗稿,从诗中寻找证据,罗织罪名。这案件由监察御史告发,御史台受审。"乌台"即御史台,因官署内遍植柏树,又称"柏台"。柏树上常有乌鸦栖息筑巢,故称乌台。此案结果是苏轼被贬为黄州团练副使。在黄州期间,苏轼撰诗并书《寒食帖》,发人生之叹,写苍凉之情,表惆怅孤独之怀,通篇书法起伏跌宕,风神秀逸,无荒率笔,被称"天下第三行书",墨迹素笺本,现藏台湾故宫博物院。苏轼素有才名,其才并非诗案之后才彰显,因此句中之"名"当包含诗案本身的知名度。

下联言钓徒生涯。史上知名钓徒当推姜尚、严光、张志和,与本句最契合者应是张志和。张志和于唐玄宗、唐肃宗两朝为官,后有感于宦海风波,人生无常,于母、妻相继故去后,弃官弃家,浪迹江湖。唐肃宗曾赐他奴、婢各一,张志和遂偕婢隐居于太湖流域的东西苕溪与霅溪一带①,最后来到湖州城西西塞山渔隐,自称"烟波钓徒"。在此,张志和写下著名的词句"西塞山前

---

① 苕溪,由东、西两溪组成,两条溪大小相仿,又称姐妹溪。

第五章 钟例解析 | **235**

图5-7 一士名成诗案后

图5-8 食叶蚕闻箔上声

白鹭飞,桃花流水鳜鱼肥"。下联作意高妙,本该是"水"过钓竿前,却言"事"过钓竿前。"中原事"的模糊性,使得诗句的解读空间无限宽广,能催发读者"象外之象"的联想。着一"过"字,亦有"味外之旨",即中原事皆如眼前流水而过,颇有"浪淘尽,千古风流人物"之意。与"事过"对应的是钓徒的"静观",那是洞彻世事之后归于宁静的超脱。

"蝶、衣"二唱

佚名

晒衣蝶褪花间粉,食叶蚕闻箔上声

褪,原义是卸衣,解作卸衣、脱落、色减、退却。如宋辛弃疾《生查子·梅子褪花时》"梅子褪花时,直与黄梅接",鲁迅《雪》"而嘴上的胭脂也褪尽了"。上句诗的意象是:蝴蝶翅膀五彩斑斓,犹如华美的花衣,这件花衣晾晒在艳阳天下的花丛中。由于蝴蝶在花间穿行,蹭落了翅膀上的粉,导致花衣褪色,犹如衣服被太阳晒成褪色一般。此句构思绝妙,以"趣"为胜。仅七字就包含如此多的意涵,可为典雅蕴藉的范例。本句脱化自宋张耒《夏日》"蝶衣晒粉花枝舞,蛛网添丝屋角晴"。

箔,竹帘子,养蚕的器具,多用竹制成。养蚕一般置于暗室,于箔上铺桑叶。在安静之时仔细听,可闻蚕啃食桑叶的声音,唯有细心者才能觉察。

"闲、俗"六唱

沈叔恺

世网只能罗俗辈,车尘应不到闲门

世网,将尘世比作大网,喻社会上法律礼教、伦理道德乃至名利之心对人的束缚。宋苏舜钦《春睡》诗："嗒尔暂能离世网，陶然直欲见天机。"清墨浪子所著《西湖佳话·放生善迹》："我已踢开世网，打破爱河，自寻出路，你却怎么结局？"俗辈，平庸鄙俗的一类人。宋戴复古《诸葛仁叟县丞极贫能保风节有权贵招之不屑其行》诗："俗辈众多吾辈少，素交零落利交兴。"上句意为世俗之大网只能网住庸俗之辈，超凡者自能避之。

车尘，指征车扬起的灰尘。征车即古代征召贤达使用的车子。清方文《送刘孔安北上》诗："大云起幽壑，征车来何迟！"清顾景星《〈楝亭诗钞〉序》："不佞征车来长安，晤子清如临风玉树。"下联是说我等无名之辈，应该没有征车来到清闲的门庭。

此诗上句重，下句稍轻。因为下句"应不"语气还不够果断，似有所盼。如将"到"改为"玷"，更能表明高洁的心境，则两句铢两悉称矣。

"铁、珠"一唱

逸仙

珠帘画栋凌高阁，铁板铜琶唱大江

上句是唐王勃《滕王阁序》中七律之前四句的缩写，原句为"滕王高阁临江渚，佩玉鸣鸾罢歌舞。画栋朝飞南浦云，珠帘暮卷西山雨……"作者以引用手法，裁剪前人诗作成句。

铁板铜琶，出自《历代诗余》所引宋俞文豹《吹剑录》里评论苏词风格的话：

东坡在玉堂日，有幕士善讴，因问："我词比柳词如何？"对曰："柳郎中词，只好于十七八女孩执红牙拍板，唱'杨柳岸晓风残月'；学士词，须关西大汉、铜琵琶、铁绰板，唱'大江东去'"。公为之绝倒。

后演绎出"抱铜琵琶,执铁绰板"之说,形容豪放激越的文词。"玉堂"是宋代翰林院别称;"柳郎中"即当时词人柳永;"大江东去"是苏轼《念奴娇·赤壁怀古》首句,后人多以"大江东去"代表苏轼的创作风格。辛弃疾继承苏词豪放的特点,其创作取得较高的成就。

两句均用引用法,顺手拈来,造句流畅,对仗工整。

"火、云"二唱

佚名

不火咸阳秦亦灭,无云芒砀汉终兴

上联言项羽即便不火烧咸阳宫、阿房宫,秦朝也会灭亡。唐杜牧《阿房宫赋》:"族秦者秦也,非天下也。嗟乎!使六国各爱其人,则足以拒秦;使秦复爱六国之人,则递三世可至万世而为君,谁得而族灭也?秦人不暇自哀,而后人哀之;后人哀之而不鉴之,亦使后人而复哀后人也。"杜牧认为秦朝覆灭的根本原因是不"爱人",秦因暴政而自取灭亡。

下联言芒砀山虽然不高,没有风云激荡之势,但刘邦据此啸聚山林,最终开创四百余年大汉王朝勋业。芒砀,芒砀山,位于豫、皖、苏、鲁四省结合部的河南省永城市芒山镇,因汉高祖刘邦斩蛇起义而闻名于世。"无云"暗示刘邦家世没有势力,汉兴靠的是笼络人才、顺应人心。

此诗采取上下联对比的手法,一贬一褒,兴亡可鉴,颇具借古劝今的警世意味。

"远、行"七唱

章季龙

好梦醒嫌人隔远,达观死似客长行

起句抒情含蓄,未指明好梦的具体内容,但由后面的"人隔远"可以揣测,当是与情人缱绻之梦,或是与挚友久别重逢之梦,抑或是与家人团圆之梦。正因梦境不明,才能催发读者的多种猜想,反而使诗句富于意涵。古时交通不便,关山阻隔,亲友相聚十分难得,故倍感亲切。当现实难求时,只能在梦里聊以慰藉。梦中弥漫的柔情、亲情、友情自是美好,只可惜醒来一场空。前后对比的心理落差,正是此句感人之处。作者采用衬托的修辞手法,以喜衬愁,则愁可倍增。

下句言对死的达观,一般的说法为视死如归、虽死犹生。这里却别出心裁地说成死是长行(自然是无限期的长途旅行)。这种达观,对于死者而言,是安慰,亲朋好友却因此似有期盼,不至于过分伤心。临死而能达观者皆因有所凭借,所以临死不惧者史不乏人。文天祥是凭借"留取丹心照汗青",谭嗣同是凭借"去留肝胆两昆仑",皆能正气凛然。佛教谓死为超度极乐世界,所以不哭。道家之庄子则对妻子之死"鼓盆而歌",认为人死犹如四季变化之必然,嗷嗷哭之是"不通乎命"。这种达观着实是一种哲学艺术,我辈几能做到?

此诗眼字妥帖,文句畅达,诗味隽永,富有感染力,唯"隔"(动词)对"长"(形容词)有内外科之嫌。

"花、绿"五唱

乾甫

竟忍偷生花蕊辱,自甘效死绿珠贞

　　花蕊,花蕊夫人。史上称花蕊夫人者有三人,都在五代十国时期。其一为前蜀主王建淑妃徐氏。其二为后蜀主孟昶妃子徐氏(一说姓费),封为慧妃。其三为南唐后主李煜的宫人,闽人之女,雅好赋诗,于南唐亡后,被俘入宋宫,后为晋王所杀,人称小花蕊。本诗中的"花蕊"当为蜀主孟昶的徐贵妃,五代十国女诗人,幼能文,尤长于宫词。以"花不足以拟其色,蕊差堪状其容",得幸蜀主孟昶,赐号花蕊夫人。孟蜀亡国后,被掳入宋。宋太祖久慕其才色,召徐氏陈诗。徐氏当场诵出《述亡国诗》:"君王城上竖降旗,妾在深宫那得知?十四万人齐解甲,更无一个是男儿。"据宋吴曾《能改斋漫录》,花蕊夫人此诗改自前蜀王衍降后唐,王衍承旨所作之诗"蜀朝昏主出降时,衔璧牵羊倒系旗。二十万人齐拱手,更无一个是男儿"。花蕊夫人此诗为后世文人所称许,但也有人认为是讨好宋太祖,讽其委身宋太祖为耻辱。本诗即以"偷生忍辱"表明作者立场。

　　绿珠,西晋富豪石崇的宠妾。传说生于越地白州境内(今广西博白县),绝艳姿容世所罕见。古时越地民俗以珠为上宝,生女称为珠娘,生男称作珠儿,绿珠的名字由此而来。一说石崇为交趾采访使,以珍珠十斛得到绿珠,因以名珠。石崇在"八王之乱"中被免官,当时赵王司马伦专权,依附赵王的孙秀暗慕绿珠,派人索取绿珠,石崇坚持不给,孙秀大怒,劝赵王伦诛石崇。赵王伦于是派兵杀石崇。《晋书石崇传》之《崇有妓曰绿珠》:"崇谓绿珠曰:'我今为尔得罪。'绿珠泣曰:'当效死于官前。'因自投于楼下而死。"后人凭吊绿珠的诗篇繁多,著名者如杜牧《金谷园》:

"繁华事散逐香尘,流水无情草自春;日暮东风怨啼鸟,落花犹似坠楼人!"人们以桂花的散落譬喻绿珠一跃而下的凄美留芳,尊她为八月桂花花神。

本诗以历史上两个著名美人经历的事件和结局作对比,对仗工整,铢两悉称,一抑一扬,颇耐回味。

"乐、平"七唱
郑名彦

腐败清时肝太乐,贪馋戒后胃舒平

此诗大约作于20世纪80年代末或90年代初,当时社会腐败现象较严重,国人谈起腐败皆群情激奋,咬牙切齿。倘能清除腐败,则肝太乐矣!按中医理论,肝主怒。腐败使人生怒,怒必伤肝,故腐败清除之日,必是肝太乐之时。

下联"贪馋",以贪吃比喻贪污。如能戒掉贪馋之弊,不再暴饮暴食,则胃可以得到休息,于是胃舒适安平了。

此联妙在将"肝太乐"和"胃舒平"这两个药名嵌入句中,十分贴切自然,读来令人忍俊不禁,是寓庄于谐的经典之作。

"先、直"二唱
佚名

元直归曹缘有母,奉先助卓已无君

上联说徐庶归顺曹操是因为母亲被扣押之故,暗誉徐庶孝心。元直,徐庶之字。徐庶曾投奔刘备,推荐诸葛亮。徐庶南下时因母亲被曹操所掳获,不得已辞别刘备,进入曹营。此事后来被艺术加工,"徐庶进曹营,一言不发""身在曹营心在汉"等被广为流传,徐庶因此成为孝子的典范而被称赞。

奉先，吕布字奉先。东汉末年名将，汉末群雄之一。先后为丁原、董卓的部将，后与董卓结为父子，又被董卓提拔为中郎将，封都亭侯。董卓挟汉献帝迁都长安，自知凶暴为人所恶，时常要吕布作自己的侍卫，守卫中阁。无君，无父无君之省。原为孟轲斥责墨翟、杨朱之语，后以讥刺无伦常者。战国孟轲《孟子·滕文公》："杨氏为我，是无君也；墨氏兼爱，是无父也。无父无君，是禽兽也。"下联言吕布助董卓，此等助纣为虐行径是"无君"的行为。

儒家思想重视"十义"，此诗以忠孝为主题，颇合受传统教育的词宗口味。

"心、事"四唱

佚名

门外尘心黄叶隔，天涯家事北风来

尘心，指凡俗之心，名利之念。黄叶，指枯黄的树叶，亦借指将落之叶。在诗词中代表凋零、成熟、美人迟暮、新陈代谢等意象。上联以门外尘心衬托门内的清净之心，借黄叶的遮蔽，使清净心不至于受红尘之扰。或以黄叶比喻修行之果的成熟。那么，隔尘心者是道？是僧，抑或是隐者？从黄叶或可推测，因为黄叶在佛教语中特指杨树黄叶为金，比喻天上乐果，能止人间众恶。由此推测主人翁或是空门之人。当然这样的解释未必是作者原意，然而"作者未必然，读者何必不然"，笔者的解读若是"正误"，不也丰富了诗的内涵吗？

天涯，即天边。家事，指家庭事务；家庭状况，家境。下句将家事置于天涯之外、北风之中，令人联想起诗中人遥望家乡而不可及，臆测家事而不可知，北风凛冽更加深诗中人悲凉的心境。以北风起兴，倍增感染力。末字"来"，不仅指北风，也携带着思家之念。

图5-9　门外尘心黄叶隔

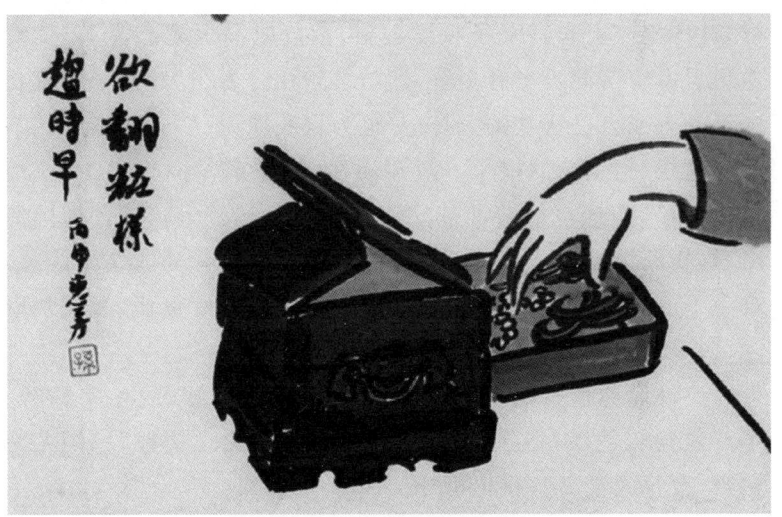

图5-10　欲翻妆样趋时早

本诗的意象选裁十分精审，含蓄微妙。写净地清心、写思家愁绪，皆"不着一字，尽得风流"，令人回味无穷。

"时、事"六唱
张景山
欲翻妆样趋时早，不种情根晓事迟

妆样，打扮的样式；打扮。宋张先《定西番》词："齐学汉宫妆样，竞婵娟。"上句言女子妆样翻新，欲赶时尚之先。古人云"女为悦自者容"，此言虽有多解，然与本句相合者当为，女子为喜欢自己的人或自己喜欢的人打扮，也为自我取悦。

情根，指爱情的根子。清孔尚任《桃花扇·栖真》："拿住情根死不松，赚他也做游仙梦。"清李渔《奈何天·调美》："提把绝命刀，斩断情根在这遭。"下句言人如果没经过恋爱或结婚成家，难免不成熟，晓事或迟。因恋爱成家须承担家庭责任，必须晓事才可。

诗钟堪称佳作者，或两句并佳，或一句巧妙，或一字精粹。本诗上句较平淡，但下句构思新颖，说理透彻，"情根"一词尤为精当，言凡人常事却自出机杼。

"花、梦"三唱
亦奇
何堪梦醒仍为客，依旧花开不见人

上句当用李后主典。五代时南唐后主李煜亡国后，归为臣辱，作《浪淘沙》词："帘外雨潺潺，春意阑珊。罗衾不耐五更寒。梦里不知身是客，一晌贪欢。"梦中一晌贪欢，醒来才知江山易主，身如居客，于是发出"流水落花春去也，天上人间"的浩叹。

下句用崔护诗典，写不见去年佳人，但见桃花依旧的惆怅。唐崔护《题都城南庄》："去年今日此门中，人面桃花相映红。人面不知何处去，桃花依旧笑春风。"唐孟棨《本事诗》和宋代《太平广记》则记载了此诗"本事"：崔护到长安参加进士考试，落第后，在长安南郊偶遇一美丽少女，次年清明节重访此女不遇，心生惆怅，于是题写此诗。"人面桃花，物是人非"这样一个看似简单的人生经历，道出千万人都似曾相识的共同生活体验，为诗人赢得不朽的诗名。后人借此入诗词者亦多。如宋袁去华《瑞鹤仙》"纵收香藏镜，他年重到，人面桃花在否"，蔡伸《柳梢青》"阴阴柳下人家，人面桃花似旧。但愿年年，春风有信，人心长久"，黄庭坚《次韵梨花》"桃花人面各相红，不及天然玉作容"，宋范成大《满江红》"却忆去年今日，桃花人面依前好"。

福建诗钟的风格，经历了早期尚用典故，到后期尚"白战"的流变过程。白描也提倡作者要有学养，力求造句有来历。本诗实为用典，但已化作白描，造句无"隔"。即便读者不知典实，同样不影响诗句的解读。因为两句均言人之常情，诗境似曾相识，故能引起读者共鸣。

"山、海"一唱

陈曦

山焚我更难臣晋，海蹈人终不帝秦

山焚，指晋文公焚山逼介子推（亦作介之推）下山之事。最早出自《左传》，后有多个版本。故事内容大体是：春秋晋献公时期发生"骊姬之乱"，晋公子重耳为免祸害，避难奔狄，介子推为随行的五贤士之一。逃亡途中，重耳饥饿难耐，介子推便割大腿肉，与野菜同煮成汤给重耳吃。重耳大受感动，称有朝一日做了君王，必重谢子推。后重耳回国，立为晋君，时值周室内乱，因出兵勤王而"未尽行赏"。子推认为忠君行为发乎自然,无需奖赏,视受赏为耻,于是携母隐居绵山。重耳后悔没能及时行赏,亲往绵山请子推,但不得见,于是烧山逼子推下山,子推最终还是不下山。人们在一棵枯柳树下发现其母子的尸骨。重耳悲痛万分,为哀悼介子推,下令全国于介子推被焚的三月五日禁止烟火,仅食生冷之食,于是有了后来的寒食节。难臣晋,意指难于在晋朝为臣。"臣"为名词作动词用。上联有暗责晋君意,以第一人称作句,更感诗意真切。

海蹈,"鲁连蹈海"之典。战国时齐国人鲁仲连不满秦王称帝的计划,曾说,秦如称帝,则蹈东海而死。后以之表示宁死不受强敌屈辱的气节、情操。《战国策》卷二十〈赵策·秦围赵之邯郸〉:"鲁连见新垣衍而无言。新垣衍曰:'吾视居此围城之中者,皆有求于平原君者也;今吾观先生之玉貌,非有求于平原君者也,曷为久居此围城之中而不去?'鲁仲连曰:'世以鲍焦为无从颂而死者,皆非也。众人不知,则为一身。彼秦者,弃礼义而上首功之国也,权使其士,虏使其民。彼即肆然而为帝,过而为政于天下,则连有蹈东海而死耳,吾不忍为之民也。所为见将军者,欲以助赵也。'"下联"不帝秦"意为不愿臣服而以秦为帝,"帝"作动词。

"时、事"六唱

佚名

才大不因难事梗,家贫翻悔少时奢

梗,阻塞,妨碍。上句言具大才者,不被难事所羁绊,总能举重若轻。"治大国,若烹小鲜",可作本诗上句注脚。伊尹便是中国最早的"大才"之一。据说汤曾向伊尹询问做饭菜的事,伊尹说:"做菜既不能太咸,也不能太淡,要调好佐料才行;治国如同做菜,既不能操之过急,也不能松弛懈怠,只有恰到好处,才能把事情办好。"商汤听了,很受启发,顿觉相见恨晚,当即命伊尹为"尹"(宰相),在汤和伊尹的经营下,商汤的力量逐渐壮大,最后推翻夏朝。

翻悔,原指后悔而推翻曾经允诺的事或说过的话,这里当作"幡然悔悟"解。因为年少不晓事,过惯奢侈生活,老来家境贫寒,幡然悔悟当初的奢靡生活。

此诗以理胜,两句皆理论完足。上联"梗"字尤佳,下联具有警世意义。

"野、生"六唱

佚名

桃叶已空成野渡,玉门能入是生关

桃叶,即桃叶渡,是南京市秦淮河上的一个古渡。其名称来源有二。其一,传说东晋时,秦淮河与古青溪水道两河岸边栽满桃树,春天起风时,接连不断的桃叶飘落,轻浮水面,谓之桃叶渡。其二,桃叶是晋王献之妾名,因王献之曾送桃叶至此渡头,遂有桃叶渡之名。桃叶渡是南京古名胜之一,位列金陵四十八景内。原渡口处有"桃叶渡碑""桃叶渡亭",六朝到明清,桃叶渡均为繁华地段,河舫竞立,灯船箫鼓。宋人曾极《桃叶渡》:"裙腰芳草拒长堤,南浦年年怨别离。水送横波山敛翠,一如桃叶渡江时。"清朝以后,桃叶渡渐渐荒废,故云"成野渡"。上联怀古之意甚浓。

玉门,即玉门关,在今甘肃省敦煌县西北,始置于汉武帝开通西域道路之时,因西域输入玉石时取道于此而得名。玉门关与阳关均为当时中原与西域交通必经关隘,曾是汉代重要军事关隘和丝路交通要塞。唐王之涣的《凉州词》:"黄河远上白云间,一片孤城万仞山。羌笛何须怨杨柳,春风不度玉门关。"因玉门关外荒凉无际,故谓春风不度。生关,"生入玉门关"之缩写。意谓班超久在西域,年老思念故土,上疏请求放归,希望在未死前,能活着回到家乡。《后汉书·班超传》:"臣不敢望到酒泉郡,但愿生入玉门关。"

"云、梦"一唱

陈组云

云横秦岭八千路,梦绕巫山十二峰

上句出自唐韩愈《左迁至蓝关示侄孙湘》:"一封朝奏九重天,夕贬潮州路八千。欲为圣朝除弊事,肯将衰朽惜残年。云横秦岭家何在,雪拥蓝关马不前。知汝远来应有意,好收吾骨瘴江边。"唐元和十四年(819),韩愈因上《谏迎佛骨表》,被唐宪宗贬为潮州刺史,责其即日上道。韩愈五十岁才擢升刑部侍郎。两年后遭此难,情绪十分低落,满心委曲、愤慨、悲伤。潮州州治潮阳在广东东部,距离京师长安千里之遥。韩愈只身一人,仓促上路,走到蓝田关口时,妻儿还没跟上来,只有侄孙子赶了上来,所以写下这首诗。秦岭,狭义上的秦岭,仅限于陕西省南部、渭河与汉江之间的山地,东以灞河与丹江河谷为界,西止于嘉陵江。广义上的秦岭是横贯中国中部的东西走向山脉。八千路,泛指路途遥远。

巫山十二峰,分别坐落于巫山县东部的长江两岸,江南江北各有六峰。江北六峰有登龙、圣泉、朝云、神女、松峦、集仙,均一一可见。江南六峰的净坛、起云、上升隐于岸边山后,只有飞凤、翠屏、聚鹤可见。十二峰绮丽如画,姿态万千,古往今来,擅奇天下,"放舟下巫峡,心在十二峰"便是写照。梦绕巫山,当用"巫山云雨"典。战国时楚襄王和宋玉共游云梦之台,见远处山峰如黛,云雾缭绕、瞬息万变,楚襄王不禁问:"那是什么云气?"宋玉答道:"这是朝云。"他解释说,楚怀王游历此地时,劳顿困乏而入睡。梦见一袅娜女子飘然而至,自称巫山女神,因仰慕楚怀王,愿自荐枕席。楚怀王大悦,两人一夜缠绵悱恻。天亮临别时,神女告诉楚怀王:"妾在巫山之阳,高丘之阻。旦为朝云,暮为行雨,朝朝暮暮,阳台之下。"看着佳人远去,楚怀王怅然若失,醒后观看云气,果然如神女所说。后以巫山云雨称男女欢合。唐元稹《离思五首·其四》:"曾经沧海难为水,除却巫山不是云。取次花丛懒回顾,半缘修道半缘君。"唐李商隐《有感》:"一自高唐赋成后,楚天云雨尽堪疑。"

此诗引用前人诗文,但玉尺剪裁,属对工整,化用典故,诗境开阔,自然流畅。

"官、物"六唱

成濂

唾面自干容物善,折腰未惯去官宜

唾面自干,刘𫠊《隋唐嘉话》卷下:"娄师德弟拜代州刺史,将行,谓之曰:'吾以不才,位居宰相,汝今又得州牧,叨据过分,人所嫉也。将何以全先人发肤?'弟长跪曰:'自今虽有唾某面者,某亦不敢言,但拭之而已。以此自勉,庶免兄忧。'师德曰:'此适所谓为我忧也。夫前人唾者,发丁怒也。汝今拭之,是恶其唾而拭之,是逆前人怒也。唾不拭,将自干,何若笑而受之?'"[①]指别人往自己脸上吐唾沫,不擦掉而让它自干,形容受了侮辱,极度容忍,不加反抗。上句意指能容忍才能容物。

下句是说"不为五斗米折腰",源于《晋书陶潜传》:"郡遣督

[①] 于石、王光汉、徐成志编:《常用典故词典》,上海辞书出版社 1985 年版,第 445 页。

邮至,县吏白应束带见之,潜叹曰:'吾不能为五斗米折腰,拳拳事乡里小人邪!'义熙二年,解印去县,乃赋《归去来兮辞》。"这则故事赞扬有骨气,不趋炎附势的高尚人格。此句作意与上句相反,互为对比。

"宦、风"一唱

紫潮

宦海寄生鸥笑我,风尘失路马骄人

宦,本义是做奴隶主或帝王的奴仆,后指官、做官,也指太监。宦海,比喻仕途、官场,官吏们勾心斗角,争夺功名、富贵的场所。晚清张春帆著有"官场小说"《宦海》,描写"宦海波涛,官场鬼蜮,出门荆棘,跬步崎岖"的情形。人处宦海,往往随波逐流,身不由己,于官员倾轧之间,难保初心之素,或有惊涛覆舟之险,何如海上一鸥,自在飞翔?故遭鸥之嘲笑。诗中之"我"未必是真,以第一人称叙事抒情,可增加语言的说服力。

风尘,比喻旅途的艰辛劳累,亦喻纷乱的社会或漂泊江湖的境况。常借以言世俗纷扰、战乱、流言蜚语、仕途。杜甫《蕃剑》诗"风尘苦未息,持汝奉明王",此风尘言战乱;刘峻《辨命论》"班则志烈秋霜,心贞昆玉,亭亭高竦,不杂风尘",此风尘指谗言;《晋书·虞喜传》"处静味道无风尘之志,高枕柴门,怡然自足",此风尘言仕途;清蒲松龄《聊斋志异·鸦头》"妾委风尘,实非所愿",此风尘言娼妓。失路,迷失道路,或指放弃正道,亦喻不得志,如唐王勃《滕王阁序》"关山难越,谁悲失路之人;萍水相逢,尽是他乡之客"。下句言仕途坎坷或江湖漂泊,人不得志,反不如马行于路,不知世道艰险,故马比人骄傲。

上下句均从对比联想下笔,将人与自由自在的动物作比较,借拟人的修辞手法,发处世不易之慨叹,构思巧妙而别致。

"古、天"六唱

乾甫

独伸奇气满天地,一扫陈言空古今

此作两句似无明确指向,然合乎句义者亦有典型之实。上句当以南宋文天祥《正气歌》为正解。《正气歌》为文天祥狱中所写五言古诗,开篇言:"天地有正气,杂然赋流形。下则为河岳,上则为日星……"作者阐发浩然正气存于天地间,时穷之际,必会显现。诗中连用十二个典故,皆为史上名人,他们的所作所为凛然显示出浩然正气的力量,借以论证浩然正气贯日月,立天地,为三纲之命,道义之根。作者联系自己兵败被俘,虽处环境极其恶劣之牢狱,但因自己一身正气,各种邪气和疾病都不能侵犯,故能坦然处之。全诗感情深沉,气壮山河,充分体现作者崇高的民族气节和强烈的爱国之情。

下句以韩愈"文起八代之衰"解读最为切合,"文起八代之衰"是苏轼在《潮州韩文公庙碑》中对韩愈的赞誉,赞扬他发起古文运动,重振文风的历史勋绩。"八代"指东汉、魏、晋、宋、齐、梁、陈、隋,这几个朝代正是骈文由形成到鼎盛的时代。两晋以后,骈文风气大盛,不分内容场合,几乎无文不骈、无语不偶,走上形式主义歧途。骈文内容大多风花雪月,儿女情态,无病呻吟,趋于堕落。唐代中叶,韩愈、柳宗元发起声势浩大的古文运动,主张用散句单行的形式写作散文,创作理论主张"文以贯道""词必己出""陈言务去""不平则鸣""气盛则言之短长与声之高下者皆宜"等,使这种散文逐渐代替此前的骈文并持续千百年。在这场运动中,韩愈的开创之功不可没,后人对韩愈评价很高,尊为唐宋八大家之首。因此"一扫陈言空古今"言韩愈最为贴切。

此诗以"气骨"为胜,颇能切合唐人殷璠"风骨""气骨"的论诗标准。

"青、色"七唱
吴彦士
比来妃子花无色,别后王孙草又青

上句写杨玉环羞花之貌。传说唐朝开元年间,美女杨玉环进宫后,因思念家乡而垂泪,她无意间以手摸花,花瓣立即收缩,绿叶卷起低下,原来她摸的是含羞草。这一场景被一宫娥看见,传遍宫中,说杨玉环和花比美,花儿都含羞地低下头。唐明皇听说宫中有个"羞花的美人",立即召见,封为贵妃,杨玉环"羞花"称号由此得来。唐李白《清平调》赞美杨玉环:"云想衣裳花想容,春风拂槛露华浓。"

下句典出唐王维《山中送别》:"山中相送罢,日暮掩柴扉。春草明年绿,王孙归不归。"王孙,指贵族子弟,诗中多代指离别的友人。末句化用《楚辞·招隐士》:"王孙游兮不归,春草生兮萋萋。"招隐士是言游子久去而叹其不归,王维则在与行人分手的当天就惟恐其久去不归。唐汝询在《唐诗解》中概括这首诗的内容为:"扉掩于暮,居人之离思方深;草绿有时,行人之归期难必。"因"归期难必",故而"离思方深"。此诗则从别后草又青的角度,寄托对友人的思念。

图5-11 别后王孙草又青

图5-12 鹦鹉前头情莫述

"马、前"三唱

佚名

鹦鹉前头情莫述,琵琶马上泪空弹

唐朱庆馀《宫词》:"寂寂花时闭院门,美人相并立琼轩。含情欲说宫中事,鹦鹉前头不敢言。"因鹦鹉会学舌,恐其透露说话者的心思,招致横祸。此诗说明,禁宫之内虽景物华美,但险象环生,宫女不但被夺去青春和幸福,连说话也不自由。本诗上联作义即从此诗出。

下联言王昭君出塞事。秦汉之际,北方匈奴族在冒顿单于的统治下,势力空前强大,拥有"控弦之士三十余万"。匈奴贵族为了掠夺财物和奴隶,不断向外扩地,骚扰汉边,给刚建立的西汉王朝带来严重的威胁。西汉为缓和汉匈关系,嫁宗室女与匈奴单于。昭君出塞是中国历史上的真实故事。昭君原为汉宫宫女,西汉五凤四年(前54),匈奴呼韩邪单于三入长安,向汉元帝请求和亲。王昭君听说后请求出塞和亲。竟宁元年(前33)她到匈奴后,被封为"宁胡阏氏"(王后),象征她将给匈奴带来和平、安宁和兴旺。后来呼韩邪单于在西汉的支持下控制匈奴全境,使匈奴同汉朝和好达半个世纪。昭君和亲出于自愿,为汉朝与匈奴带来长治久安,因此被后人视为壮举。后人演绎此故事,增加了许多悲戚的因素,为此诗言"泪空弹"提供了支撑。如唐杜甫《怀古》咏王昭君诗云:"千载琵琶作胡语,分明怨恨曲中论。"

"不、青"五唱

雨帆

排闼山添青琐色,调琴水韵不弦声

闼,小门,指门。排闼,推门,撞开门。青琐,亦作"青锁""青璅",装饰皇宫门窗的青色连环花纹,后借指宫廷,泛指豪华富丽的房屋建筑,亦指刻镂成格的窗户。《汉书·元后传》:"曲阳侯根骄奢僭上,赤墀青琐。"颜师古注:"孟康曰:'以青画户边镂中,天子之制也。'……青琐者,刻为连环文,而青涂之也。"后华贵的宅第、寺院等门窗亦用此种装饰。青琐在本诗中仅用作颜色。宋王安石《书湖阴先生壁》诗:"一水护田将绿绕,两山排闼送青来。"本诗上联当脱自此诗。"排"有推门拥入之意,可见青山有情;"添"则知是绿色新增,或因雨后草木葳蕤,或因春来万木复苏。象外之象,耐人玩味。

调琴,弦类乐器,为使音准符合要求,须通过弦轴调整弦的松紧。韵,即和谐优美的声音。下句将水比作无弦琴,将流水声比作琴韵。调弦之后,琴声更加优美和谐。"韵"字转作动词用,颇见机巧。

"四、江"一唱

雨帆

江山晋宋皆残破,四六齐梁有剪裁

中国历史上有两次著名的中原政权南迁事件,史称"衣冠南渡"。其一是西晋末"永嘉之乱"后,晋元帝渡江,定都建康(今南京)建立东晋;其二是北宋末"靖康之乱"后,宋高宗渡江,以临安(今杭州)为行都,建立南宋。唐詹琲《永嘉乱,衣冠南渡,流落南泉,作忆昔吟》:"忆昔永嘉际,中原板荡年。衣冠坠涂炭,舆辂染腥膻。国势多危厄,宗人苦播迁。南来频洒泪,渴骥每思泉。"晋朝与宋朝皆因南渡而丢失北方领土,故云江山残破。

四六,即四六体、四六文,骈文的一种。全文多以四字,六字相间为距,也称"骈四俪六"。唐以后称骈俪,宋称四六文,这种文体形成于汉末,盛行于南北朝。孙梅《四六丛话》:"左陆以下渐趋悲凉,齐梁而降,益事研华,古赋一变,而为骈赋。江鲍虎步于前,金声玉润;徐庾鸿骞于后,绣错绮交。"著名者如鲍照《芜城赋》,谢庄《月赋》,江淹《恨赋》《别赋》,沈约《丽人赋》,庾信《小园赋》《哀江南赋》。唐宋以后,四六格式被固定化,讲究对仗的工整和声律的铿锵。如唐王勃《滕王阁序》句"天高地迥,觉宇宙之无穷;兴尽悲来,识盈虚之有数""老当益壮,宁移白首之心?穷且益坚,不坠青云之志"。剪裁,制衣面料按照一定尺寸剪断裁开,比喻做文章时对材料的取舍安排。下句言齐梁间四六体兴起,多有名篇,皆因文字剪裁有致,对仗工整。

此诗以"四、江"为眼字,本不对仗,作者巧将眼字组成联合结构的"江山"与"四六",由于联合结构的并列形式感很强,因而冲淡对词性的要求,这样对仗就工稳了。

"梦、潮"五唱

陈汝翼

一场富贵梦醒吕,八代文章潮起韩

韩信功高盖主,先被封为楚王,后降为淮阴侯,虽尊荣富贵,但"狡兔死,良狗烹;高鸟尽,良弓藏;敌国破,谋臣亡",最终吕后用萧何计谋,骗来韩信,杀死于长乐宫的钟室。诗人将韩信的荣华富贵比喻为一场梦,因吕后而惊醒,但为时已晚。

韩愈领导古文运动,一扫八代以来骈文的萎靡文风,被誉为

"文起八代之衰"。后人有"苏海韩潮"之喻,指唐朝韩愈和宋朝苏轼两家古文皆具雄浑豪迈风格,气势磅礴,纵横捭阖,如海如潮。清孔尚任《桃花扇·听稗》:"蚤岁清词,吐出班香宋艳;中年浩气,流出苏海韩潮。"下联即言八代文章至韩愈始,如大潮涌起。

诗钟讲究精练,力求用少许字表达丰富的内涵,达到"寸铁杀人"之效。"梦醒吕"与"潮起韩"皆三字,却具有高度的概括性。

分咏"船、胎衣"
纪慧庵、赵国华
帆如秋叶来天上,人似春蚕卧茧中

上联咏船,包含两层意象。第一层意象是秋叶,将船帆的形状视如一片秋叶,并从秋叶飘零的意向中,感悟船帆随风飘动的自由无拘。帆比叶,不仅在于外形,也因二者皆与风有关,并因风悟其动感。第二层意象是"来天上",借古人诗意。杜甫有"春水船如天上坐,老年花似镜中看"句,沈佺期有"船如天上坐,人似镜中行"句,皆描写水天相映的特殊景象。"来天上"是帆影与云天叠映水中的错觉,此句的意境比杜、沈之诗更邈远飘逸。

下联咏胎衣,将胎儿在胎中之形看同春蚕卧于茧中,比喻极为生动。"卧"字点睛,情态尽出。此句亦意蕴深邃,可延伸为人处宇宙中,犹如春蚕卧茧。如此绝妙诗笔,前无古人!

诗钟意象创新多属"意象翻新"。秋叶、春蚕、茧是寻常物象,于古人诗中习见,但以秋叶喻船帆,以胎中育儿喻春蚕卧茧却是天机偶发的极巧构思。此诗韵味盎然,是分咏体不可多得的经典杰作。至于"如"对"似",有人认为犯了"意同词异"之忌,归之为合掌。笔者则认为,个别虚字字义相同,无伤大雅,不以为戒。

关于此诗的由来,王鹤龄《风雅的诗钟》有载:"同治三年冬济南鹊华行馆钟聚,出题'帆、胎衣'分咏,纪慧庵依题写出'樯飞乳燕来天外,人似春蚕在茧中'(收于《鹊华行馆诗钟》),经赵国华修改成此作,为吴恭亨的《对联话》收录传世。"①

"烟、骨"六唱
佚名
诗与梅花争骨瘦,梦随孤棹入烟深

宋苏轼《祭柳子玉文》:"元轻白俗,郊寒岛瘦。"郊寒岛瘦本指孟郊、贾岛简啬孤峭的诗歌风格,后用以形容诗文类似的意境。前人言诗瘦,如宋张镃《念奴娇·宜雨亭咏千叶海棠》:"免教春去,断肠空叹诗瘦。"元代王庭筠《绝句》:"竹影和诗瘦,梅花入梦香。可怜今夜月,不肯下西厢。"清刘可毅联:"秋风古道题诗瘦,落日平原纵马豪。"言梅瘦,如宋代毛滂《上林春令·十一月三十日见雪》:"夜寒不近流苏,只怜他、后庭梅瘦。"《浣溪沙·欲问江梅瘦几分》:"欲问江梅瘦几分,只看愁损翠罗裙。"宋代赵蕃《瘦梅》:"清虚日集人当瘦,粪壤不资梅合癯。"梅瘦本有形象可观,诗瘦则难以形容,言诗与梅争瘦,实是将诗比作瘦梅,化抽象为具象,易于理解。

棹,划船的工具,代指船。孤棹,即孤舟。烟,古人不分烟与雾,雾也称烟。下句写景含蓄典雅,意境绝佳,但意象模糊,可作多解。例如,"梦"不一定真指梦,可以是思、情。梦者可以是舟中人,也可以是目送孤舟远去之人。"孤棹"似有伶俜之意。"深"可以理解为雾气浓,舟隐其中有深入感;也可以理解为舟行

---

① 王鹤龄:《风雅的诗钟》,台海出版社2003年版,第29页。

得远，在距离上有深远感；还可以是"梦"渐深。言"梦"随孤棹入烟，已有意趣，再着一"深"字，更见神韵。此句当推含蓄之典范，可入严羽"入神"之列。其作意难以言表，唯靠"妙悟"而已。"孤棹"对"梅花"，欠工整。

"书、梦"一唱

潘耀如

书传海上愁无雁，梦到辽西怕有莺

上联为诗典，出自黄庭坚《寄黄几复》诗："我居北海君南海，寄雁传书谢不能。桃李春风一杯酒，江湖夜雨十年灯。持家但有四立壁，治病不蕲三折肱。想得读书头已白，隔溪猿哭瘴溪藤。"此诗首句出自《左传·僖公四年》："君处北海，寡人处南海，惟是风马牛不相及也。"黄庭坚在"跋"中说："几复在广州四会，予在德州德平镇，皆海滨也。""寄雁"句意思是说：传说雁南飞时不过衡阳回雁峰，更不用说岭南了。钟句化其意而更进一步，不是雁不过衡阳，而是干脆就没雁，因此更能凸显"愁"的主题。

辽西，指唐代辽河以西一带。唐金昌绪《春怨》"打起黄莺儿，莫教枝上啼。啼时惊妾梦，不得到辽西"，诗中女主人之夫久戍辽西，千里迢迢，杳无音信，她万般思念，愁肠百结，唯有在梦中相见才能找到慰藉，但好梦却被黄莺儿清脆的鸣声惊醒，于是打起黄莺儿来。本诗下句作义即源于此诗。

"高、夜"一唱

云图

高吟蝉占清秋气，夜话萤联旧雨缘

蝉在古诗词中的意涵大体有四个：其一言高洁。古人误以为蝉靠餐风饮露为生,故把蝉视为高洁的象征,或借以寄托理想抱负。如唐虞世南《蝉》诗:"垂緌饮清露,流响出疏桐。居高声自远,非是藉秋风。"诗人笔下的鸣蝉具有高标逸韵的人格象征,借以言自己因为立身高洁才被重用,而非凭借外在的力量。其二言哀怨。马缟《中华古今注》云:"昔齐后忿而死,尸变为蝉,登庭树嘒唳而鸣,王悔恨。故世名蝉为齐女焉。"因此,蝉鸣常喻为含恨而死的女子之哀鸣。李商隐有诗云:"鸟应悲蜀帝,蝉是怨齐王。"其三言凄寒。如南朝陈张正见《赋得寒树晚蝉疏》:"寒蝉噪杨柳,朔吹犯梧桐。"隋王由礼《赋得高柳鸣蝉》:"园柳吟凉久,嘶蝉应序惊。"其四言娇美。蝉形体娇美,古人常用"蝉鬓"比喻女子漂亮光润的发式,用"蝉影"比喻女子俊美的倩影。如唐代李涉《听多美唱歌》:"黄莺慢转引秋蝉,冲断行云直冲天。一曲凉州初听了,为君别唱想夫怜。"本诗之"高吟",兼有高声吟唱、高妙之吟、居高而吟之意。"清秋"指深秋,亦指明净爽朗的秋天。结合二者来看,蝉在本诗中应属于高洁的意象。

夜话,夜间的谈话。蛩,指蟋蟀。唐钱起《晚次宿预馆》:"回云随去雁,寒露滴鸣蛩。"宋周邦彦《齐天乐》:"暮雨生寒,鸣蛩劝织,深阁时闻裁剪。"旧雨,指老朋友。典出《全唐文》卷三百六十《杜甫二·秋述》。"秋,杜子卧病长安旅次,多雨生鱼,青苔及榻。常时车马之客,旧,雨来;今,雨不来。"意思是过去宾客遇雨也来,而今遇雨却不来了。后以"旧雨"作为老友的代称。南宋张炎《长亭怨》:"故人何许?浑忘了,江南旧雨。"清夏曾佑《得归将行》:"又举离觞辞旧雨,为思身世怯登楼。"本诗下句言唯有蟋蟀接替老友与主人夜话,表达主人的孤寂之苦与对老友的怀念之深。作者通过"移情"的笔法,将无情看成有情,匠心独运。

"一、青"五唱

佚名

入眼无人青不得,知心有友一何妨

上联化用"青眼"典故,出自《晋书·阮籍传》,魏晋时阮籍能作"青白眼"。"青眼"是两眼正视,眼珠在眼眶中间,青眼看人表示对人的喜爱或重视、尊重,亦称"垂青"。"白眼"是目光向上或斜视,露出眼白,以看他不喜欢的人。据说,阮籍母亲死时,其好友嵇康来慰问,阮籍给的就是"青眼";而阮籍看不顺眼的嵇康哥哥嵇喜来吊唁时,阮籍给的就是"白眼"。唐杜甫《短歌行》:"仲宣楼头春色深,青眼高歌望吾子。"本句是说当前无人值得尊重和爱慕,所以不得用青眼相看。青,名词作动词用。

清代徐时栋《烟屿楼笔记》有这样一段记载:"何瓦琴溱集禊贴字属书云:'人生得一知己足矣,斯世当以同怀视之',亦佳。"可知对联是何瓦琴从王羲之《兰亭集序》中集字创作的。鲁迅1933年春写此联赠瞿秋白,落款为"洛文录何瓦琴句",洛文是鲁迅笔名之一。何瓦琴是清代学者何溱,字方谷,号瓦琴,工金石篆刻,著有《益寿馆吉金图》。本诗下句当脱化自此联,意指知心朋友仅有一个也无妨。知心,彼此契合,腹心相照。汉李陵《答苏武书》:"人之相知,贵相知心。"宋王安石《明妃曲》之二:"汉恩自浅胡自深,人生乐在相知心。"《警世通言·俞伯牙摔琴谢知音》:"相识满天下,知心能几人?"

此诗眼字匹对尤难,作者用"吊眼"法,眼字极为妥帖,对仗亦工稳。

"光、色"四唱

佚名

蛛留春色粘花片,鸥泛波光碎月痕

春暮花凋,落英缤纷,花片偶落于蛛网之上,这一平凡景象却被诗人赋予不平凡的意象:多情的蜘蛛"留"住了花片,诗人更认为是要留住"春色",由此放大诗的内涵。蜘蛛在诗人的笔下大多是无情而有杀气的。如唐杨苎萝《咏垂丝蜘蛛嘲云辨僧》"空中设罗网,只待杀众生";唐苏拯《蜘蛛谕》"蚕丝何专利,尔丝何专孽";唐孟郊《蜘蛛讽》"济物几无功,害物日已多";宋释普济《蜘蛛》"一丝挂得虚空住,百忆丝头杀气生"。本诗则一反常言,让蜘蛛具有怜香惜玉般的情怀,因此显得可爱。

鸥,形色像白鸽或小白鸡,性凶猛,长腿长嘴,脚趾间有蹼,善游水,喜成群飞翔。生活在海边的称海鸥,生活在湖边或江边的称江鸥。还有一种随海潮的涨落而来去之鸥,称为"信鸥"。鸥鸟有自由闲适的意象。刘长卿《弄白鸥歌》:"爱此沧江闲白鸥。"唐崔道融《江鸥》:"白鸟波上栖,见人懒飞起。为有求鱼心,不是恋江水。"本句的诗境是,在静谧的江边之夜,忽见一鸥掠水而过,泛起一阵微波,揉碎了水中的一轮月影,波光晃动如鳞片闪烁。犹如电影的特写镜头,纪录了大自然的美妙瞬间。江夜的静谧清幽、鸥鸟的自在闲适、水光的荡漾灵动,融合成优美的意境,表达了作者闲适的意趣。"碎"炼字尤佳,富于形象和动感。

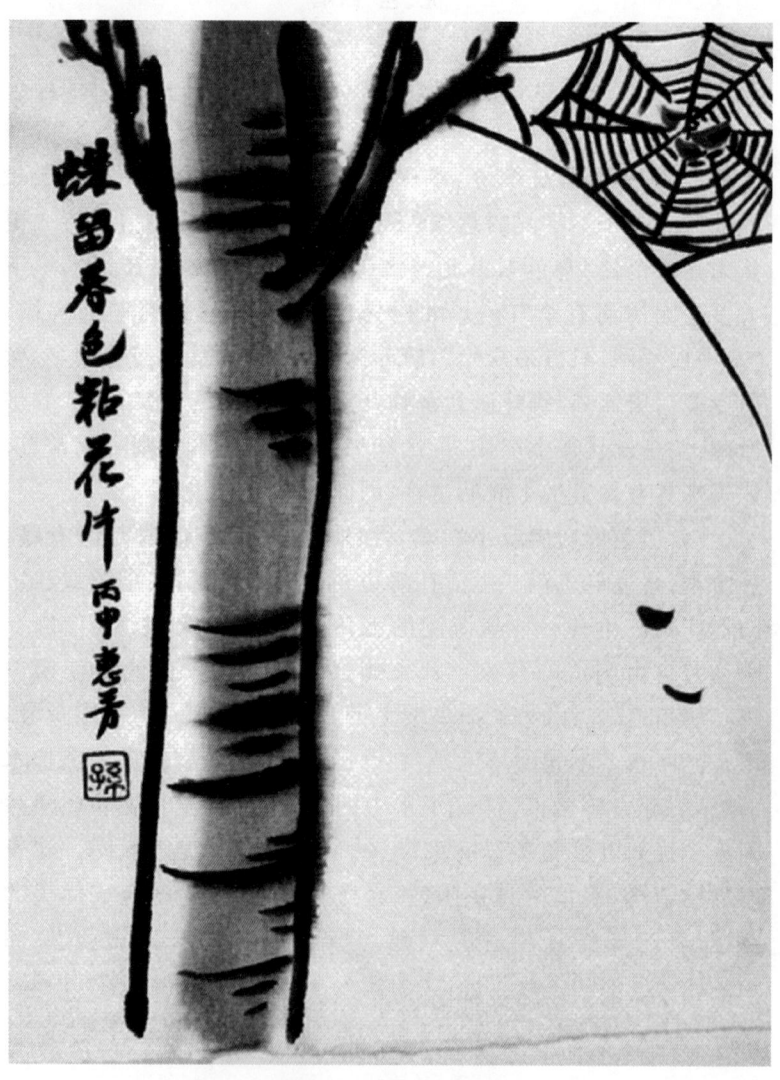

图5-13 蛛留春色粘花片

图5-14 望云偶动济时心

"时、事"六唱

王文玉

观海遽粗临事胆,望云偶动济时心

上句意思是,观看一望无际的大海,波澜壮阔,遂使胸襟开阔,胆粗气壮,临事不惧,此即所谓"同构"。遽,遂,就,竟。临事,遇事或处事。如宋朱熹《上宰相书》:"谋国之计,乖戾若此,临事而悔,其可及哉!"亦特指治理政事。如三国韦昭《博弈论》:"其在朝也,竭命以纳忠,临事且犹旰食,而何暇博弈之足耽?"

下句,望天上流云,偶然触发联想:人当能像云一样,出山作雨,润泽苍生,秉怀济世之心。济时,犹济世,救时。《国语·周语中》:"宽,所以保本也;肃,所以济时也。"《旧唐书·隐逸传序》:"退无肥遁之贞,进乏济时之具。"

此诗同时被两门取为元句,为当时压轴之作。两句均巧于联想,立意高峻,富于抒情,且对仗工切。"粗",俗字雅用;"偶",用字精准,说明联想的偶然性。此诗拔得头筹,名至实归。或谓"观、望"近义,有合掌之嫌。笔者以为近义的单字相对是否犯合掌,要看具体情况。本诗与"观、望"相关的是两个不同的意象"观海"和"望云",整体上不觉得合掌。

"山、日"六唱

林葆生

太液人如初日丽,建康士比乱山多

太液,太液池,又称泰液池,汉武帝时建于长安建章宫北。《史记·孝武本纪》:"其北治大池,渐台高二十余丈,名曰泰液池,中有蓬莱、方丈、瀛洲、壶梁,象海中神山龟鱼之属。"唐代太液池在大明宫含凉殿后。元、明、清时,太液池即今北京故宫西华门外的北海、中海、南海。上句意指皇室携丽人游太液池,华服美色可媲美初生之日的光鲜明丽。诗中未指明太液池所属朝代,给读者留下很大的解读空间,最易联想到的自然是汉唐盛世。以人喻丽日,形象鲜明,甚为新巧,令人过目难忘。"丽"非独人与日,亦可推想太液丽景。此句诗境唯国祚勃兴方可见,故含有国家安泰的"象外之意"。

建康,南京在六朝时期的名称,孙吴、东晋、刘宋、萧齐、萧梁、陈朝六朝京师之地,是世界上第一个人口超过百万的城市。以建康为代表的南朝文化和古罗马并称为"世界古典文明两大中心",在人类历史上产生极其深远的影响。衣冠南渡使汉民族在建康保存了华夏文化之正朔,聚集了各类名士。六朝时期的文学与清谈、绘画与书法、陵墓石刻艺术、科学技术等方面构成中国传统文化中的经典。钟嵘的《诗品》、萧统的《文选》、沈约的《四声》(已佚)、刘勰的《文心雕龙》、范缜的《神灭论》等名著均在此时期完成。南齐竟陵王萧子良在鸡笼山开"西邸",广延名士高僧,研讨文化异同。"建康士比乱山多"确是当时的写照,诗人选择"乱山"作比喻,或有名士成分纷繁复杂之意。

"小、羞"二唱

佚名

宋小朝廷君拜房,汉羞将相女和亲

靖康之乱后,徽宗、钦宗父子被金人掳往北方。徽宗的第九子康王赵构在南京(今河南商丘)即位称帝,建立南宋,庙号高宗,改元建炎。后赵构为避金人入侵,屡屡南逃,最后与金国议和,向金朝称臣,以临安(今杭州)为陪都,延续南宋余祚。"君拜房"仅三个字,但创设的意象却高度概括"衣冠南渡"的史实。

"小"堪为诗眼,为形容词作动词用,不仅说明北方大片领土被金人所占有,致使国土缩小,也讽刺南宋的卑微、弱小。"君拜房"与"小"构成因果关系。

汉朝建立之初,就屡受匈奴侵扰,汉匈间长年或战或和。西汉为缓和汉匈关系,嫁宗室女与匈奴单于,史称"和亲"。下句谓汉朝通过将女子嫁匈奴的和亲方法,获得一时的和平,这是当朝将相的耻辱。倘若将相之文功武略能够服膺北虏,则不至于牺牲汉室女子的幸福。下句之"羞"表明作者的态度,具有讽刺意味,用典与议论结合。

本诗用字精练,属对工切,诗思机警,肌理缜密,理论完足,非斫轮老手莫属。

"塔、檐"三唱

少如

泣雨塔铃生怒语,战风檐铁起争声

塔铃,佛塔上的风铃。明周永年《泖塔上作》诗:"塔铃译佛语,檐鸟调天风。"袁枚《随园诗话》卷二引黎村《鸡鸣棣访友》诗:"欲辨六朝踪,风乱塔铃语。"上联写塔铃与雨的关系,"泣雨"与"怒语"的形象塑造十分精审。因雨淋塔铃,雨水下滴,犹如哭泣而落泪,故言泣雨。而骤雨的不断侵扰,使塔铃动荡不安,发出愤怒的响声,犹如人之怒语。这是绝妙的拟人法!

檐铁,挂在屋檐下的风铃,也称铁马、檐马、玉马。清黄遵宪《夜起》诗:"千声檐铁百淋铃,雨横风狂暂一停。"蔡守《昨夜》诗:"灯炧窗纱将薄晓,风沉檐铁有余声。"清黄景仁《中元僧舍》诗:"经鱼沸夜潮,风马戛檐铁。"下联本是指檐铁在风中摇晃而发出铃声,却说成是檐铁"战风",即与风"争战",檐铁之声则是"战风"而起的"争声"(争论之声)。从"战""争"二字可见风势和铃声之强。

　　本诗属于小景特写,颇为玲珑精巧。拟人法极富形象性,借助"泣、怒、战、起、争"五个动词,将塔铃与檐铁写得绘声绘色,十分生动。上下联裁剪整齐,对仗工整,一如怨女,一如斗士,轻重相称。唯塔铃与檐铁皆为铃,较为接近,稍有小嫌。

"夜、声"七唱
佚名

笙歌好拥繁华夜,鼙鼓偏含杀伐声

　　上联虽然未明确写哪朝之夜,但对照上下联来看,似言陈后主之事。陈叔宝,南北朝时期陈朝的最后一位皇帝,人称陈后主。在位时大建宫室,生活奢侈,不理朝政,起临春、结绮、望仙三阁,日夜与妃嫔、文臣游宴,制作艳词,曾作《玉树后庭花》。隋军南下时,自恃长江天险,不以为然。祯明三年(587),隋军攻入建康,后主与张、孔二妃匿入景阳宫井中,陈灭。唐杜牧《泊秦淮》诗云:"商女不知亡国恨,隔江犹唱后庭花。"

　　鼙鼓,中国古代军队中用的小鼓,汉以后亦名骑鼓,古代乐队也用。下句言鼙鼓声起,夹杂着来犯敌兵的杀伐之声。

　　此诗与一般折枝诗有别的是,两句既独立,又有关联,介于分咏和流水对之间。帝王想过歌舞升平的好日子,但边敌偏偏来犯,国人有沦为臣辱之忧。两句有对比之意。

"时、事"六唱
张少白

家纵不贫当事苦,死原非福及时佳

　　当事,指当家、主事。上句言家里纵然不贫穷,但当家也苦。

因当家必然俗事缠身,也不免有为难之事。明人有一首打油诗,颇能说明当家后的烦恼,诗云:"琴棋书画诗酒花,当年件件不离它。而今事事都变更,柴米油盐酱醋茶。"

下联意思是,人死本是灾祸,但死得及时也是好事。言死是"好事",谁人能服?此论颇为尖锐,但细想不无道理。人难免一死,且不论鸿毛泰山,人生境况各不相同,必有生不如死者、前途凶险者,苟且偷生或倍受折磨,或有辱尊严,若能及时解脱,岂不为佳?譬如林黛玉,性本清高,作者不忍她后死,以免后来贾府被抄,受身心之屈辱。此"时、事"六唱诗钟是解放前福建霞浦长溪消夏吟社一次诗会大擅胜场之作,八门词宗评取,获取四门。审其诗,第一句较为平常,功在下句新颖,言他人所未言。

"九、南"三唱

膏甫

沦落九江愁谪宦,寂寥南内怅无人

谪宦,即贬官。上句言白居易被贬为江州(即今九江)司马时,于"浔阳江头夜送客"时,偶遇琵琶女,有感而发,作《琵琶行》,留下"同是天涯沦落人,相逢何必曾相识"之名句,表达对贬官的惆怅之情。

南内,唐朝初年,李渊、李世民父子居于太极宫,称为"西内"。唐高宗与武则天将政治中心移至大明宫,称为"东内"。唐开元二年(714),唐玄宗改旧宅造兴庆宫,称为"南内"。唐玄宗从开元后期起因专宠杨贵妃,沉溺声色,倦怠国政,因而任用非人,导致安史之乱。唐玄宗避乱至马嵬驿时,发生"马嵬驿兵变",随行将士处死宰相杨国忠,强迫杨玉环自尽。其后太子李亨在灵武自行宣布即帝位,尊玄宗为太上皇。本句言李隆基回到南内,不见杨玉环,只有寂寞惆怅长相伴。

"书、梦"二唱

孟梦石

抽书蕉卷空庭雨,锁梦梨偎隔院云

上句的解读,须把握两个与动词相关联的意象,即"抽书"与"卷雨"。按"抽书"解释,意思是芭蕉卷曲的新叶在空庭的雨中抽长,犹如卷起的书卷被抽起一样。将蕉叶比作卷曲的书卷,唐人诗作已有,唐钱珝《未展芭蕉》:"冷烛无烟绿蜡干,芳心犹卷怯春寒。一缄书札藏何事,会被东风暗拆看。"本句或受此启发。"抽书"虽是比拟,但仍属写实,其形象较易理解。"卷雨"则是虚写,由蕉叶的卷曲状态,联想蕉叶也能卷带空庭之雨,这是曲喻之妙,需细品才能感悟。用"空庭",意在营造宁静安闲的气氛,使观赏雨中芭蕉多一份闲情逸致。

下句意象既清晰,又朦胧。清晰的是:云比喻梨花;梨花在隔院;"锁梦"指梨花如云,拥着睡眠者,犹如锁住睡梦一般。"锁"字传神,是为诗眼;偎,依偎、依靠,指隔院如云的梨花依偎在隔墙,花荫如云,似欲超墙而来。朦胧的是诗句解读不一,可以理解成:诗人在自家庭院小憩,隔院花云拥来,睡梦似被锁住。也可以理解成梦魂进入隔院,被依偎隔墙的梨花云锁住。细品本句或有隐意,梦是何梦?是否暗藏思念隔院佳人之情?金朝刘迎《乌夜啼》"离恨远萦杨柳,梦魂长绕梨花",不就是通过梦魂与梨花纠缠,抒发爱情吗?可见,读者这样解读也在情理之中,且能丰富诗的意涵,但未必是作者原意。

本诗写景,典雅蕴藉,曲折含蓄,文辞闲雅,意象优美,虚实相衬,韵味隽永。

"敢、投"五唱
懋官
边衅已深投笔起，中原未复敢家为

边衅，边境上的争端。唐顾况《塞上曲》："酣战祈成功，于焉罢边衅。"宋罗大经《鹤林玉露》卷八："边衅既开，三军暴骨。"投笔，投笔从戎，扔掉笔去参军。指文人从军。典出《后汉书·班超传》："尝辍业投笔叹曰：'大丈夫无他志，犹当效傅介子、张骞立功异域，以取封侯，安能久事笔砚间乎？'左右皆笑之。超曰：'小子安知壮士志哉！'后超出使西域，竟立功封侯。"本句意指边境屡受外夷侵犯，文人亦当效班超投笔从戎，报效国家。

下句言中原失地尚未收复，岂敢为一己小家而谋。此类爱国情怀多见于前人诗词，如宋范仲淹《渔家傲·秋思》"浊酒一杯家万里，燕然未勒归无计"。"燕然"是山名，即今蒙古境内杭爱山。"勒"是在石头上刻字。东汉时，窦宪追击匈奴，出塞三千余里至燕然山，刻石记功而还。后以"燕然未勒"表示边患未平、功业未成。又如宋陆游《十一月四日风雨大作》"僵卧孤村不自哀，尚思为国戍轮台。夜阑卧听风吹雨，铁马冰河入梦来"。

此诗上下两句均阐发"国家兴亡，匹夫有责"，志士当先国后家的爱国主义精神，充满豪迈之情，"投笔起"之意象最见豪气。

"心、事"四唱
佚名
江流世事俱东去，炉火人心孰早灰

上句作意脱自苏轼《念奴娇》"大江东去，浪淘尽千古风流人物"，感叹人间万事最终都像江流东去一样，一切归于空寂。而

图5-15 炉火人心孰早灰

图5-16 纹窗蘸绿蕉痕湿

苏轼之词抑或受孔子影响。《论语·子罕》:"子在川上曰:'逝者如斯夫,不舍昼夜。'"这是孔子对老子说的话,形容时间像流水一样不停地流逝,一去不复返,感慨人生世事变换之快,含有惜时之意。

下句化用"心如死灰"典,出自《庄子·齐物论》:"形固可使如槁木,而心固可使如死灰乎?"死灰,已冷却的灰烬。原指心境淡漠,毫无情感。后也形容意志消沉,态度冷漠到极点。将人心与炉火作比较,发出谁更早灰的设问,实是诗人心有寄托而发出的喟叹。从中可以窥视诗人消沉、失望的心境,言外之意含蓄不喧。

本诗化用典故,关联对比,托物抒情。句法上采用"就句对",即句中自对——以"江流"对"世事",以"炉火"对"人心"。结构上采用联合,将原本毫无关联的两个意象并列在一起。构思的切入点在于找到并列意象的相似特征——江流、世事的相似特征是"去","炉火"与"人心"的相似特征是"灰",此即西方格式塔心理学所谓"同形同构""异质同构"。作者抒情"不着一字",用侧面烘托,让读者领会体悟。因上下句易于理解,作意建立在读者情感体验经验之上,因而引起读者共鸣。

"烛、蕉"五唱

佚名

纹窗蘸绿蕉痕湿,绣幕摇红烛影深

纹窗,指带纹样窗格的窗户。蘸,指用物体沾染液体。上句妙在将芭蕉的绿色想像成液体,且蕉叶所含的"绿液"已近饱和,达到"青翠欲滴"的程度,因此蕉叶临窗时,窗格就有被"蘸"的感觉。这是成功运用通感的表现手法,将不可捉摸的意象生动化。古人爱种芭蕉,且每每临窗而植。揆其原委,当是芭蕉特有的宽大叶片和饱满的绿色,具有独特的审美意趣。又因芭蕉比一般小花高大得多,直接展枝于窗外,主人不必临窗就可赏及。故前人咏芭蕉诗多与窗联系,如唐杜牧《芭蕉》"芭蕉为雨移,故向窗前种";宋杨万里《初夏睡起》"梅子流酸溅齿牙,芭蕉分绿上窗纱";唐五代冯廷巳《忆秦娥》"窗下芭蕉灯下客"。此外,雨打芭蕉是独特的审美体验,比"残荷听雨"更易感知,故有《雨打芭蕉》音乐。诗则有唐白居易《夜雨》"碎声笼苦竹,冷翠落芭蕉",唐杜牧《雨》"一夜不眠孤客耳,主人窗外有芭蕉",宋林逋《宿洞霄宫》"此夜芭蕉雨,何人枕上闻"。

绣幕,指绣花的帐幔。《幼学琼林·婚姻》:"绣幕牵丝,元振幸获美女。"典出《尧山堂外纪》:"郭震,字元振。美丰姿,张嘉贞(唐朝宰相)欲纳为婚,曰:'吾五女各持一丝幔后,子牵之,得者为妇。'元振牵一红丝,得第三女,有姿色。"摇红,即烛影摇红,原是词牌名,为北宋词人周邦彦所改编,描绘帝王将相家的歌舞场景,具有优雅、辉煌、气派、奢华、靡丽的风尚。深,指烛火颜色深。1932年,刘天华创作了他最后的一首二胡曲《烛影摇红》,该曲第一次将西方三拍子的华尔兹用于民乐,将继承和借鉴相结合,在人们眼前展现了一派华丽、辉煌的舞会场面,显示出独特的风格。乐曲情绪欢快,旋律流畅,令人陶醉。但曲终前转为悲哀和惆怅,似是描写歌女强颜欢笑,婆娑而舞,致曲终人散,孤独凄凉之意,其含义深刻,令人回味。刘天华作此曲后几天就逝世了,该曲的真正含义尚难确解。本诗下句将摇红的对象移到绣幕上,其实是在绣幕内看烛影,摇红的还是烛影,但这样描写却道出帐内人的独特体验。

前人诗词中,能兼有此诗两句意境者,唯宋顾夐的《杨柳枝》:"秋夜香闺思寂寥,漏迢迢;鸳帏罗幌麝烟销,烛光摇;正忆玉浪游荡去,无寻处;更闻帘外雨潇潇,滴芭蕉。"不知诗钟作者是巧合还是有意模仿?

"刺 头"二唱

林锡三

断头蜀将终降汉，行刺荆卿反祸燕

　　上联说严颜虽不惧断头，但最终归降刘备。刘备因是汉室后裔，故云"降汉"。断头蜀将，指严颜。严颜初为刘璋部下，担任巴郡太守。建安十九年，刘备进攻江州，严颜战败被俘，张飞对严颜说："大军至，何以不降而敢拒战？"严颜答："卿等无状，侵夺我州，我州但有断头将军，无降将军也！"张飞怒，命左右将严颜拖去砍头，严颜面不改色地说："砍头便砍头，何为怒邪！"张飞敬佩严颜的勇气，遂释放严颜并引为上宾，严颜感慨张飞之恩义而归降。

　　下联言燕太子丹使荆轲刺秦始皇未遂，反致燕国遭殃。后人对荆轲刺秦褒贬不一，苏洵《六国论》："燕赵之君，始有远略，能守其土，义不赂秦。是故燕虽小国而后亡，斯用兵之效也。至丹以荆卿为计，始速祸焉。"下联作义即持苏洵观点。

　　"头、刺"二字，一为名词，一为动词，有内外科之嫌。虽为眼字，亦力求词性调齐。

"南、二"一唱

佚名

南朝树与僧同蜕，二月花同女及笄

　　南朝，中国南北朝时期存在于南方建立于建康（今南京）的四个朝代的总称。东晋元熙二年（420）东晋灭亡，刘宋取代东晋，中国南方地区相继出现宋、齐、梁、陈四个汉人政权，嫡传华夏文化之正朔，与鲜卑人在北方建立的北魏、东魏（北齐）、西魏

(北周)等政权对峙。南朝是中国佛教大发展时期,宋、齐、梁、陈各代帝王大都崇信佛教。梁武帝笃信佛教,自称"三宝奴",四次舍身入寺,皆由国家出钱赎回。他建了大批寺庙,亲自讲经说法,举行盛大斋会。梁朝时的建康有大寺七百余所,僧尼信众常有万人。唐杜牧有诗云:"南朝四百八十寺,多少楼台烟雨中。"蜕、蛇、蝉等动物脱皮,引申为解脱、变化。本句写南朝佛事,不从正面下笔,独辟蹊径,以树的蜕皮与僧人的兴替作比,侧面烘托佛教的兴盛。创作手法高妙,树、僧相比可谓神思!"蜕"字尤精,不仅意象鲜明,其引申义丰富了诗句意涵。树可蜕皮,僧不蜕皮,不以僧比树,反而以树比僧,加强了僧作为吟咏主体的地位,切合咏佛事的主题。

及笄,也作"既笄"。古时称女子十五岁为"及笄",也称"笄年"。笄是簪子,及笄,就是到了可以插簪子的年龄了,也指出嫁的年龄,如"年已及笄"。《礼记·内则》:"女子许嫁……十有五年而笄。"二月,花朝节所在的月份。晋代花朝节为农历二月十五日,宋代以后渐改为农历二月十二日,全国盛行。花朝是最富诗意的传统节日,与八月十五的中秋并称,分别称为"花朝"与"月夕"。花朝是游春的高潮,民众皆至郊外看花游春。文人雅士则邀约赏花,饮酒作乐,互相唱和,高吟竟日。诗人赞誉美女,多以人比花,本诗反而以花比人。表面写花,实则暗赞待字闺中的少女之美,也让人联想花朝游春中,鲜花与少女并艳的景象。

"水、花"一唱

乾甫

水带怒声胥浦夕,花含笑意秣陵春

水带怒声,吴王夫差不听伍子胥"联齐灭越"的主张,反而听信伯嚭谗言,于鲁哀公十一年(前484)赠剑赐死伍子胥。伍子胥愤恨之余,留下遗言,嘱家人于他死后把他的眼睛挖出,挂在东城门上,欲亲眼见证越国灭吴。五月初五,吴王把伍子胥的尸首用鸱夷革裹着,弃于钱塘江中。后人将伍子胥尊为海神"水仙王"之一。东汉王充《论衡》:"子胥恚恨,驱水为涛,以溺杀人。今时会稽、丹徒大江、钱塘浙江,皆立子胥之庙。盖欲慰其恨心,止其猛涛也。"因伍子胥沉尸钱塘江之事比屈原投江为早,故有些文献认为,中国端午习俗(如划龙舟与食粽子)与伍子胥有关,而与屈原无关。浦,水边或河流入海的地区。胥浦,春秋时期楚平王七年(前522),伍子胥父兄被楚国奸臣所害,逃楚投吴。在前有江水后有追兵的危急关头,一渔翁帮助伍子胥渡江。伍子胥以传世宝剑"七星龙渊"赠渔翁以致谢,嘱其不要泄露自己的行踪。渔翁以剑自刎,以示高洁,伍子胥悲悔莫名。后伍子胥渡江处得名"胥浦"。

秣陵,秣陵县,秦代的南京名称,秦始皇三十七年(前210)置,属会稽郡,治所在今南京市江宁区秣陵街道。清屈大均有《秣陵》诗,抒发对明亡的感慨。秣陵春,吴伟业《秣陵春》为清初"兴亡悲剧"之一。剧中徐适与展娘同为前朝南唐名门要将的后代,且作近邻。随着改朝换代,曾经的旺族凄惨凋敝。徐适书剑飘零,浪迹金陵,成日把玩古董打发日子。展娘之父将军黄济担心自己年衰,女儿无所依傍,因梦中重温前朝皇人保仪(展娘之姑,南唐后主之妃)替其择婿一事,更添几分惆怅。正巧,虚幻化为实,保仪借在天之灵,几经周折,完成这一诺言,徐适与展娘喜结良缘。虽然小家得以团聚,然而看《秣陵春》收场诗才恍然若初醒:"门前不改旧山河,惆怅兴亡系绮罗,百岁婚姻天上合,宫槐摇落夕阳多。"百年好合的婚姻只能系于上天的安排,实是无奈,山河依旧,人事已非!本诗"花含笑意"实为反写,以眼前之小欢衬托明亡之长恨。以乐景写哀,"一倍增其哀乐"。

"燕、溪"一唱

马感沤

燕雀吞声残粒下,溪山敛影劫灰中

抗战时期,福建省政府曾迁至永安,期间以永安的"燕溪"为眼字举办折枝诗大唱,此诗为夺魁之作。燕雀,指燕和雀,比喻卑微者或器量志向小的人。《史记·卷三十六·陈涉世家》:"陈涉少时,尝与人佣耕,辍耕之垄上,怅恨久之,曰:'苟富贵,毋相忘。'佣者笑而应曰:'若为佣耕,何富贵也?'陈涉叹息曰:'嗟乎,燕雀安知鸿鹄之志哉!'"吞声,不敢出声,特指哭泣不敢出声。残粒,指剩余的劣质谷物颗粒。上联影射国民政府无能,在日寇的铁蹄面前,犹如燕雀一样,忍气吞声地啄食残粒。

此诗下联有五个不同的版本,即下句第三字分别为"留、摇、敛、弄、掠"。永安市《燕江诗词》第一辑前言中介绍的史事为:抗日战争时期,省会迁来永安。诗人荟萃,吟事频繁。"燕雀吞声残粒下,溪山留影劫灰中"("燕、溪"一唱)流传至今……可见永安诗人主"留"字;郑名彦转述抗战时期霞浦老秀才章玉堂之说,主"摇"字,并认为此诗脱自"天地秋声刀尺下,山河暮气管弦中";萨伯森、郑丽生合撰的《诗钟史话》主"敛"字,指明作者为马光桢;陈海瀛撰的《希微室折枝诗话》主"弄"字,亦指明作者为当时省财政厅人员马感沤(不知马光桢与马感沤是否同一人);宁德陈专年为福州人,主"弄"字;福州长乐陈茅转述其父所传,主"掠"字。究竟谁对已难考证,撇开谁是谁非,仅就"炼字"分析,究竟用何字为好?"留影"显得平淡,难以匹对情感强烈的"吞声",当非佳构。"摇影"当指溪山摇晃,喻指国家危难,情感的强烈更甚于上联。溪山"摇影"是作者的独特感受,未尝不可,但过甚其辞,有失真之嫌。"弄影"义同"弄姿",显得轻松和做作,不合"劫灰"的肃杀气氛。"掠影"可否？从上联看,"吞声"的行为主体是"燕雀",下联"掠影"的行为主体本该是"溪山",但掠影者显然是人。诗钟对仗要求上下联在语法的逻辑关系上保持一致,因此可以推知用"掠"不妥。"敛影"为拟人手法,意指溪山遭倭寇的劫难,黯然神伤,收敛了往日的光彩。相比而言,"敛影"最为妥当。

有一种说法认为,上句用"燕雀"比喻卑微的百姓,下句用"溪山弄影"比喻国民政府官员不顾人民疾苦,忘乎所以,一味享乐,上下联形成强烈对比。此说可以解释,但未必是作者原意,因为以溪山比拟官员有不类之嫌。

本诗取象精审,燕雀、吞声、残粒、劫灰的词汇本身包含深意,故诗意的阐发极为深刻,不仅构思高妙,造句畅达,匹对亦工切,举重若轻,不愧传世名作！

诗钟选集

诗钟作品纵然浩如大海,笔者也仅能望于一隅、挹之一勺。搜罗之作筛选再三,只恐不精,唯期佳句瑶章不至湮灭,留供同好鉴赏和参考。晚近诗钟主要流行嵌字、分咏二体,尤以正格的嵌字诗钟为主流,故所选诗钟以折枝诗为主,分咏格诗钟次之。由于别格的诗钟例句少,难以完整呈现佳作,不作辑录。

一唱选例

束脩自笑羊何瘦,年齿谁怜马又添(陈宝琛)
寒宵坐似沧浪里,微曙看犹混沌初(黄薇洲)
燕雀吞声残粒下,溪山敛影劫灰中(马光桢)
陈迹浑如牛转磨,人情几见雀衔环(林则徐)
一士名成诗案后,中原事过钓竿前(陈笃初)
垂死花犹期一顾,东流水似答长叹(陈逸园)
闲云余事犹为雨,远水初心亦在山(陈冀才)
慈严殊用皆为爱,长短兼收各见才(陈南曾)
微月露倪从一指,寒冰入抱本同心(佚 名)
微虫沟洫犹争长,寒鸟江湖不乱群(张怫潮)
海岂趋炎扶日出,山惟守素迓云归(刘以仁)
海色鸥乡分远碧,山光蝶路漏微红(林常进)

山焚我更难臣晋，海蹈人终不帝秦（陈　曦）
海月知为何代物，山云视亦一家人（刘斯湛）
山雨骤来风有刺，海波乍动水生鳞（郭绍恩）
海测无惭君大度，山盟未负我初衷（吴端升）
好风有惠调晴雨，大冶无情验铁金（孔庆洛）
腾龙伟略何称卧，飞凤雄才竟谓雏（陈培桐）
腾蛟未许渊为困，飞鹬宁堪索尚牵（孔庆洛）
腾无腥气贫家鼎，飞满流言寡妇门（肖晓阳）
善此舌锋能匹敌，建吾心府不存奸（肖晓阳）
松菊情难忘五柳，鹤梅谊岂负孤山（林　弼）
百了何须身后集，双全不及手中杯（黄醒觉）
百骸假我终当腐，双泪还君已尽枯（刘老苍）
双关敢谓言无诈，百冶犹疑质未纯（黄醒觉）
强颜为博高堂健，富癖常忘大局艰（齐立兰）
作则争同千仞岳，合污愧对一池荷（郑名彦）
大乎论绩衡非己，正否量官尺在民（肖晓阳）
酒肉论交肝胆少，诗文求合品流卑（林友枫）
江山晋宋皆残破，四六齐梁有剪裁（雨　帆）
曲直存于身后史，江山助得眼前诗（佚　名）
黄河直泻胸中去，五岳都从眼底过（陈又伯）
宦海寄生鸥笑我，风尘失路马骄人（紫　潮）
债无可避思奔月，雨不能晴欲补天（佚　名）
归鸟与人争夕照，万花向客媚春风（沧　鸥）
归路忽从云罅出，万山都向雨余看（伟　人）
燕剪有声风入幕，松钗无影月当街（姜季韶）
口舌功名争说士，江山襟抱属诗人（雨　帆）
信史有时存曲笔，青山到处属闲人（佚　名）
红烛替垂无数泪，锦缄封得几多愁（佚　名）

柳管别离牵恨易,眉商深浅入时难(佚　名)
北风簸地沙皆语,飞瀑拖岩石有声(佚　名)
归鹤暝收双翅月,断鸿寒带一声霜(佚　名)
知音已杳琴生蠹,热血全消剑化龙(乾　甫)
官场滋味尝鸡肋,过客光阴逐马蹄(佚　名)
寒烟帘外笼新竹,晚雨墙阴滴破蕉(又　伯)
仙裙直欲留飞燕,尺组何堪赐玉环(徐云汀)
阴险偏能阳笃实,大奸每作小忠诚(柯嵩三)
江南路出莺声里,秋夕楼横雁影边(陈笃初)
江为忠孝收名地,秋乃兵刑率职时(林绮赓)
雪天裘被分朋辈,平地楼台望子孙(沈葆桢)
西堂一雨醒诗梦,十亩孤云伴野心(张元奇)
草堂西接江来处,佳句中含木落声(田谷士)
微吹忍嚛蝉信病,寒芳死守蝶非痴(佚　名)
南朝树与僧同蜕,二月花同女及笄(佚　名)
寒月芦花千百顷,微风桐子两三声(林绮赓)
霜中黄叶持如我,身后青山付与谁(罗明祥)
诗中疑是秋来路,人处知非月住家(江瘦影)
推死绵山留冷节,珠藏金谷播芳名(李可蕃)
平越功隳歌舞顷,乱齐祸伏割烹中(潘主兰)
离人眼底无明月,骚客怀中亦大江(林祥珩)
齐天峻岳如高行,思海涓流有远怀(黄明清)
虎皮殆可欺群儒,门面偏难饰一贫(郭毓麟)
离绪天涯勾此月,骚魂江上托何峰(刘老苍)
一败逆知天不楚,三分早料局非刘(林萱孙)
新丰市上金貂雪,大散关前铁马风(范梦樵)
六辔曾为良马用,百鞭莫向老牛加(王　琼)
清雨化多云自瘦,明霞染透日犹疲(吴一尘)

富策囊中生玉帛，强锋笔下走龙蛇（郑名彦）
山势瞰如秦篆袅，水声读有楚骚凄（杨文继）
酬春我意如新蘖，用世人才几大江（张仲雨）
山供礼无关献替，水居身岂囿沉浮（李可蕃）
闲情枕蕗从三古，远略鞭笞及八荒（陈无竞）

二唱选例

绝群新筑空山屋，犯雪亲拏独夜舟（陈宝琛）
号虫身世如寒士，解馆宾朋似落花（佚　名）
已虫琴柱知音杳，久馆权门脱颖难（叶蒂堂）
依人门户无余地，看小功名不出山（星　甫）
可正拙文明眼客，能风薄俗洁身人（缪播青）
杀风欲运千钧斧，持正如为万篑山（陈桂寿）
伪正人多金玉外，伤风声杂绮罗丛（佚　名）
摘文水面风初过，聚墨山头雨欲来（孔庆洛）
论文竟许兵相见，惜墨何辞斧自抡（郑名彦）
莳芳蜂蝶争锄侧，作草龙蛇竞笔端（肖作泉）
园芳终不屑柴闳，野草何曾屈铁蹄（肖晓阳）
结社都缘莺唤去，寻诗忽被燕衔来（肖晓阳）
学来吆喝初充役，练就支吾老作官（郑名彦）
渐高月影分千嶂，如袋江声裹一城（林谦远）
修省百年犹未足，逢迎一事已为难（谢义耕）
润色表彰同粉饰，无声责备胜鞭笞（许秉义）
万树梨花春有泪，一江芦苇月生毛（伟　人）
不火咸阳秦亦灭，无云芒砀汉终兴（佚　名）
元直归曹缘有母，奉先助卓已无君（佚　名）
蛟龙满壁绘松影，门巷数家围柳荫（又　伯）

残夜远山生缺月,低云曲浦漏斜阳(翁安宇)
压船山影何曾重,入枕溪声不碍喧(佚　名)
为竹传神窗外月,引人作梦雨中灯(佚　名)
晒衣蝶褪花间粉,食叶蚕闻箔上声(佚　名)
征衣虽薄君恩厚,野草还荣战骨枯(佚　名)
抽书蕉捲空庭雨,锁梦梨偎隔院云(孟梦石)
自新有路休嫌晚,何地无才敢薄人(佚　名)
拏云山脊撑松臂,拜水溪头折柳腰(乾　甫)
万里星霜随短剑,十年风雨伴孤灯(林筱园)
峰朝岱岳如环笏,河自昆仑始滥觞(佚　名)
未白奇冤功亦罪,有光大节死犹生(乾　甫)
极清世界梅花占,如客光阴燕子知(佚　名)
乡函未启心先怯,客地相逢语转无(介　夫)
雍齿不封终叛汉,比干未死亦从周(芝　亭)
秋水碧磨豪士剑,春花红上美人钿(施家本)
橹影一船撑月去,春声隔巷卖花来(柳　汀)
洗面此间唯有泪,传神阿睹未应痴(郭曾炘)
残碧殿秋犹有恋,老鸡知曙奈无声(陈宝琛)
展筹海客骄铜臭,煮鹤山人发酒狂(徐自明)
云飞欲把山移去,雷奋能教地醒来(陈景汉)
青春究亦难长假,太古从何更上追(陈无竞)
至丽曾经无数劫,初春已历一番寒(陈　茅)
花春中造非常世,月古前更不尽人(叶轩孙)
千古最明惟史眼,一春独淡是诗心(萨伯森)
振奋蹄矜牛马有,腾飞翼幸虎狼无(余　质)
山古何尝花不色,江春岂止月能声(叶轩孙)
近墨贵能贞不涅,弃文虞更弱难禁(岑雨耕)

三唱选例

积霖高谷将成泛,着翳青天未损明(陈笃初)
舞庭高烛江山暗,节府青樽郡县寒(王云阶)
死为青史无名者,贫欠高堂满意时(田谷士)
未应高羽还争粒,尽有青条已作薪(王云阶)
各有高堂长在意,谁无青史未来名(吴韵珂)
续命青苔初雨后,戒心高树未风前(佚　名)
保住直刚穷有脊,卖完廉耻富何颜(郑名彦)
可重直言原肺腑,莫轻廉俸亦膏脂(占训楷)
史馆直书严斧钺,琴堂廉俸拒苞苴(施富藩)
自古廉原由俭养,从来直每作愚看(刘舆夫)
意悬来日当归处,道在常人所说中(叶轩孙)
反自一隅方识巧,登经五岳始言高(孔庆洛)
六国成名三寸舌,两朝立业一生心(郑　名)
掷我形骸还造化,借人池馆过黄昏(林天遗)
云归楚岫曾无梦,水冷牙台不再弦(王幼点)
藉是云帷山隐约,筛多树影月玲珑(孔庆洛)
泣雨塔铃生怒语,战风檐铁起争声(少　如)
断虹饮涧山垂脚,新月沉江水画眉(佚　名)
阿房火自焚书种,桃洞开由作记传(雨　帆)
崖山块肉难延宋,燕市函头枉入秦(杨子恂)
书如晒罢腹皆暖,饭为钟残肠更枯(烈　如)
荆楚风骚香草句,李唐世界牡丹花(佚　名)
明臣水火争三案,晋代衣冠乱五胡(礼　堂)
不见山容连日雨,但闻橹响满溪烟(乾　甫)
未容屈抑唯文字,大费张罗是米盐(赵幼竹)

落叶响中千古寺,夕阳明处六朝山(佚　名)
最苦诗心悲杜老,太疏剑术笑荆卿(佚　名)
每从大处落吾笔,未肯寒时更此衣(孙乾甫)
老树独苍如鬓影,春江油碧是愁痕(徐云汀)
适才青眼旋相忌,固是高怀却太浑(王醒才)
泉乱青山闲自若,云消高月洁依然(林绮赓)
网罗高士终无术,陷阱青年匪一端(高荼禅)
亦存好雨非官我,才算长春有母人(郑振麟)
泽被潮州曾祭鳄,荫留左海遍栽榕(江　枫)
妄证三生无片石,小看六合只丸泥(岑雨耕)
私喜高堂还我有,贱看青史亦人为(王醒才)
有悟谈锋须冶炼,颇虞笑柄被操持(李可蕃)
山于高位无干涉,江与长才可较量(罗明祥)
强项刀过如饮雪,高怀言出欲凌云(杨文继)
香黏郊草鸳鸯鸟,影漾湖云翡翠钗(魏道涵)

四唱选例

十年竿木逢场戏,一梦槐安作宦归(陈宝琛)
富贵一炊曾未熟,文章五季又何衰(陈宝琛)
梅花虽瘦无寒相,松子初生有大才(陈宝琛)
邻家燕羽相新故,同巷苔痕有浅深(林彤余)
积共庑高春后瓮,吹教楼爽月边箫(李孔绪)
明月已阑焉置我,青山在此敢言官(林天遗)
稍补清夷锄草手,大关侧隐护花心(陈泽观)
欢笑未阑吾已老,饥寒如此汝犹狂(钟仲亨)
蛛巧难求丝暖世,鳄残偏是泪瞒人(肖晓阳)
小巷听声多直语,大庭辨理有强词(许秉义)

眼为衡文频擦镜,笔因修史不生花(郑名彦)
似是盲从良纳履,实非得计干偷书(章肖于)
官闲诗事何曾废,亲在名心不敢忘(佚　名)
秋高诗事如来诏,山僻禅心益自牢(佚　名)
死将本事还天地,生有丹心在庙堂(佚　名)
山中公事皆风月,门外诗心有水云(佚　名)
山静道心皆假借,秋归诗事亦阑珊(佚　名)
抵死名心犹未化,再生尘事亦难完(佚　名)
归家每事如生客,看世吾心等死灰(佚　名)
遮断芳心旬日雨,阅残人事县门山(佚　名)
九原憾事详遗表,四海知心隔战尘(佚　名)
险如兵事休轻弄,死在人心最可哀(佚　名)
裙钗晓事宁非杰,冠盖论心几有真(佚　名)
月犹人事常能缺,山比文心不喜平(佚　名)
大得吾心南菊好,藉肩世事一江横(佚　名)
遗老寸心遗短卷,达人万事付深杯(佚　名)
理残花事香双袖,钩起琴心月一帘(佚　名)
天地真心梅数点,河山古事竹千编(佚　名)
文有锦心宁在丽,梦皆绮事自忘衰(佚　名)
花悲世事凋还早,山笑人心险更多(佚　名)
输人一事惭投刺,还我初心早乞骸(佚　名)
拟将大袖罗名士,安得奇方药俗人(雨　帆)
消磨霜雪丝双鬓,裁剪江山句一囊(佚　名)
江上忽山涛涌起,窗前都白月飞来(筱　庄)
蛛留春色粘花片,鸥泛波光碎月痕(佚　名)
除非细柳皆儿戏,不但阿房有劫灰(佚　名)
漫空桃片飞红雨,卧地藤花放紫云(少　坡)
四五人家红杏隔,两三村落绿杨围(蔡星斋)

我去湖山谁管领，世非黄白莫交游（又　　伯）
半壁江山歌舞误，一官心迹鹤琴知（佚　　名）
消磨踪迹蓝关雪，挫折英雄赤壁风（郑蕴皋）
管领大江开府贵，激扬后进及门多（幼　　丹）
风雨温衣长路酒，冰霜满指故山弦（佚　　名）
化原自外诛何恤，才果群推屈亦难（杨笙友）
炎云蒸气天如釜，凉月浮珠海作盘（杰　　臣）
榴花烘日色如血，梅萼冲寒香已胎（佚　　名）
大廷议正争何碍，边境兵连胜亦殃（谢馨茉）
十年做客谁青眼，一笑还山已白头（玉　　如）
萍根喷碧鱼苗长，稻穗箝霜蟹跪肥（佚　　名）
经世每生韩范感，读书谁右马斑才（筠　　台）
万窍商声先蟋蟀，一春花事了荼蘼（佚　　名）
林罅忽明知月上，山容如笑觉春归（幼　　丹）
流水不回千里梦，故山空答一缄书（心　　来）
万花著雨春如梦，一浆横江月有声（佚　　名）
万仞上看沧海小，百年后读拙诗新（陈实懂）
船火忽微知海涨，笻声渐远觉诗遗（陈实懂）
谊在同胞何水火，梦祇一觉已沧桑（郭道鉴）
诸尽可诗明世事，各宜自玉晚年身（张仲雨）
遗仅一人犹负疚，庇虽四海不矜功（林仁流）
秋高幽草方生色，旱大闲云亦动心（叶轩孙）
放胆骑山高下势，开怀读水仄平声（陈　　茅）
月痕淡欲千山统，秋意微先一叶狂（李可蕃）
所屈时流皆后秀，不隳家教有先芬（江瘦影）
出公天下初生月，来主山中小住云（陈翼才）
两间将革初霜警，四野无讴小雨惭（陈子础）

五唱选例

磬定风从长薄起,船过月在一溪流(范梦樵)
才子半为花国误,英雄多向市屠来(樵　云)
悬犹国事山栖日,负已民心海遁时(刘以仁)
枯鳞得水思源几,健翮摩天造极如(郭秀如)
月明赤壁中流棹,风暖扬州十里帘(郭洪子)
溪山亦为虚名夺,风月徒多恨事干(佚　名)
占祥不必听鸣凤,雪耻端从醒睡狮(邓德光)
触网休矜头有角,上钩应悔眼无珠(郑名彦)
鱼龙异趣情难共,犬马愚忠义本同(肖晓阳)
一角山光楼占断,二分春色燕衔来(宝　珍)
一场富贵梦醒吕,八代文章潮起韩(陈汝翼)
纹窗蘸绿蕉痕湿,绣幕摇红烛影深(佚　名)
满帐碎光窗罅月,一鞭香气马前花(雨　帆)
归家却被春先到,疗俗谁云竹可无(佚　名)
子弟知书非分少,妻孥待哺去心难(幼　安)
奇穷欲炼人中铁,骤富如开二月花(沧　鸥)
赤壁破曹风有力,乌江亡项剑无情(宋己舟)
泪痕涸到江头水,愁绪纷于马足尘(佚　名)
屠沽滥职衣冠贱,气节论交酒肉轻(乾　甫)
出世都疑无地着,读书肯受古人欺(郑伟堂)
山似文心无碍曲,月如梦境不常圆(吴郁丝)
绕砌草萦书带绿,出墙花扑马缨红(佚　名)
缘悭莫再仙源去,眼大曾经五岳归(哲　臣)
小屈鹭拳莲渚浅,一伸鹏翅万峰低(佚　名)
海到无涯天作岸,山登绝顶我为峰(甘少潭)

竟忍偷生花蕊辱，自甘效死绿珠贞（乾　甫）
青史怀人生苦晚，名山位我左应虚（佚　名）
如来以后僧皆俗，蓬岛之间犬亦仙（佚　名）
权门纳贿金能语，史馆诛奸笔有锋（杨肖亭）
老喜儿孙长在侧，贵看朋友一如前（林屏侯）
及枕方抛长日苦，与灯同聚一家欢（陈涓音）
弱羽风高皆敛翅，潜鳞水瘦不扬鳍（薛幼兰）
叹多才智生瑜枉，愿竭忠贞事纣非（陈见园）
才休炫世鳞潜可，事不瞒人藻饰非（黄醒觉）
闲于浑敦初无世，发自勾萌小亦春（陈南曾）
老犹窃具生儿意，贫不姑违老母情（周剑青）
殆是兵过郊景换，辄为官造米荒成（孙葆成）
润流琴索前宵雨，暖逐车轮大野烟（吴味雪）
鞭影俱鸦前路晚，橹声如雁大江秋（江瘦影）
意绪绮年花月契，生涯乱日雨风知（陈　莪）

六唱选例

未能养浩将中馁，稍自持盈或后亡（刘子良）
道无门户惟中立，过在君亲敢后言（林寄今）
情如淡月烟中见，身是残云雨后归（江瘦影）
物可胜天霜后见，人无负我雨中知（魏道涵）
江南事出琴中恻，四月人如酒后慵（佚　名）
百先自则端风可，两不相能任气非（江瘦影）
史略功勋先气节，诗原情性次风裁（林屏侯）
恐或杀人言下谮，惜非奉母食前奢（佚　名）
亦足世思春小顷，不同人看月千家（佚　名）
世路何如攀壁虎，人情欲问叩头虫（佚　名）

遁于形外斯高致，种在生前一远因（郑振麟）
诸缘伺隙开门错，已事随泡看水明（佚　名）
声如归海千林雨，脉欲连州一路山（陈逸园）
六合杯中能小缩，百年枕上欲平分（佚　名）
危崖千尺下平陆，古木双行中小溪（佚　名）
来迟已满青山位，见少还留后日缘（林葆生）
等依慈母青山在，逾失佳人白日过（林绮赓）
九陛与人过日等，一门为母在山终（佚　名）
画竹好缝今日怒，补梅欲化此山顽（佚　名）
荒苔鹿迹寒山静，疏荻鱼标落日明（张鹤廉）
黄河冰块兼天下，白岳云绵夹马飞（陈汜羲）
何必有花行古径，不如无月坐空堂（吴韵珂）
观海遽粗临事胆，望云偶动济时心（王文玉）
家纵不贫当事苦，死原非福及时佳（张少白）
布衣雅有匡时策，醇酒终非任事才（陈幼云）
欲翻妆样趋时早，不种情根晓事迟（张景山）
才大不因难事梗，家贫翻悔少时奢（佚　名）
绝无芥蒂趋时易，一味模棱误事多（佚　名）
吟诗骨到贫时换，对酒肠从乐事宽（佚　名）
灯前诸弟儿时共，杖底群山世事抛（佚　名）
长口教人恬俗事，深山位我胜闲曹（佚　名）
肝胆向人移俗易，头颅老我乞闲迟（佚　名）
看山若对投闲客，写竹如迎脱俗人（游学诚）
天机偶动因闲得，火性全消为俗磨（张少白）
冠盖盈门骄俗眼，干戈满地卧闲身（王文玉）
积劳始信偷闲好，临政方知化俗难（黄锡卿）
纳枕流泉砭俗耳，上床明月印闲身（张景山）
小国不亡遗俗在，僻山能富好闲稀（林亦从）

竹外四围皆俗地,山间一缝补闲亭(林亦从)
吟榻不应容俗物,征车何苦玷闲门(佚　名)
山怜秋士投闲瘦,花笑时人耐俗忙(佚　名)
樊侯豪气甘生彘,刘季英名误野鸡(佚　名)
白骨终归荒野烬,黄金空买一生忙(佚　名)
雁翅秋风平野阔,马头山色一生忙(佚　名)
吾力能支犹野战,此头宁断不生降(佚　名)
遥看月色初生淡,渐觉人声近野粗(佚　名)
今无秦汉长生伪,世是羲神在野难(佚　名)
客久转成无梦夜,官清犹剩去时声(佚　名)
颇忧网罟搜江尽,谁恤鞭挞杀马多(陈笃初)
欲追逝景回江上,不放闲山过马前(郭洪子)
夺我股肱良马死,还君涕泪大江枯(陈海瀛)
人多充隐沧江贱,世尚佳兵老马危(佚　名)
取充一客来明月,看作诸郎列远峰(佚　名)
终皆地下还家似,仅一人间失道多(郭洪子)
所谓是非须后世,可为善恶盖中人(陈海瀛)
初开佛说犹中土,一落儿啼已后天(佚　名)
老去梦偏多少小,穷来迹更近清高(佚　名)
能容客几江天棹,不识人谁月夜箫(林轩筠)
情固至柔难节制,法如能善有师承(林谦远)
此行官似携春雨,一出吾当革世风(陈启夔)
荣枯都付今春决,功罪当留后世评(佚　名)
偕众吾如趋海水,济时谁是出山云(肖晓阳)
为我名山留一席,看人宦海度风帆(林　启)
岂是越趄其进缓,似皆憧憬所思繁(陈涓音)
披肝在我无思诈,含血于人有进谗(潘家香)
旁观或有深思蕴,暂蹶非无上进求(罗明祥)

虽多建树仍思过,尽是恭维等进馋(章肖于)
有乖素守当思过,能达诸观任进谗(黄醒觉)
砚水还期能进海,瓶花自谓也思春(陈　曦)
心灯亮处堪思过,腹笥丰时可进言(黄明清)
心已葵倾才进谒,迹如萍寄更思归(詹训楷)
是非君莫随风转,休戚吾当与国同(张干卿)
四海膏脂当道禄,北堂心血远游衣(佚　名)
莫笑铅刀还一割,可钦玉尺有新裁(吴端升)
中尽民膏官一宴,上皆母线子新衣(郑振麟)
冀能远举张新羽,愿岂卑居困一鳞(林其锐)
已消百虑图新可,未澈诸观守一难(林其锐)
敢图高远虽新羽,或肇繁华此一枝(林其锐)
大海初形原一勺,乔松始茁仅新荄(黄建忠)
暗室无灯修一我,明堂有镜仰新官(陆琪灿)
露锥岩畔抽新笋,振甲峰巅屹一松(肖晓阳)
苟已弃漓归厚易,如非援古证今难(李可蕃)
针砭故我求今是,评品前贤忌厚非(杨起予)
示以蒲鞭存厚见,托为稗史讽今知(陈景汉)
落红绮陌飏今夜,积翠深林涨厚烟(黄明清)
放言何敢伤今誉,明察曾难辨厚诬(赵玉林)
杀我或先施厚惠,忧民斯足献今生(李可蕃)
送炭可征君厚意,抱冰已凛我今生(郭嘉笙)
三峡涛声流笔底,六朝帆影落樽前(佚　名)
读破六经诸子小,登来五岳众山卑(佚　名)
唾面自干容物善,折腰未惯去官宜(成　濂)
满衣花露听莺返,一榻梨云拥梦来(高　魁)
山鸟与云争路出,邻花拥月越墙来(雨　帆)
民骄已似衰年子,官苦原同受戒僧(佚　名)

诗与梅花争骨瘦，梦随孤棹入烟深（佚　名）
养气十年留古剑，知音千载辨桐琴（蔡鳌峰）
欹枕橹声摇梦破，推蓬山色上衣青（佚　名）
依人未免须眉短，作客方知道路难（乾　甫）
功名到手论文易，骨肉关心作客难（佚　名）
洞从渔父开天地，山怕愚公有子孙（佚　名）
医贫难遇分金友，讳老偏逢序齿人（佚　名）
愁绪解于樽酒畔，诗魂曳入橹声中（云　汀）
气塞两间持志始，行完一己顾言终（郑景澄）
蝼蚁勺波如海隔，蜉蝣寸晷比年长（佚　名）
鸡声云际山家午，燕影波间海道春（佚　名）
满山叶动天风绿，夹岸花流水气香（佚　名）
彼此分才胎小我，今明积亦瞬千年（杨文继）
归马色寒交道见，病蚕心苦作家知（黄念厚）
我所能行犹古法，世偏不用岂空言（陈海瀛）
自脱亦求看晚箨，欲开犹待爱初苞（林绮赓）
太夜人如初日丽，建康士比乱山多（林葆生）
吾辈山林秋后意，伊人江汉夜中情（梁道钧）
公道在斯逾白日，虚名只此逊青山（唐伯瑚）
道在好还春气见，事能忍受北风知（林钟雄）
落花怅已芳时失，古月看同硕果存（董岳如）
十雪江南犹作暖，一星天下已生晴（陈涓音）
已知自得成春茧，谁悟将焚作夜蛾（鲍乐民）
细雨驮诗驴背重，浅春饷画蝶衣新（陈德金）
何曾春好贫中外，却似天寒老后先（潘主兰）
有生我亦争雄者，未死谁非负债人（郑孝禄）
综括大伦斯十义，蕃滋群物是三才（郑宜恺）
暗室自明非烛照，寒门所暖有花开（岑雨耕）

此非死处归家好,彼亦行人问道虚(佚　名)
池月冶银吹烛看,山春织锦踏花行(李可蕃)
返照入江延夜色,行云绕树助春阴(吴味雪)
太初混沌因诗奠,东道清泠与月邻(陈启夔)
得春草或教花妒,专夜星犹与月争(林胸端)
似经蹂躏残秋世,能任揶揄大度人(杨文继)
孝行不怨身劳马,色戒难羁意动猿(肖晓阳)
鹏雀怀殊宁路共,蚕蛛情异岂丝同(肖晓阳)
与月不宜谈雨夜,对花何忍想春泥(余　质)
恐似灯寒吾日后,看无杯大一中原(王醒才)
屋霜有刺贫中觉,城月如磷劫后看(魏道涵)
半龛鸟粪无僧寺,一撮人烟似瓮城(陈见园)
梦餐花气无春有,坐读江声是雨非(叶轩孙)

七唱选例

铎语骇如山魅答,灯光知有野人居(唐景崧)
花好强于妻妾美,书多即是子孙田(星　甫)
瓶笙息响生茶雨,灯穗摇红晕酒潮(少　如)
月临瓜步多良夜,江近胥门有恨声(佚　名)
断肠殿里闻铃夜,买笑宫中裂帛声(佚　名)
幌倚鄜州怜月夜,琶弹胡地感秋声(佚　名)
牛衣苦忆微时夜,马革荣生信史声(佚　名)
温柔乡里无寒夜,罗绮丛中有怨声(佚　名)
南朝祚减笙歌夜,北房戎兴鼓角声(佚　名)
红烛艳窥修史夜,青灯惯听读书声(佚　名)
云树苍茫双鹭远,海天寥阔一舟行(叶会堂)
书添慰语怜征远,琴少欢声为送行(王瑾卿)

明日太平如望雨,毕生忧患仅昌诗(陈伯冶)
急籁繁从山外作,微波静向月中流(刘斯湛)
感逝空山松已鬣,慰贫穷巷月如银(林彤余)
一声天为晨鸡白,万里秋随朔雁南(沈文肃)
搜罗豪杰分肩担,鞭策英雄听指挥(幼　安)
严濑独高卑汉座,许瓢自大小尧天(少　孤)
水落钓收渔户月,山空钟洗客心尘(穆　如)
避债万难天有路,诉愁翻恨月无言(沧　鸥)
诗到齐梁无格调,史唯汉晋有西东(佚　名)
老我精神头上雪,离人骨肉耳边风(佚　名)
项羽肯归犹有地,始皇再起定无书(薛兰馥)
未超尘海人皆客,倘入天台我不归(乾　甫)
士比德禽饥择食,官如倦鸟暮知还(何杰夫)
痴情幻结巫山梦,侠气空留易水歌(乾　甫)
居山饥嚼云霞片,卖字穷谋笔墨金(佚　名)
花草六朝金粉地,江山百代鼓鼙声(陈海枚)
淘残客梦长江浪,坏尽名声暮夜金(星　村)
两宫北去河山耻,四皓西来羽翼成(佚　名)
去溪百步犹闻水,渡海兼旬但见天(陈泽观)
鼠无大小皆称老,鹦不雌雄尽叫哥(佚　名)
坐久一星飞过海,归迟黄叶下平门(张鹤廉)
臣非祖母无今日,朕与先生本故人(陈笃初)
各有所过天下夜,初非相识一家人(叶轩孙)
真才物色谁麟凤,老命形容一马牛(萨献其)
吾道已行明此月,斯人虽死重如山(万为国)
翠微磬罢无多月,红树船停几许诗(王允晢)

分咏格选例

眉、偷鸡：　　　　手无缚力难为贼，尖有愁痕易动人（唐景崧）
走马灯、夜壶：　　总为趋炎娴控纵，却因溺爱惯提携（佚　名）
魁星、顶篷：　　　曾将彩笔干牛斗，未许空梁落燕泥（佚　名）
修脚人、题名录：　足下工夫三寸铁，眼前身价一文钱（佚　名）
报马、粪桶：　　　铃声急雨三更驿，担影斜阳十亩田（佚　名）
妻许愿、怀孕：　　此种痴情惟佛谅，最先喜讯只郎知（佚　名）
听莺、弄猴：　　　春来好共客携酒，树倒便随人乞钱（佚　名）
宝剑、崔双文：　　万里河山归赤帝，一生名节误红娘（佚　名）
醉蟹、情丝：　　　浊世不容君子醒，春愁多为女儿牵（佚　名）
喜娘、观音：　　　芙蓉帐里扶红粉，杨柳枝头现素心（佚　名）
诸葛亮、猫：　　　丹心早定三分策，碧眼能知十二时（佚　名）
夕阳、蜻蜓：　　　杨柳楼西红一抹，藕花风外立多时（佚　名）
秦始皇、钢笔：　　命殒沙丘尸裹草，胸涵墨海梦生花（佚　名）
文天祥、眼镜：　　难凭只手存南宋，能使双眸复大明（佚　名）
苏东坡、燕子：　　七月黄州游赤壁，六朝朱户伴乌衣（佚　名）
商鞅、玻璃：　　　裂尸也自成千古，呵气方知隔一层（沈宗畸）
山谷、蠹鱼：　　　诗派纵横不羁马，书丛生死可怜虫（朱祖谋）
船、胎衣：　　　　帆如秋叶来天上，人似春蚕卧茧中（赵国华）
显微镜、五胡：　　虱影如轮惊入照，鸥夷泛舸忆来游（朱钟琪）
伞、笔：　　　　　八卦遮天随出阁，寸锥落纸遣生花（肖晓阳）
保温杯、弥勒：　　体胖应冠三千界，胆热能逾廿四时（林绮赓）
曹操、蝴蝶：　　　瘦影疑为梁祝化，雄心欲把蜀吴吞（陈　茅）
清明寒、饭甑：　　插柳绿垂风尚峭，蒸藜香溢火犹温（吴味雪）
姜太公钓鱼、新夏：吕尚垂纶钩不曲，祝融御节暑初长（绍秀豪）
风筝、井：　　　　吹嘘便得三霄路，坐守徒窥一角天（秦　云）

连鬓胡子、牡丹：	人面不知何处去，狂心更拟折来看（张伯驹）
云、雨：	无心出岫成苍狗，有意随风润绿苗（吴爘光）
刘寄奴、鞭：	闻鸡琨逖争先着，司马师昭有后尘（易顺鼎）
杨柳、七夕：	三起三眠三月暮，一年一度一消魂（佚　名）
婿、鹤：	春闺杨柳封侯梦，古屋梅花抱子还（邹乐生）
孔明、烛：	草庐先定三分策，花径高烧一寸灰（袁嘉谷）
水、菜花：	三尺春波涵鸭绿，一畦秋色剩鹅黄（叶作舟）
告示、放屁：	官衔有例起头大，文字无凭下气通（施鸿葆）
裤、鼠：	藏得孤儿归赵国，化为天子送隋家（李篁仙）
张良、燕垒：	空梁有主移琴避，前席何人借箸筹（朱福清）
蓬莱、昭烈帝：	其中绰约多仙子，天下英雄唯使君（易顺豫）
残星、比干：	横秋雁塞两三点，去夏龙逢六百年（赵国华）
鸡、惧内：	志士心雄闻枕上，丈夫气短拜床前（秦　云）
杨贵妃、煤：	秋宵牛女长生殿，故国君王万岁山（佚　名）
地球、犄角：	此外更无行脚处，其中应有死心人（牟　圻）
马褂、羊叔子：	三字译音犟尔伯，千秋绝对骆宾王（三　多）
曹操、孕妇：	腹中人物容儿辈，眼底英雄数使君（任钢伯）
杨贵妃、点灯：	翠钿梦断长生殿，银线光涵不夜城（梁永思）
虎、瞽女：	添来双翼威无敌，嫁得重瞳恨始平（周炼霞）
钱、眉语：	皱处无声犹夺魄，铸时无意竟通神（吴味雪）
烟瘾、知音：	流水高山情永系，吞云吐雾癖难除（郭道鉴）
纳宠、春社：	桃花酿醋防房老，桑柘连阴赛土神（南　卿）
酒鬼、妒妇：	一醉怕逢钟进士，千秋恨诉戚夫人（佚　名）
娶妾、秤锤：	百金可买卿非贱，万物无争我有权（幼　臣）
紫姑、灯谜：	瘦词碑以猜曹女，薄命身犹胜戚姬（佚　名）
粪坑石、吹火管：	任尔坚贞难去臭，破他关节便随风（张贞甫）
饯别、出恭：	红友暂延分手客，紫姑应笑折腰人（乾　甫）
汤婆子、送公车：	愿君此去全烧尾，念妾生来本热肠（佚　名）

园丁、蠹鱼：	长供贱役花为课,饱拥残书字作粮(佚　名)
近视眼、水碓：	两道秋波横月影,一溪春涨响春声(佚　名)
人柳、弥勒布袋：	老将烟雨三眠后,裹得乾坤一笑中(乾　甫)
和尚、伴房娘：	终世总勾花月债,一生厌听雨云声(佚　名)
新秋、诗僧：	惊冷最先欺老境,解吟才许占名山(佚　名)
做普渡、和尚娶妻：	十方穷道沾甘露,一夜巫山布法云(佚　名)
赤壁后游、梅妻：	风月江山人是旧,神仙眷属色成空(佚　名)
竹夫人、破衣：	伴我何须耽卜凤,逢人自觉愧悬鹑(笃　周)
弥衡击鼓、浔阳琵琶：	座上知音惟北海,江头同调有香山(佚　名)
买臣妻求去、酒债：	挽鹿自甘辞瓮牖,持螯不敢过糟邱(佚　名)
管仲、羿妻：	射钩不死仇偏相,窃药长生盗亦仙(佚　名)
秃笔、灯芯：	五色自怜难再梦,寸心谁惜易成灰(佚　名)
萤火、秃笔：	数斗焰飞隋苑夕,一枝花谢管城秋(佚　名)
抹布、茶杯：	何堪蹂躏妾身玷,最是温馨君嘴亲(肖晓阳)
抹布、茶杯：	亦可倩他斟竹叶,何曾劳汝拭桃花(苏伟庭)
无酒、石崇：	纵使有花兼有月,只能谋富不谋身(张伯驹)
帆、杜牧：	三千殿脚春风锦,廿四桥头夜月箫(易顺鼎)
假山、纱窗：	螺鬟小筑云千叠,蝉翼轻描月半绫(夔　仲)
吐酒、海：	块垒消除同唾玉,沧桑感慨又扬尘(佚　名)
渔、叶：	孤舟唱晚来彭蠡,万木惊秋下洞庭(佚　名)
赵武灵王、西施：	风云代郡惊胡服,烟月吴宫忆越纱(易顺鼎)
史记、糖：	传世文章无腐腐,媚人口舌只须甜(佚　名)
赤壁赋、泰山：	前后两篇名士笔,东南千仞丈人峰(佚　名)
杨柳、淮阴侯：	金城忽洒桓温涕,钟室方思蒯彻言(佚　名)
杨妃、鸡：	唤开百二关城锁,压倒三千粉黛围(佚　名)
苏秦、西药：	东齐鬼谷曾师事,上古神农未自尝(佚　名)
松子、茶：	空山落处龙鳞瘦,活水煎时海眼肥(易顺鼎)
电、姐妹：	金蛇夜掣光千里,铜雀春深锁二乔(作　舟)

鸭、夕阳： 暖透春江初浴绿，影衔秋树半留红（善　仆）
项羽、二乔： 铜雀台中芳迹渺，乌江岸畔霸图空（陈　莪）
糖塔、曳石： 一路雷霆增锐气，百般模样喜甜心（肖晓阳）
月、笛： 盈亏疑有规人意，吐纳看如唳蔗形（肖作泉）
关公、包公： 原非皇帝人称帝，不是青天众誉天（许秉义）
粉笔、伞： 理能明白身何惜，屈得伸张泪任流（郑亦秋）
除夕、新嫁娘： 一岁光阴今夜尽，十分春意昨宵知

（他他拉·志润）

丹青、丑女（嵌"山、黛"）：
画里云山仿小米，镜中眉黛胜无盐（俞日璋）

主要参考文献

[1]陈海瀛:《希微室折枝诗话》,1958年油印本。
[2]萨伯森、郑丽生:《诗钟史话》,1964年郑丽生手写本。
[3]黄乃江:《台湾诗钟研究》,复旦大学出版社2009年版。
[4]杨文继:《七竹折枝诗撷谈》,1994年版。
[5]王鹤龄:《风雅的诗钟》,台海出版社2003年版。
[6]百六峰吟社辑:《百六峰吟社第二十五度诗拾》,民国年间福州刻本,《百六峰诗文集》,2012年印行。
[7]佚名辑:《长溪消夏吟社折枝诗选》,1926年印行。
[8]苏伟庭:《古松骚风》,新视野文艺出版社2016年版。
[9]黄理堂辑:《雪鸿初集》,清光绪七年(1881年)刻本。
[10]黄理堂等辑:《雪鸿续集》,民国五年(1916年)石印本。
[11]林幼泉辑:《壶天笙鹤初集》,民国五年(1916年)福州大有山房书庄石印本。
[12]燕山钟韵编委会:《燕山钟韵》第1-21期。
[13]长溪诗社编:《长溪诗讯》合订本第1、2集。
[14]袁行霈:《中国诗歌艺术研究》,北京大学出版社2009年版。
[15]陈伯海:《诗歌意象艺术与唐诗》,上海古籍出版社2015年版。
[16]王夫之著,戴鸿森笺注:《姜斋诗话笺注》,上海古籍出

版社 2012 年版。

[17]袁枚:《随园诗话》,凤凰出版社 2000 年版。

[18]王国维:《人间词话》,上海古籍出版社 1998 年版。

[19]司空图:《二十四诗品》,浙江古籍出版社 2013 年版。

[20]严羽著、陈超敏评注:《沧浪诗话评注》,三联书店 2013 年版。

[21]周振甫:《文心雕龙今译》,中华书局出版 2013 年版。

[22]周振甫:《诗词例话》,中国青年出版社 2006 年版。

[23]徐青:《古典诗律史》,青海人民出版社 1980 年版。

[24]黄志浩、陈平:《诗歌审美论》,凤凰出版社 2012 年版。

[25]赵永生:《诗钟格目考述》,《燕山钟韵》第 8-19 期。

跋

笔者于诗钟的兴趣源自外祖父。少时见他与诗朋唱和，咿咿呀呀，颇感兴趣，于是问其作诗原委，外公不作正面指导，仅示其钟句如"再修故垒燕多情"等，说明作意之佳。其后几次对课，皆浅尝辄止，但于诗钟却有培植兴趣之功。真正步入诗钟写作之门，始于一九八五年霞浦长溪诗社成立。诗社以折枝诗创作为主，每月小唱，年节大唱，经几年的习作与思考，于诗钟创作与鉴赏有所感悟，于是萌生撰写《诗钟津梁》的念头。然而，当时资讯闭塞，史料奇缺，疏于考据，所能觅见的仅有萨伯森、郑丽生《诗钟史话》和陈海瀛《希微室折枝诗话》。引证钟例多为长溪诗社各次折枝诗会及闽东、闽中各诗社折枝诗吟集作品，少量笔者习作及诗友口传钟作。因作者多佚名，故此前所出稿本（一九九三年第一版，一九九九年第二版，皆内部交流资料）正文未附诗钟作者姓名，既有统一体例的考虑，也为节省版面，因此正文钟例不再收入附录之诗钟选集。

一九九九年第二版《诗钟津梁》参与（桂林）全国诗词联创作理论交流会，由马萧萧先生捎带给北京诗联界朋友，不想竟先后收到楹联学会副会长常江、《燕山钟韵》主编吴寿松,诗书画大家林锴和诗钟史家、理论家、全国俗文学学会诗钟研究委员会主任王鹤龄的来信,给予拙著充分肯定。林锴先生信中说:"此书继前人所著诗钟论述之后,又一本佳作,较之以往各书,又加详尽细致,尤其是在诗钟技法上,谈的不但内行,而且极为精审。"王鹤龄先生信中说:"此著不同于近年所见《清稗类钞》等书上资料所写的介绍诗钟短文,是对诗钟之学深有所得的学术著作……您是生长在福建这一诗钟故乡,在闽东写作高手的熏陶下成长,了解诗钟的写作三味,能继承和总结他们的写作经验。诗钟写作高手很多,而能写这种文字的只有福州杨文继先生(九十一岁)和您,再有就是前三年去世的陈涓音……您的《津梁》,内容较专一,而观点明晰,谈论诗钟体例和写作中的各方面要求,层次清楚。除此之外,还有两大优势,一是您年富力强,如果进一步打开眼界,进行锲而不舍的钻研,有可能在中国学术史上占有一席之地;二是您向外介绍了闽东的诗钟。"此后王鹤龄先生邀我加入诗钟研究委员会,又在来信中说:"从发扬祖国文化来看,研究诗钟很有意义。要有'板凳坐得十年冷'的精神。有人经过了十年冷也未必有成就,你却有非常优秀的条件。《津梁》一书比陈海瀛、陈涓音、杨文继、郑丽生诸前辈所作并无逊色,要讲头脑清楚,思路明晰,其实超过他们。如能钻研下去会有大成就。希望你重视语法、修辞基础知识的学习,注意接受文学艺术的理论。下苦功夫,不必急于出成果……"王先生的过誉始料未及,其殷切期望也是鞭策。但当时笔者自感资料匮乏,能力有限,加上工作较忙,旁涉较多,一直未能得偿先生所愿。二〇一二年因工作原因,从霞浦六中调到福建教育学院，于二〇一三年主持举办"福建省中小学教师诗钟创作与欣赏"培训，参考资料有所增加，逐渐萌生正式出版《诗钟津梁》的念头。二〇一六年申报的"诗钟创作与鉴赏研究"课题被福建省社科联列为重点项目，于是深化诗钟研究，对原稿进行大幅度的修改补充，完善体系。引证钟例之佳作，尽量寻补姓名，增于附录诗钟选集中。

目前，格律诗与对联已属小众文化，诗钟更属冷门。然而，诗钟是最短的格律诗，其对仗修辞的艺术成就相当高。因历史的原因（新文化运动、"文革"等），诗钟未盛即衰，以至于知者甚少。然而，诗钟的写作与欣赏却是人生乐事，只可惜现代人福薄，善此道者寥寥。《诗钟津梁》旨在帮助读者提高诗钟鉴赏能力，分享品鉴佳句瑶章的雅趣，也可帮助初学者掌握诗钟写作要领，提高创作水平，苟能如此，则律诗对联的写作自然迎刃而解。

此书自第一稿至今已远非"十年磨一剑"了，有感于此，赋七绝一首以寄怀：

> 他人磨剑吾磨杵，颖钝原非强作针。
> 纵使时宜随世转，薄文犹有献芹心。

肖晓阳

二〇一八年正月